KB167161

MD

미사일방어체제

차례
Contents

어두운 그림자, MD 바로 알기

필자가 미사일방어체제(MD)에 관심을 갖게 된 때는 평화운동을 막 시작한 1999년 말경이었다. 그 해 9월 평화네트워크를 만들어 처음 시작한 일이 언론모니터링이었는데, 미국의 주요 신문을 비평하는 일을 맡게 되었다. 「뉴욕타임스」「워싱턴포스트」「월스트리트저널」 등의 신문에서 한반도와 관련된 기사를 살펴보다가 한 가지 중요한 경향을 발견하게 되었다. 당시는 금창리 핵무기 개발 의혹과 1998년 8월 대포동 1호 발사로 인해 미국 안팎에서 북한위협론이 맹위를 떨치고 있었던 때였다. 그리고 미국의 강경파들은 이러한 북한위협론을 과장하면서 MD구축의 정당성을 확보하고자 혈안이 되어 있었다.

CIA의 국장이 「뉴욕타임스」에 느닷없이 나와 북한이 수년

내에 미국 본토를 공격할 수 있는 핵미사일을 개발할 수도 있
다는 언급을 하고, 대포동 미사일 2차 시험 발사가 임박했다는
보도 또한 빈번히 등장했다. '이들이 무슨 소리를 하는 건가'
하며 며칠자 신문을 더 넘겨보면, 아니나 다를까 MD와 관련된
법안이나 예산 심의가 있다는 것이 발견되었다. MD와 관련된
중요한 정책결정이 있기 전에, '북한위협론'을 한껏 부풀렸고,
실제로 이는 상당한 효과를 발휘해 당시 모든 MD 관련 표결은
압도적인 표차로 통과되기도 했다. 이러한 과정을 지켜보면서
'MD문제를 제대로 보지 않고서는 미국의 대 한반도 정책을 이
해한다는 게 근본적으로 한계가 있겠구나'라는 생각을 하게 되
었다. 그리고 시간이 흐르면서 그 때의 불안한 예견은 적중했다.

북한 위협론

　MD에 대해 회의적인 생각을 갖고 있었던 클린턴 행정부
시절의 사정이 이랬다면, MD에 사활을 걸고 있는 부시 행정
부의 대북정책 방향은 어렵지 않게 예측할 수 있었다. 2000년
11월 조지 W. 부시 공화당 후보가 대통령에 당선되면서 필자
는 '아, 한반도에 엄청난 위기가 오겠구나'라고 탄식했다. '이
마에 MD를 새기고 있는 정권'이라는 조롱을 받을 정도로 MD
에 열망을 갖고 있는 부시 행정부가 출범하면, MD 구축의 명
분을 잃지 않기 위해 대북강경책으로 나설 것이라는 확신이
있었기 때문이다.

4　MD 미사일방어체제

실제로 2001년 1월 말, 출범과 동시에 부시 행정부가 취한 첫 번째 조치는 클린턴 행정부 시절, 타결 일보 직전까지 갔던 북한과의 미사일 협상을 전면 중단하고, 가능한 한 빨리 MD를 구축하는 것을 최우선적인 과제로 천명한 것이었다. 6.15 공동선언을 계기로 새로운 역사를 써 내려가기로 한 남북한으로서는 재앙의 시작이었다.

"대북 포용정책 이외에 대안은 없을 것"이라고 자신했던 김대중 대통령은 2001년 3월 워싱턴을 방문해 '외교적 재앙'을 겪었다. 공개 기자회견에서 부시는 김대중을 'this man'이라고 부를 정도로 거부감을 드러냈다. 김대중에게 'MD를 지지하고 참여하겠다'고 선언하고 워싱턴에 와달라고 요구했는데, 거절당했기 때문이다. 이를 두고 미국의 저명한 한반도 문제 전문가인 셀리그 해리슨은 "김대중 대통령이 부시 대통령으로부터 뺨을 맞았다"고 표현하기도 했다.

이에 따라 김대중 대통령의 방미에 덩달아 기대를 가졌던 북한 역시 대혼란에 빠져들 수밖에 없었다. 클린턴 행정부 때와 마찬가지로 부시 행정부를 견인할 것으로 기대했던 김대중 정부가 푸대접을 받는 모습을 보고 당황하지 않을 수 없었던 것이다. 남북한 모두가 이러한 당혹감을 느낀 이유는, 부시의 미국이 클린턴의 미국과는 엄청난 차이, 특히 한반도 문제에 대한 접근이 판이하게 다를 것이라는 점을 제대로 포착하지 못했기 때문이다. 부시 행정부가 MD구축을 최우선적인 과제로 삼았다면 대 한반도 정책 역시 MD의 종속변수가 될 수밖에 없었다. 즉, 안 그래도 정당성을 확보하기가 쉽지 않은 MD 구상에서 북한과의 협상을 통한 핵·미사일 문제의 해결은 곧바로 MD계획의 차질로 이어질 수밖에 없다는 것이고, 이를 두려워한 부시 행정부는 전임 정부의 대북정책 성과를 일축하고 북한위협론을 활용하고자 했던 것이다.

그로부터 8년이 지난 오늘날 많은 것이 변했고, 또 변하지 않았다. 부시 행정부는 지난 8년간 북한의 핵, 미사일 위협을 근거로 MD를 상당한 궤도 위에 올려놓았다. 반면 '업적 빈곤증'을 조금이라도 해소하고자 임기 내 북핵 해결을 목표로 북한과 숨가쁜 협상을 벌이고 있다. 한국에서는 정권교체가 이뤄져 '한미동맹 강화'와 '대북 상호주의'를 앞세운 이명박 정부가 출범했고, 북한은 10년만에 다시 등장한 남한의 보수정권을 불편해하는 눈치이다. 한미동맹이 강화되고 남북관계가 후퇴할 조짐을 보이면서 'MD 망령'이 한반도 상공 위를 배회하고 있기도 하다.

왜 MD에 집착하는가?

기실 MD만큼이나 미국 보수파들의 이해관계와 세계관을 반영하고 있는 것도 드물다. 우선 MD는 부시 행정부를 비롯한 보수파들의 강력한 정치적 기반인 군산복합체에게 '황금알을 낳는 거위'와도 같은 사업이다. 부시 임기 8년간(미국 회계연도 2002년~2009년)간 MD 예산은 700억 달러에 육박한다. 2025

년까지는 최소 3000억 달러, 최대 1조 달러까지 추산된다. MD는 메이저 군수업체와 이와 결탁된 정치인들 및 안보전문가들에게는 '마르지 않는 샘'인 것이다.

또한 MD는 미국 보수파의 절대 안보와 군사 패권주의에도 딱 들어맞는 계획이다. 미국만은 절대적으로 안전한 국가를 만들겠다는 것과 미국식 체제를 강제적으로 세계화하는 데 MD는 필수 개념으로 설명되고 있기 때문이다. 세계에서 가장 강력한 '창'을 갖고 있는 미국이 상대방의 보복을 무력화시킬 수 있는 '방패'까지 갖는다면, 군사력 사용은 훨씬 용이해진다. 부시가 MD와 함께 선제공격론을 천명한 까닭이다. 공화당 대선 후보인 존 메케인이 MD의 필요성을 역설하면서 "군사작전 시 적들의 미사일 위협에서 벗어나 자유롭게 행동할 수 있다"고 강조한 것 역시 부시의 '선제공격론'과 맥을 같이 한다.

미국은 여기서 한 걸음 더 나가 MD를 통한 우주의 군사적 선점과 미래의 경쟁자인 중국을 제압하고자 하는 의도도 갖고 있다. 지난 세기 바다와 하늘을 장악한 나라가 패권을 장악했듯이, 21세기에도 패권을 유지·강화하기 위해서는 우주를 장악해야 한다는 것이다. 이 때문에 MD가 지구상에서는 물론이고 우주 공간에서도 첨예한 군비경쟁을 야기할 것이라는 경고가 끊임없이 제기되어왔다. 그리고 2007년 1월 탄도미사일을 이용한 중국의 위성파괴 실험과 2008년 2월 이지스함에 장착된 요격미사일 SM-3로 고장난 위성을 격추한 것에서 알 수 있듯이, 우주에서의 군비경쟁은 기우로 끝나지 않고 있다.

MD 란 무엇인가?

 2001년 1월 부시 행정부가 출범하고 그 해 5월 MD 구축을 선언한 것을 계기로 MD 문제는 국제평화의 핵심적인 관심사로 등장했다. '총알로 총알을 맞추는 게임'에 비유되는 MD는 날라오는 미사일을 미사일이나 레이저로 요격하는 시스템이다. 이를 두고 미국과 일본 등 미국의 일부 동맹국들은 MD는 방어용 무기이고, 중국이나 러시아가 아닌 북한이나 이란 등일부 "깡패국가들(rogue states)"의 미사일 위협에 대비하기 위한 것이라고 강조한다. 이에 대해 중국과 러시아는 물론이고 많은 국가들은 가장 강력한 공격력을 갖춘 미국이 MD까지 갖는다면, 선제공격 능력이 배가되고 이에 따라 군비경쟁이 격화될 것이라고 경고한다. 아래의 내용은 MD에 대한 기본적인 이해를 돕기 위해 질의응답(Q&A) 형식으로 정리한 것이다.

Q MD는 무엇인가?

A 말 그대로 날아오는 탄도미사일을 미사일이나 레이저로 요격하는 개념이다. 원래 클린턴 행정부 때는 미사일방어체제(MD)를 NMD와 TMD로 나누었다. NMD는 'National Missile Defense(국가미사일방어체제)'의 약자로, 미국 본토로 날아오는 탄도미사일이 목표물에 도달하기 전에 이를 탐지, 요격, 파괴하기 위한 시스템을 의미한다. TMD는 'Theater Missile Defense(전역미사일방어체제)'의 약자로써, 해외 주둔 미군과 미국의 동맹국들을 미사일 공격으로부터 방어하기 위한 시스템을 말한다. 그러나 부시 행정부는 NMD와 TMD를 통합해 바다-육지-항공-우주를 연결하는 다층적이고 전지구적 미사일 방어망을 추진해왔다. 이에 따라 NMD와 TMD라는 두 개념은 MD라는 개념으로 통합되었다.

MD는 요격 단계별로 초기단계방어(Boost Defense Segment), 중간단계방어(Midcourse Defense Segment), 최종단계방어(Terminal Defense Segment)로 나뉜다. 초기단계방어에는 항공기탑재레이저(ABL)가 있고, 중간단계방어에는 지상기반요격미사일(GBI)을 이용한 지상기반중간단계방어(GMD) 및 SM-3를 장착한 이지스탄도미사일방어체제(ABMD)가 있으며, 최종단계요격에는 패트리어트 최신형인 PAC-3, 전역고고도미사일방어체제(THAAD), SM-2Block4를 장착하는 이지스함 등이 있다.

Q MD는 제대로 작동하는가?

A '총알로 총알을 맞추는 게임'이라는 비유에서도 알 수 있듯이, 초고속으로 날아오는 미사일을 미사일이나 레이저로 요격하기란 쉽지 않다. 특히 MD를 무력화할 수 있는 교란체나 다탄두 미사일을 개발하는 것이 MD보다 훨씬 쉽고 저렴하기 때문에, MD 구상은 근본적인 한계를 지닌다. 가령 상대방이 탄두와 함께 풍선을 우주공간에 뿌리면 무중력 상태에서 탄두와 풍선은 같은 속도로 날아오기 때문에, 이를 식별해서 요격하기란 거의 불가능에 가깝다. 그러나 미국은 상대방의 미사일 발사를 초기에 탐지하고 이를 추적·식별할 수 있는 정보력과 초고속 요격 미사일 개발에 자신하고 있다. MD의 대표적인 주창자인 도널드 럼스펠드 국방장관(재임 2001~2006)은 "없는 것보다는 낫다"라는 말을 남기기도 했다.

Q MD는 방어용 무기가 아닌가?

A 잘 알려진 것처럼, 미국은 세계에서 가장 막강한 공격력을 보유하고 있다. 가장 강력한 창을 갖고 있는 나라가 상대방의 창을 무력화시킬 수 있는 방패까지 보유한다면 창을 쓰는 것이 훨씬 자유롭게 된다. 미국 스스로도 MD의 필요성을 말할 때, 군사적으로 자유로울 수 있다는 점을 강조하고 있다. 또한 미국의 기본적인 MD 전략은 상대방의 미사일 시설을 선제공격하여 파괴하고 남은 미사일을 MD로 요격하겠다는 것이라는 점 역시 중요하게 고려해야 한다. 또한 2008년 2월

미국은 SM-3로 위성 격추에 성공했는데, 이는 일부 소프트웨어와 부품을 변경하면 바로 공격용 무기로 전환될 수 있다는 것을 보여준다.

Q MD는 레이건의 '스타워즈'와 같은 것인가?

A 비슷한 점이 있지만, 같지는 않다. '스타워즈'라는 별칭을 갖고 있는 레이건의 전략방위구상(SDI)은 레이저를 장착한 위성들을 우주에 배치해 수천 기에 달하는 소련의 대륙간탄도미사일(ICBM)을 우주 공간에서 요격한다는 것이었다. 반면에 부시가 추진하고 있는 MD 계획은 중국이나 러시아의 우발적인 미사일 발사와 이른바 '깡패국가'들의 미사일 위협에 대응한다는 명분으로 추진되고 있다. 미국은 우선 지상과 해상에 미사일 요격체제를 만들고 이를 점차 공중과 우주에도 확대해나간다는 계획을 가지고 있다.

Q MD에는 어떤 무기들이 있는가?

A 우선 걸프전 당시 스커드 미사일 요격에 사용되어 우리에게도 잘 알려진 패트리어트 미사일의 최신 개량형인 PAC-3가 있다. 이는 적의 미사일을 최종단계에서 요격하기 위한 것으로, 주로 상대적으로 하강 속도가 느린 중단거리 탄도미사일 요격에 사용된다. 하층 방어를 담당하는 이 시스템은 2003년에 개발 완료되어 2003년 말부터 한국의 서남부의 미군기지(수원-평택권-군산)에 배치되었고, 2006년에는 일본에도 배치

11

되었다. 다음으로 이지스함에 탄도미사일 탐지·추적·요격 능력을 탑재한 이지스탄도미사일방어체제(ABMD)가 있다. 현재 개발 완료된 SM-3Block1A를 장착한 ABMD는 주로 탄도미사일이 대기권 안팎에 도달한 중간단계에서 요격하는 임무를 띠고 있다. 미국은 2006년 가을부터 동해를 비롯한 아시아-태평양 지역에 ABMD를 배치하기 시작했고, 일본 역시 미국으로부터 이 미사일을 수입해 2008년부터 실전배치에 들어갔다. 또한 미일 양국은 신형 SM-3를 공동개발하고 있는데, 이 미사일은 사거리와 속도를 크게 높여 대륙간탄도미사일까지 요격할 수 있는 능력을 확보한다는 계획이다.

미국 본토 방어용으로는 클린턴 행정부 때 NMD로 불렸던 지상기반요격미사일(GBI)가 있다. 이는 주로 대륙간탄도미사일 요격용으로 탄도미사일을 대기권 밖에서 요격한다는 개념이다. 부시 행정부는 기술적인 결함에도 불구하고 2004년 대선 직전에 알래스카와 캘리포니아에 GBI를 배치했다. 현재 GBI는 알래스카 포트 그릴리에 9기, 캘리포니아 반덴버그 공군기지에 2기 등 모두 11기가 배치되어 있고, 그 수는 점차 늘어날 전망이다. 또한 폴란드에도 이 시스템의 배치를 추진하고 있는데, 이로 인해 러시아와의 갈등이 커지고 있기도 하다. 이 밖에도 미국은 PAC-3보다 요격 고도와 범위가 넓은 전역고고도미사일방어(THAAD), 초기단계에 미사일을 요격하는 시스템으로 보잉 747기에 레이저를 장착하는 항공기탑재레이저(Airborne Laser), 우주 공간에서 레이저를 발사해 요격하는 우주방어체제(SBL) 등도 개발하고 있다.

이러한 요격체제는 상대방 미사일 발사를 탐지하는 고성능 조기경보 레이더 및 방위지원위성, 미사일 비행경로를 추적하는 X-밴드 레이더, 진짜 탄두와 교란체를 구분하는 우주 적외선 위성, MD체제에서 브레인 역할을 하는 지휘통제전투관리통신본부(C2BMC) 등이 있어야 정상적으로 작동할 수 있다.

Q 미국은 왜 MD를 만들려고 하는가?

A 미국 정부가 미국 내의 비판적 여론과 국제사회의 반발에도 불구하고 MD를 강행하고 있는 공식적인 이유는 북한, 이란을 비롯한 적성국가들의 제한적인 탄도미사일 위협, 중국이나 러시아로부터의 우발적인(accidental) 미사일 발사, 그리고 테러리스트와 같은 비인가자(unauthorized)들의 미사일 공격 등에 대비한다는 것이다. 그러나 MD 구축은 지금까지 핵전쟁을 억제해온 '상호확증파괴'에 기반한 '공포의 균형'을 깨고 자국만이 선제 핵공격 능력을 갖겠다는 세계 유일 패권 전략을 군사적으로 뒷받침하고자 하는 것이라고 할 수 있다. 아울러 MD는 신자유주의적 세계화로 요약되는 미국중심의 세계 경제질서를 군사적 측면에서 보장하기 위한 동시에 냉전 해체로 위기에 빠진 미국 군산복합체들에게 막대한 이윤을 보장해 주기 위한 것이다. 클린턴에 비해 부시가 MD 추진에 더 열심인 것은 부시가 속해있는 공화당이 록히드마틴, 보잉, 레이시온 등으로 대표되는 군산복합체와 더욱더 긴밀한 유대관계를 가지

고 있기 때문이다. 또한 우주를 군사적으로 선점함으로써 지구에 대한 지배권을 강화하고, 정치·경제·군사적 측면에서 부상하고 있는 중국을 봉쇄하려는 의도도 강하게 내포돼 있다.

Q ABM 조약은 무엇이고, MD와 ABM 조약은 어떤 관계가 있는가?

A ABM 조약은 미국과 구소련이 1972년 체결한 군비통제 조약으로서 이후 군비경쟁을 완화하는데 시금석이 된 대표적인 조약이다. ABM 조약에서는 ABM 시스템을 비행중인 전략탄도 미사일 또는 그 구성요소에 대항하는 시스템으로 규정하고 있고, ABM 요격미사일, ABM 발사대, ABM 레이더 등을 그 구성요소로 정의하고 있다. ABM 조약은 탄도미사일방어망에 대해 △수도와 대륙간탄도미사일 기지 중심 반경 150km 이내에 각각 하나의 ABM 체계만 배치 가능 △100기 이상의 요격미사일/발사대 배치 금지 △요격시스템 구축 한 지역으로 제한 △영토 전역 방어용 요격시스템 구축 금지 △이동식 요격시스템 구축 금지 △해상, 공중, 우주 또는 이동식 지상발사 ABM체계/구성요소의 개발, 시험, 배치 금지 △ABM 체계/구성품의 타국 이전 또는 국외 배치를 금지 등을 명시하고 있다. 즉, ABM 조약은 MD 구축을 완전히 금지시키고 있는 것은 아니지만, 큰 제한을 두고 있다. 그러나 부시 행정부는 MD 구축의 법적 제약에서 벗어나기 위해 2001년 12월 13일 ABM 조약 탈퇴를 선언했고, 2002년 6월 13일부로 ABM 조약은 역사

속으로 사라지게 됐다.

Q 왜 MD는 새로운 군비경쟁을 야기한다고 하는가?

A MD가 야기하는 군비경쟁의 형태는 크게 두 가지로 생각할 수 있다. 하나는 MD를 무력화시킬 수 있는 보다 강력한 공격용 무기의 개발이고, 다른 하나는 상대방의 미사일 공격을 방어하기 위한 방어용 무기의 개발이다. 미국이 MD 구축을 강행할 경우 이에 불안을 느끼고 있는 북한, 러시아, 중국 등이 핵전력을 강화하고, 이를 운반할 수 있는 미사일 개발에 박차를 가하겠다는 것은 MD 구축에 따른 군비경쟁의 초기 양태가 공격용 무기 개발 경쟁의 형태로 나타날 것이라는 점을 예고한다. 또한 MD를 구축하기에는 아직 경제력과 기술력이 부족한 러시아와 중국으로서도 미국과 일본이 MD를 보다 강력한 형태로 계속 추진할 경우 공격용 무기에 기초한 전략적 보복 능력에만 의존하지는 않을 것이다. 군비경쟁의 기본적 속성과 그 역사를 돌이켜볼 때, 미국이 MD를 강행될 경우 중국과 러시아 역시 미사일 방어망 구축에 나설 것이라는 점을 쉽게 알 수 있다. 아울러 MD가 우주의 군사적 선점과 밀접한 연관을 갖고 있는 만큼, 우주 군비경쟁도 첨예해질 공산이 크다.

Q 한국의 MD 정책은 어떠한가?

A 한국은 2008년 3월 현재까지 공식적으로 미국 주도의 MD 체제에 참여하지 않고 있다. 그러나 오산공군기지와 평택

기지 등 미군기지에 패트리어트 최신형인 PAC-3 배치를 허용했고, 미국 정부는 다른 MD 시스템도 한국에 배치한다는 계획이다. 한국 정부의 공식적인 입장은 미국 주도의 MD에는 참여하지 않고, 독자적으로 제한된 미사일방어체제를 구축한다는 것이다. 그러나 한미동맹의 구조와 현실을 고려할 때, 이러한 입장이 실효성이 있는지에 대해서는 논란이 끊이지 않고 있다. 아울러 한미동맹 강화를 주창하고 있는 이명박 정부가 MD 참여를 선택할 가능성도 배제할 수 없다.

부시, MD, 그리고 이후

레이건의 꿈을 이룬 부시?

'스타워즈'라는 조롱과 찬사를 동시에 받아온 MD는 미국의 절대안보를 상징한다. 25년 전 레이건 대통령이 소련을 "악의 제국"으로 지칭하면서 "전략미사일이 미국이나 동맹국의 영토에 떨어지기 전에 이들을 요격함으로써 자유 진영의 국민들이 안전하게 살려고 하는 것이 도대체 무엇이 문제인가"라고 말한 것은 이러한 미국의 세계관을 잘 보여준다. 그러나 레이건의 호언장담은 500억 달러를 쏟아 부었지만 실현되지 않았고, 소련의 해체와 함께 역사 속으로 사라지는 듯 했다.

레이건의 '스타워즈 연설' 이후 25년이 지난 오늘날, 레이건의 후계자를 자처한 부시 행정부는 백악관에 나서기 전에 MD를 최대한 본 궤도에 끌어올리겠다는 심사로 '브레이크 없는 질주'를 하고 있다. 2008년 3월 11일 헤리티지재단 주최로 열린 레이건의 '전략방위구상(SDI, 일명 스타워즈)' 연설 25주년 기념행사에 참석한 딕 체니 부통령은 "레이건의 연설은 역사상 가장 훌륭하고 중대한 것"이었다며, "레이건의 MD 구상은 냉전시대를 미국의 승리로 이끌었고, 그는 우리 역사상 최고의 대통령"이라고 치켜세웠다. 특히 부시 행정부가 MD를 통해 레이건의 염원에 한발 다가섰다고 강조하면서, "미국의 차기 대통령도 이를 따라야 한다"고 말했다. "MD야 말로 미국의 이상과 독창성, 그리고 낙관주의의 결정체"이기 때문이다.

실제로 부시 행정부는 보수파의 영웅으로 추앙 받아온 레이건의 못 이룬 꿈을 이루겠다고 작심한 듯, 임기 막바지에도 불구하고 MD에 열을 올리고 있다. 2008년 2월 하순에 지표면으로 떨어지던 '고장난 첩보위성'으로부터 인류의 안전을 보호한다는 명분으로 SM-3로 위성을 격추했다. 3월 중순에는 폴란드 대통령을 백악관으로 초청해 대규모의 군사지원을 해줄테니 폴란드에 요격미사일 배치를 허용해달라고 요구해 동의를 받아냈다. 그리고 최근에는 동유럽에 MD를 배치하는 것을 인정해달라고 러시아를 설득하는 데 총력을 기울이고 있다.

부시 8년, MD 어디까지 왔나?

   그렇다면 "이마에 MD를 새긴 정권"이라는 비아냥거림을 들을 정도로 MD에 적극적이었던 부시 대통령의 임기 동안 MD는 어디까지 와 있을까? MD 구축을 핵심적인 대선 공약으로 내세웠던 부시 대통령은 2001년 5월 1일 MD 구축을 공식 선언했다. 이에 앞서 클린턴 행정부 때 타결 일보직전까지 갔던 북한과의 미사일 협상을 중단시켜, MD 구축의 최대 명분으로 내세우기도 했다.

   그러나 탄도미사일이 아닌 면도칼로 무장한 테러리스트가 여객기를 납치해 뉴욕의 세계무역센터와 워싱턴의 펜타곤을 공격한 '9.11 테러'가 발생하면서 MD는 주춤하는 듯 했다. 'MD에 정신이 팔린 나머지 테러를 제대로 막지 못했다'는 비판이 미국 내에서 일어났기 때문이다. 그러나 부시는 "9.11 테러가 MD의 필요성을 더욱 절실하게 만들었다"며 9.11 테러를 '브레이크 없는 질주'의 계기로 삼았다. 그 해 12월 13일 MD에 제한을 가했던 ABM 조약에서 탈퇴해버린 것이다.

   ABM 조약이라는 굴레에서 벗어난 부시 행정부는 MD를 향해 거침없이 내달렸다. 미국 국내에서는 '국가안보 절대주의'가 맹위를 떨치면서 MD에 대해 입도 뻥긋하기 어려운 분위기가 조성되었다. 러시아와 중국 등 MD에 강력 반발했던 나라들도 '초상집에 가서 빚 독촉하지 말라'는 말을 상기시키듯, 미국에 대한 비판을 자제했다. 그리고 2002년 10월 터진 이른바 '2차 북핵 위기'를 계기로 부시는 MD 구축에 한층 열을 올렸다. 한달이 멀다하고 약 1억 달러가 들어가는 MD 실험을 실시했고, 2004년 미국 대선을 앞두고는 성능이 입증되지도 않은 MD 시스템을 알래스카와 캘리포니아에 배치했다. 표면적으로는 북한의 미사일 위협에 대비하기 위한 것이라고 했지만, 부시의 '재선용'이라는 비난도 거세게 일었다.

부시 행정부는 "통합되고, 강력하며, 전지구적인(integrated, robust, and global)" MD를 목표로 삼아왔다. 여기서 '통합'이란 공군, 육군, 해군 간의 합동 작전과 지상기반요격미사일(GBI), 이지스탄도미사일방어(ABMD), MD 센서, 지휘통제전투관리통신본부(C2BMC) 등 MD 요소들이 통합되어 작전을 수행한다는 것을 의미한다. 가령 미 공군이 운용하는 PAC-3가 해군이 운용하는 이지스함으로부터 정보를 전달받아 탄도미사일을 요격한다는 개념이다. '강력함'은 지상-해상-공중과 초기-중기-말기 등 다층적-다고도 요격 시스템을 구축한다는 의미이고, '전지구'는 유럽, 중동, 아시아의 동맹 및 우방국과의 협력을 확대해 MD 시스템을 전 세계에 걸쳐 배치한다는 것을 의미한다.

이러한 MD 개발 및 배치를 담당하는 부서는 미 국방부 산하 미사일방어국(MDA)이다. MDA는 2008년 현재 5단계(Block 1.0-5.0)로 나누어 MD를 배치하고 있다. 각각의 단계는 미국의 위협 인식 및 MD 개발 수준이 반영된 것으로서, 반드시 하나의 단계가 끝나야 다음 단계로 넘어가는 것을 의미하지 않는다. 가급적 단계별로 진행하되 사정에 따라 동시에 진행하기도 하고, 선후가 뒤바뀌기도 한다.

　Block 1.0은 제한적인 북한의 장거리 미사일 위협으로부터 미국을 보호하는 것이다. 북한을 최우선적인 대상으로 삼아온 것을 거듭 확인할 수 있는 대목이다. 구성 요소로는 30기의 GBI를 알래스카의 포트 그릴리와 캘리포니아의 반덴버그 공군기지에 배치하고, 비엘레(Beale) 개량형조기경보레이더, 코브라 데인(Cobra Dane) 레이더, 해상배치 X-밴드 레이더, X-밴드 전진배치 레이더, AN/SPY-1 레이더를 탑재한 이지스함 등 감시장비와 C2BMC 등이 있다. 이러한 계획은 2008년 3월 현재 거의 마무리 단계에 있다. Block 2.0은 한 곳의 지역에서 동맹국과 현지 주둔 미군을 중장거리 미사일로부터 보호하는 것이다. 구성 요소로는 2007년부터 실전배치에 들어간 SM-3Block1A 71기를 이지스함에 장착하고, 2009년까지 개발 완료할 예정인 SM-2Block4, 48기의 THAAD 요격 미사일을 보유한 2개 부대 등이 있다. 이 밖에도 패트리어트 최신형인 PAC-3는 주한미군과 주일미군 기지에 배치되어 있다. 2008년 3월 기준으로 약 50% 정도의 진척도를 보이고 있다.

　3.0은 제한적인 이란의 장거리 미사일 위협으로부터 미국을 보호하는 것이다. 이는 폴란드에 요격미사일을, 체코에 X-밴드 레이더 배치 계획을 골자로 한다. 그러나 이에 대해 러시아는 자신의 턱밑에 MD를 배치하려고 한다며 강력히 반발하고 있어, 이러한 계획이 실현될 지는 아직 미지수에 있다. Block 4.0은 이란의 미사일로부터 유럽을 보호하고 미국 본토

방어 능력을 확대하는 것이고, 5.0은 중동 및 동북아 등 두 개의 지역에서 동맹국과 미군을 보호하는 것이다. MDA는 또한 이러한 5단계 배치 계획이 대강 마무리되면, Block 6.0으로 넘어가 탄두와 교란체를 구분하고 다탄두 미사일을 요격할 수 있는 다중 요격(multiple kill) 능력을 확보한다는 계획이다.

차기 미국 정부는?

부시의 임기 동안 '팍스 아메리카나'의 쇠퇴가 가시화되고 있지만, 미국은 여전히 유일 초강대국의 위치에 있다. 서브프라임 사태로 촉발된 미국의 경제 위기는 지구촌 곳곳에도 그 영향을 미치고 있는데, 이는 한편으로는 미국 패권의 쇠퇴를 보여주지만 다른 한편으로는 그 만큼 미국의 영향력이 강하다는 것을 말해준다. 또한 부시가 "악의 축"으로 지목한 이라크, 이란, 북한 문제도 차기 미국 대통령이 피해갈 수 없는 사안들이다. 부시 행정부가 동유럽에 미사일방어체제(MD) 배치를 강행하려고 하면서 촉발된 러시아와의 '제2의 냉전' 분위기도 수그러들지 않고 있다. 21세기 미국 패권의 유력한 도전자로 일컬어지고 있는 중국이 베이징 올림픽을 성공적으로 개최하면, 미국의 차기 정부는 한층 강해진 중국과 맞닥뜨리게 될 것이다. 이러한 이유들 때문에 지구촌의 많은 나라들은 미국 대선을 자국의 선거 못지않게 관심을 갖고 지켜보고 있다. 여기에는 군사적 일방주의로 전 세계에 걸쳐 반감을 자아냈던 '부시 이후의 미국'이 달라질 것이라는 기대감과 '오십보 백보'라는 회의감이 깔려 있다. 그리고 그 기대감과 회의감이 교차하는 길목 한쪽에는 미국 군사패권주의의 상징인 MD가 자리 잡고 있다.

일단 메케인이 당선될 경우 부시 행정부의 대외정책 기조가 대체로 유지될 것으로 보이는 반면에, 민주당이 승리하면 적지 않은 변화가 예상된다. MD 역시 이러한 맥락에서 이해할 수 있다. 민주당에 앞서 후보를 결정한 공화당은 민주당 후보들에게 '안보 공세'를 퍼붓고 있다. 주된 소재는 역시 MD이다. 선봉에 나선 딕 체니 부통령은 3월 11일 헤리티지재단 주최 연설에서 부시 행정부의 MD를 찬양하면서 "미국의 다음 대통령도 이를 따라야 한다"고 말했다. 여성인 힐러리와 경험이 많지 않은 오바마를 겨냥한 발언이었다. 또한 메케인의 동료인 존 카일 상원의원 역시 오바마가 MD 예산을 줄이겠다고 밝힌 것을 문제 삼으면서 "그가 대통령이 되면 MD 꿈이 물거품이 될 것"이라고 공세의 수위를 높였다.

부시 행정부와 공화당 측의 안보 공세가 거세질 조짐을 보이자, 오바마와 클린턴도 주춤하고 있다. 오바마 외교안보팀의 핵심 참모인 수잔 라이스와 클린턴 캠프의 마라 러드만은 폴란드와 체코에 MD 시스템을 배치하려는 부시 행정부의 계획을 지지한다는 입장을 밝혔다.

오바마의 홈페이지를 보면, MD에 대한 언급은 "이스라엘과의 MD 개발에 계속 협력하겠다"는 것 이외에는 없다. 저명한 외교전문잡지인 포린어페어 2007년 7/8월호에 기고한 글에도 MD에 대한 언급을 찾아볼 수 없다. 그만큼 조심스럽다. MD가 미국의 절대안보, 특히 대량살상무기 확산이 우려되는 시대에 필수적인 안보수단이라는 인식이 확산되면서, 이에 대놓고 반대했다간 '안보를 무시하는 이상주의자'라는 거센 비난을 자초할 수 있다고 보기 때문이다. 이를 뒷받침하듯 오바마는 "입증되지 않은 MD에 많은 예산을 쏟아 붓는 것은 곤란하다"면서도, "실용적이고 경제적이며 작동 가능한 MD 개발이 필요하다"는 입장을 보이고 있다. 이는 부시 행정부 수준보다는 규모가 작지만 MD에 대한 필요성을 기본적으로 지지한다는 것으로 해석할 수 있다.

오바마의 경쟁자인 힐러리 역시 '모호성'을 견지하고 있다. 힐러리는 2002년 12월 부시 행정부가 탄도미사일방어(ABM) 조약에서 탈퇴를 선언한 것에 대해 공개적으로 비판한 바 있고, MD에 대한 표결에서도 4차례에 걸쳐 반대표를 던진 바 있다. MD에 대한 힐러리의 이와 같은 부정적인 태도는 "과연 여성이 미국의 최고사령관이 될 수 있느냐"는 편견과 맞물려 힐러리에 대한 보수파의 안보 공세를 강화시켜주는 빌미로 악용되었다. 그러자 힐러리는 MD에 대한 비판적인 언급을 자제하면서 가급적 이 문제를 이슈화하지 않겠다는 태도를 보이고 있다.

이처럼 민주당 후보들이 MD에 대해 명확한 입장을 드러내지 않고 있는데 반해, 메케인은 주요 대선 후보 가운데 유일하게 자신의 홈페이지에 'MD 공약'을 명시할 정도로 대단히 적극적인 태도를 보이고 있다. 효과적인 MD는 북한, 이란 등

"깡패국가"들의 미사일 위협에 대응하는 데 필수적일 뿐만 아니라, 러시아, 중국 등 전략적 경쟁자들의 잠재적인 위협에 맞서는 데에도 필요하다는 것이다. 특히 "MD는 미군이 해외에서 군사작전을 벌이는데 적의 미사일 위협에 의해 억제되지 않게 하는 데 필요하다"고 말해, MD를 선제공격 전략과 연계시키고 있다는 것을 명확히 드러냈다. 또한 "미국은 핵미사일 공격의 그늘 아래에서 살아서는 안 된다"며, 자신이 대통령이 되면 "미국 국민이 더 이상 '공포의 균형' 아래에서 살지 않도록 효과적인 MD를 구축하겠다"고 공약하고 있다.

MD에 대한 이와 같은 후보들의 입장 차이는 미국이 MD의 명분으로 삼고 있는 북한, 이란에 대한 인식의 차이가 반영되어 있다. 부시 행정부의 일방주의를 비판해온 오바마와 힐러리는 북한과 이란의 위협을 외교를 통해 풀어야 한다는 점에 방점을 두고 있다. 물론 이들도 군사적 억제력과 선제공격 가능성을 완전히 배제하지 않고 있다. 이에 반해 메케인은 북한과 이란의 위협에 맞설 수 있는 최선의 방법은 군사력에 있다고 본다. "깡패국가"들에게 외교적 해결을 기대하는 것은 연목구어와 같은 일이라는 인식을 바탕으로 MD와 선제공격 능력의 강화를 통해 이러한 위협을 분쇄해야 한다는 입장에 서 있는 것이다.

종합해보면, 메케인이 승리할 경우 미국의 MD는 부시 행정부 시기 못지않게 강력하게 추진될 전망이다. 반면 민주당이 집권할 경우 규모와 예산, 그리고 속도는 조정되겠지만,

MD 계획 자체를 철회할 가능성은 극히 낮다. 이와 관련해 빌 클린턴 행정부도 미국 본토 방어용인 국가미사일방어체제(NMD) 구축에는 미온적이었던 반면에, 해외 주둔 미군 및 동맹국 방어용인 전역미사일방어체제(TMD) 구축에는 비교적 적극적이었던 것을 상기할 필요가 있다. 민주당 집권 시 막대한 예산이 투입되고 그 효과는 입증되지 않은 반면에, 러시아, 중국 등 강대국 관계에 부정적인 영향을 줄 수 있는 NMD(부시 때는 GBI)는 하향 조정될 가능성이 높지만, PAC-3, ABMD, THAAD 등으로 이뤄진 TMD는 부시 행정부 때와 큰 차이를 드러내지 않을 공산이 크다는 것을 말해준다.

MD와 미·중·일·러

미일간의 MD 동맹

미국과 일본 사이의 MD 협력도 주목을 끌고 있다. 1998년 8월 말 북한의 인공위성 광명성 1호(대포동 1호) 발사 직후부터 미국의 MD계획에 참여해온 일본은, 당초 2004년까지 기술연구를 하고 개발배치 여부는 기술연구의 타당성을 검토해 2005년 이후에 결정하기로 했었다. 그러나 2002년 10월 북핵문제가 불거진 이후 미국의 노골적인 압력을 받아온 일본은 당초 방침을 뒤집어 MD 배치를 가속화하기로 했다. 이에 따라 2007년 3월 도쿄 북부에 PAC-3를 최초로 배치한 일본은 2010년까지 항공자위대 16곳에 PAC-3를 추가 배치할 계획이다. 또한 현재 보유하고 있는 이지스함 4척에 2011년까지 SM-3를 탑재키로 했고, 2007년 12월 하와이 인근 해상에서 첫 시험 발사를 성공하기도 했다. 일본이 PAC-3에 이어 SM-3를 배치한다는 것은 지상/해상에서, 종말/중간 단계에서 미사일을 요격할 수 있는 이중 요격 능력을 갖게 된다는 것을 의미한다.

일본은 또한 미국과의 MD 협력을 원활하게 하기 위해 관련 법과 제도 정비에도 박차를 가해왔다. 2005년 6월 일본 중의원은 MD 법안을 통과시켜 방위청(현 방위성) 장관이 총리 및 내각의 승인 없이도 상대방의 미사일을 요격할 수 있는 권한을 부여했다. 이는 군에 대한 문민통제가 무너지고 있는 신호탄이라고 할 수 있다. 또한 MD는 일본의 집단적 자위권 행사 금지를 무력화하는 선봉장 역할을 하고 있다. 미일간의 MD 협력, 특히 정보교류는 동아시아 지역뿐만 아니라 미국 본토의 미사일방어 작전에도 활용될 수 있기 때문에, 집단적 자위권을 불허하고 있는 평화헌법과 저촉된다는 해석이 유력했었다. 일본의 MD 참여가 평화헌법 개정의 시금석으로 간주되어 온 것도 이 때문이다. 그러나 2004년 봄부터 미국과 일본은 MD 정보협력을 기정사실화하고 이를 위한 시스템 구축에 박차를 가해왔다. 미국은 일본 방위청 산하 기관이 개발한 레이더(FPS-XX)의 정보공유를 승인 받았다. 또한 미국은 일본 해상자위대가 보유한 이지스함으로부터 탄도미사일 관련 정보도 제공받기로 했다.

아울러 미국은 2007년 10월 일본 북부 아오모리에 있는 미사와 미군기지에 미사일 추적 기지를 건설했다. 합동전술지상기지(Joint Tactical Ground Station)라는 이름을 달고 있는 이 기지는 상대방 미사일의 비행경로를 추적해 그 정보를 주일미군과 일본자위대에 전달하는 기능을 수행하게 된다. 또한 이와 비슷한 시기에 미국은 미사와 미군기지 인근에 있는 샤리키 항공자위대 기지에 전진배치 X-밴드 레이더와 C2BMC 지원 장비를 배치했다. 이러한 정보 시스템 구축과 정보 공유를 통해 미일동맹은 북한, 중국 등의 미사일 발사 정보를 조기에 확보함으로써 미사일 요격 시간을 벌 수 있게 되었다. 아울러 MD 구성 요소들 사이에 네트워크를 구축해 시스템간의 정보교류를 가능하게 한다는 구상이다. 즉, 이지스함과 PAC-3, 그리고 조기경보레이더 등 MD 시스템은 각기 독립적으로 운용되는 것이 아니라 상호간의 정보공유를 통해 다층적인 요격체제를 구성한다는 것이다.

　미일 양국이 차세대 요격 미사일을 공동 개발하기로 한 것 역시 주목할 필요가 있다. 이 요격 미사일은 미국이 개발 완료해 실전배치에 들어간 SM-3Block1A보다 사정거리가 크게 늘어난 것으로써, 기존의 SM-3가 주로 중단거리 탄도미사일 요격을 위해 만들어진 것이라면 미일 양국이 공동 개발하고 있는 신형 SM-3Block2는 대륙간탄도미사일(ICBM)까지 요격이 가능한 것으로 알려지고 있다. 일본은 이 미사일 개발 및 미국과의 협력을 원활하게 하기 위해 무기수출 3원칙을 완화해 신형 SM-3 부품의 대미 수출을 허용키로 했다.

이러한 내용을 종합해볼 때, MD는 일본의 평화헌법 체제를 무너뜨리고 있는 '트로이의 목마'라고 할 수 있다. MD가 일본의 군사대국화 및 우경화를 억제해온 핵심적인 문제들, 즉 집단적 자위권 불허와 무기수출 3원칙, 그리고 군의 문민통제 원칙을 무력화시키고 있기 때문이다. 이 과정에서 미일 강경파들이 북한과 중국 위협론을 최대 명분으로 내세워왔다는 것은 주지의 사실이다.

MD와 미·중·러 삼각관계

미국의 MD 계획이 구체화되기 시작한 1990년대 후반, 미국의 경쟁자에 해당하는 중국과 러시아는 물론이고, 유럽의 미국 동맹국들조차 MD가 새로운 군비경쟁을 야기할 것이라며, 미국에 반기를 들었었다. 일례로 1999년 10월 중국과 러시아는 정상회담 공동성명을 통해 "MD는 국제사회로 하여금 단일한 생활양식, 가치관, 이데올로기 등을 수용할 것을 강요하는 단극체제를 강화할 것이며, 진영간의 군사적 대립을 확대·강화하고, 국제법을 권력정치로 대체하거나 무력에 더 의존하게 만들고 있다"고 비난한 바 있다. 그리고 2001년 1월 MD 구축에 사활을 건 부시 행정부가 등장하자, 이들 두 나라는 국제사회에서 반反MD 전선을 주도했다.

그러나 2001년 9.11 테러가 터지자 "초상집에 가서 빚 독촉하지 말라"는 말을 상기시키듯이, 미국의 MD에 대한 국제

사회의 비판여론은 크게 줄었다. 그러자 부시 행정부는 2001년 12월 13일 MD에 제한을 둔 탄도미사일방어(ABM) 조약 탈퇴를 선언하면서 MD 구축에 박차를 가하기 시작했다. 알래스카와 캘리포니아에 서둘러 MD 요격미사일을 배치하는 한편, 북한의 핵미사일 위협을 이유로 호주와 일본과 MD 협력을 강화했고, 공식적으로 MD 참여를 선언하지 않은 한국에도 주한미군 기지에 패트리어트 최신형인 PAC-3를 배치했다. 또한 2007년 1월에는 동유럽에 MD 배치 계획을 발표했다. 이에 따라 2007년 들어 MD는 다시 국제정치 무대의 중앙에 복귀했다. 러시아가 9.11 테러 이후의 침묵을 깨고 미국의 MD 계획에 강력 반대하고 나섰고, 중국 역시 MD에 대한 정치외교적 비난은 자제하면서도 핵전력 강화에 나서고 있기 때문이다.

세계 유일 초강대국인 미국, 과거의 영광을 회복하려는 러시아, 21세기 미국의 전략적 경쟁자로 일컬어지는 중국 등 MD를 둘러싼 3자 사이의 관계는 미래의 세계질서에 대해서도 중대한 함의를 갖는다. 세계에서 가장 강력한 공격 능력을 갖춘 미국이 상대방의 보복 능력을 약화시킬 수 있는 방어력까지 갖춘다면, 미국과 전략적 경쟁 관계에 있는 중국과 러시아가 느끼는 위협은 그만큼 커질 수밖에 없고, MD에 불안을 느끼고 있는 나라들은 더 강력한 핵미사일을 통해 MD를 뚫으려고 할 것이기 때문이다. MD를 중심으로 한 이들 3자 사이의 관계를 살펴보면 아래와 같다.

앞서 언급한 것처럼, MD에 강력 반발했던 러시아와 중국은 9.11 테러가 발생한 직후, MD에 대한 공세의 수위를 크게 낮췄다. 푸틴 러시아 대통령은 부시 행정부가 ABM 조약에서 탈퇴하고 MD 구축 강행을 선언한 다음날인 2002년 12월 14일 성명을 발표해, "이번 미국의 결정은 실수라고 생각한다"며 비판했다. 그러나 푸틴은 "러-미 양국은 다른 핵무기 보유국들과 달리 MD를 뚫을 효과적인 무기체계를 갖고 있기 때문에, 미국의 이번 결정은 러시아 안보에 위협이 되지 않을 것"이라며 자신감을 표현한 뒤, "러시아와 미국은 가능한 빨리 새로운 전략적 관계를 수립해야 한다"며 미국의 ABM 조약 탈퇴를 현실로 받아들였다.

중국 정부 역시 "ABM 조약은 존속되어야 한다. 중국은 MD에 반대하며, 이 체제의 부정적 영향에 대해 우려하고 있다"고 말하면서, 미국에 우려의 뜻을 전달했다. 그러나 "이러한 문제와 관련해 미국과의 전략적인 대화가 필요하다"며 오히려 미국 측의 대화를 촉구하고 나서는 모습을 보임으로써, MD 구축에 맞서 "군비경쟁도 불사하겠다"는 기존의 입장을 확실히 누그러뜨렸다.

중국, "MD는 21세기 최대 위협"

푸틴이 공언한 것처럼 MD를 무력화시킬 수 있는 핵전력을 보유하고 있는 러시아가 9.11 테러 이후 MD를 현실로 받아들이는 태도는 어느 정도 이해할 수 있었다. 그러나 MD에 가장 큰 불안을 느껴온 중국의 '조용한 대응'은 다소 의외라고 할 수 있다. 이러한 '중국의 침묵'에 대해 베이츠 길은 크게 네 가지로 설명한 바 있다. 첫째, MD가 중국 안보에 미치는 구체적인 영향과 상관없이 미국이 중국을 북한과 같이 '깡패국가'라며 MD 구축의 명분으로 삼고 있지는 않고 있기 때문이다. 둘째, 2001년 초 미중간의 첨예한 논란으로 부각된 바 있는 대만의 MD 포함문제에 대해, 일단 부시 행정부가 PAC-3와 이지스함을 대만에 판매하지 않기로 함으로써 두 국가의 충돌을 피할 수 있었다. 셋째, 부시 행정부가 ABM 조약 탈퇴 직후 장쩌민 주석에게 전화를 걸어 상의하는 등, 중국의 체면을 세워주었기 때문이다. 넷째, 러시아의 반발이 줄어들고 있는 것도 중국이 계속 강경한 입장을 고수할 수 없는 이유가 되었다.[1)]

그러나 중국의 반발이 누그러졌다고 해서, 이를 곧 중국이 MD를 수용하고 있다고 보는 데에는 무리가 따른다. 근본적으로 미국이 21세기 잠재적인 적으로 중국을 상정하고 대중국 견제 및 봉쇄 강화를 핵심적인 군사안보전략으로 삼고 있는 상황에서, MD 구축은 중국의 안보딜레마를 한층 자극할 수밖에 없기 때문이다. 또한 1만 개 이상의 핵무기와 수천 기의 핵미사일을 보유한 러시아와는 달리, 중국은 미국 본토를 공격할 수 있는 핵미사일 숫자가 20여 기에 불과하다. 이는 이론적으로 100기 정도의 MD 요격미사일로 무력화가 가능하다. 이와 관련해 조안네 톰킨스가 2002년 여름 중국 현지에서 정부 관리, 군관계자, 민간 전문가 등 60여 명을 인터뷰해 작성한 보고서를 주목할 필요가 있다.[2] 그는 미국의 ABM 조약 탈퇴, 미국-러시아 사이의 핵무기 감축 협정 체결, 핵태세검토보고서(NPR), MD 등이 중국의 핵 계획에 변화를 가져오고 있다며, 이 가운데 중국의 정책 결정자 및 전문가들은 MD를 가장 큰 위협으로 해석하고 있다고 결론지었다.

중국이 MD에 위협을 느끼고 있다는 것은 대만 통일 문제와 연결시켜 생각하면 쉽게 이해할 수 있다. 이는 두 가지 차원에서 이해할 수 있는데, 첫째 대만이 미국의 MD망에 포함될 경우와 둘째 대만과의 무력 충돌 시 미국의 개입 여부로 나누어 볼 수 있다. 대만이 MD에 포함된다는 것은 대만을 겨냥한 중국의 미사일이 적지 않게 무력화될 수밖에 없을 뿐만 아니라, 사실상 미국의 안보 우산에 편입됨에 따라 대만의 독립 의지를 부추길 것으로 중국은 보고 있다. 대만이 MD 우산에 편입되지 않더라도, 미국이 중국의 대륙간탄도미사일(ICBM)을 무력화시킬 수 있는 MD를 갖게 될 경우 중국은 대만과의 무력 충돌 시 미국의 개입을 억제할 수 있는 힘을 크게 상실하게 된다. 대만의 MD 편입 여부와 관계없이 중국은 MD 자체에 큰 위협을 느낄 수밖에 없는 것이다.

중국의 고민은 이렇듯 MD의 위협적인 성격을 잘 알고 있더라도, MD에 대응하기가 힘들다는 점에 있다. MD에 대응하는 가장 확실한 방법은 핵무기 전력을 비약적으로 강화시켜 MD를 무력화시키는 것이지만, 이를 위해서는 막대한 군비 지출이 불가피하고 중국이 내세우고 있는 '평화발전론'에도 부합하지 않는다. 경제성장을 제1의 국가 목표로 삼고 있는 중국으로서는 쉬운 결정이 아니다. 특히 1980년대 소련이 MD 구상의 원조라고 할 수 있는 레이건의 전략방위구상(SDI)에 맞서 군비경쟁을 했다가 몰락한 사례도 중국으로서는 무시할 수 없다. 실제로 중국 내 일부 신중론자들은 "미국의 MD가 본질적으로 노리는 것은 중국으로 하여금 군비경쟁에 나서게 하는 것"이라며, MD를 무시하는 것이 현실적인 최선이라고 주장하고 있다. 그러나 머지않아 MD를 비롯한 미국의 패권주의에 큰 위협을 받을 수밖에 없는 상황에서, 팔짱만 끼고 있을 수도 없다는 주장도 강하게 제기되고 있다. 특히 일부 강경파들은 경제성장이 주춤하더라도 늦기 전에 핵무기 전력을 대대적으로 강화시켜 MD에 맞서야 한다는 주장도 나오고 있다.

이렇듯 조용하면서도 중대한 중국 내부의 논쟁은 '중간'으로 수렴되고 있다. 즉, MD가 중국에 직접적인 위험을 주기 전까지 미국과 맞서는 것을 자제하되 점진적으로 핵무기 등 대응 전력을 증강시키는 방향으로 국가전략이 수립되고 있다는 것이다. 이에 따라 중국은 10여 년에 걸쳐 2001년의 핵전력을 10배가량 증강시켜 나갈 것으로 미국의 중앙정보국(CIA) 등은 보고 있다. 실제로 중국은 2000년 이후 매년 15% 이상 국방비를 증액하면서 군현대화에 박차를 가하고 있다. 군현대화 프로그램에는 이동식, 다탄두 핵미사일 개발·배치, 잠수함발사탄도미사일(SLBM), 위성 파괴 무기 등 MD를 무력화할 수 있는 무기 체계도 상당수 포함되어 있다.

침묵을 깬 러시아

한동안 잠잠했던 러시아도 2007년 들어 오히려 중국보다 훨씬 강력하게 미국의 MD에 맞서고 있다. 발단은 미국의 동유럽 MD 배치 계획이다. 미국은 이란의 핵미사일 위협을 이유로 폴란드에 10기의 요격미사일과 체코에 X-밴드 레이더를 배치하겠다고 발표했다. 당초 미국은 2007년 안에 체코 및 폴란드와의 양자 협의를 마무리하고 2008년부터 공사에 들어가 2011년경에 실전 배치를 마무리하기를 희망했었다. 그러자 러시아가 발끈하고 나섰다. 푸틴 대통령은 미국의 계획이 발표된 직후인 2007년 2월 초에 미국의 MD 및 군사패권주의를 거론하면서 "미국이 세계의 지배자, 유일한 주권국가"처럼 행세하고 있다고 비난했다. 러시아의 하원인 두마 역시 미국이 MD 계획을 밀어붙이면 제2의 냉전이 초래될 수 있다고 경고했다. 그러자 미국은 "냉전은 한번으로 족하다"며 MD는 러시아에 위협이 되지 않는다고 강변했다.

그러나 러시아는 물러서지 않았다. 오히려 미국의 동유럽 MD 배치 계획이 철회되지 않으면, 1987년 미소간에 체결된 중거리핵미사일폐기협정(INF: Intermediate-Range Nuclear Forces Treaty)에서 탈퇴할 수 있다고 경고했다. INF는 냉전시대 대표적인 군축조약 가운데 하나로, 사거리 500-5500km의 탄도미사일과 순항 미사일을 폐기하기로 한 것이다. 그러나 미국 역시 물러서지 않았다. 동유럽 배치 MD는 러시아와 무관하다는 입장을 고수했다.

미국이 물러서지 않자, 러시아는 유럽재래식무기감축협정(CFE: Treaty on Conventional Armed Forces in Europe)까지 언급하고 나섰다. 푸틴은 2007년 4월 26일 의회 연설에서 미국이 동유럽에 미사일방어체제(MD) 배치 계획을 철회하지 않으면, CFE 조약을 준수하지 않을 수 있다고 경고하고 나선 것이다. CFE는 유럽의 냉전 종식을 상징하는 조약 가운데 하나라는 점에서 러시아의 경고는 미러 관계가 냉전 시대에 버금가는 적대관계로 돌아설 것이라는 우려를 증폭시키고 있다.

러시아는 이렇듯 MD에 맞서 군축조약 무력화에 나서는 한편, 핵전력 강화에도 박차를 가하고 있다. 냉전 시대 레이건의 전략방위구상(SDI)에 맞서 추진했다가 중단한 핵전력 증강 프로그램을 재개하고 있는 것이다. 여기에는 다탄두 핵미사일 성능 개량, 이동식 핵미사일 증강, 궤도 수정이 가능한 탄두 개발 등이 포함되어 있다. 러시아는 2007년 하반기부터 이러한 미사일 실험을 연달아 실시하면서, MD를 무력화시킬 수 있는 능력을 과시하고 있다.

이처럼 러시아가 MD에 극히 민감한 반응을 보이고 있는 이유는 크게 두 가지로 추론해볼 수 있다. 첫째는 미국에게 무시당하고 있다는 것이다. 부시가 ABM 조약에서 일방적으로 탈퇴하고, 러시아와 사전 협의 없이 동유럽에 MD를 배치하려고 하는 것은 자신을 무시하지 않고서는 가능하지 않다는 것이 러시아의 시각이다. 이는 냉전 시대에 미국과 함께 양극 체제를 형성했던 과거를 떠올리게 하며 '강한 러시아 건설' 욕구를 부채질하고 있다.

둘째는 지금 당장 MD가 위협이 되지 않더라도 앞으로는 달라질 수 있다는 것이다. 미국의 MD는 기본적으로 '다층-다각도' 체제이다. 지상-해상-상공-우주로 이어지는 MD 체제에서 현재 개발이 완료되고 실전배치에 들어간 것은 지상MD와 해상MD이다. 미국은 이를 점차 상공과 우주로 확대한다는 계획이다. 이에 반해 러시아는 2012년까지 핵미사일을 1700-2200개 수준으로 감축키로 했다. 핵미사일 수는 줄어드는 반면에 미국 주도의 MD가 막강해지면, 러시아의 전략적 손실은 그만큼 클 수밖에 없는 것이다. 특히 러시아는 자신의 턱밑인 동유럽에 MD가 배치되는 것 자체가 위협이 되고, '가랑비에 옷 젖듯이' 한발씩 계속 물러나면 러시아의 핵미사일 전력까지 위협받을 수 있다고 생각한다. 러시아는 동유럽 MD를 '트로이의 목마'로 보고 있는 것이다.

이처럼 MD를 통한 '절대안보의 신화'에 빠진 미국과 '강대국으로서의 지위 회복'을 노리는 러시아 사이의 충돌이 우리에게도 시사하는 바가 대단히 크다. 두 강대국의 충돌은 유럽에 국한된 문제가 아니기 때문이다. 미국은 MD의 명시적, 잠재적 대상국인 북한, 중국, 러시아와 가장 가까이 있는 한국을 MD의 전략적 요충지로 삼고 있다. 패트리어트 최신형인 PAC-3를 가장 먼저 배치한 데 이어, 중장거리 미사일 요격용인 해상MD체제와 전역미사일고고도방어체제(THAAD) 배치도 서두

르고 있다. 또한 미국은 상대방 미사일을 이륙단계에 요격할
수 있는 항공기탑재레이저(ABL) 배치 필요성까지 들고 나왔다.
이러한 계획이 강행되면 한반도는 또 다시 '고래 싸움에 새
우등 터지는 신세'에 처할 수도 있다. 중국과 러시아가 팔짱
끼고 보고만 있을 리 만무하기 때문이다. 러시아의 전략미사
일사령부 사령관은 2007년 12월 신형 ICBM 시험발사에 성공
한 직후 "미국이 동유럽 MD 기지 건설을 강행할 경우 이 시
설들이 러시아 핵미사일의 공격 목표가 될 수 있다"고 경고했
다. 또한 푸틴은 2008년 2월 12일 우크라이나 유센코 대통령
과의 회담 자리에서 우크라이나가 북대서양조약기구(NATO)에
가입하고, 미국의 MD 체제를 설치할 경우 미사일을 겨냥할
수 있다고 직접 경고했다. 미국의 MD체제가 한국에 하나하나
들어오고, 이명박 정부 역시 MD 참여를 저울질하고 있는 오
늘날 시사하는 바가 큰 발언들이 아닐 수 없다.

한국, MD에 참여해야 하나?

한국과 군사적으로 대치하고 있는 북한은 스커드 미사일을
비롯해 수백 기의 탄도미사일을 보유하고 있다. 또한 한국은
핵미사일 강대국인 중국과 러시아, 그리고 잠재적인 군사대국
인 일본에 둘러싸여 있다. 반면 한국은 미국과 동맹을 맺고 있
고 핵우산 아래에 있지만, 탄도미사일을 보유하고 있지 않다.
한미간의 미사일협약과 미사일기술통제체제(MTCR) 때문이다.

이러한 한국의 안보 환경과 조건은 어떠한 형태로든 탄도미사일 방어 능력을 확보하는 것이 필요하다는 인식을 낳고 있다. 한국이 독자적인 방어망을 구축하든, 미국 주도의 MD에 참여하든 탄도미사일 위협에 대처할 수 있어야 한다는 것이다.

그러나 표면적으로 '한국형 MD'를 앞세우면서도 내용적으로는 미국의 MD에 참여하는 것이든, 공식적으로 미국 주도의 MD에 참여하는 것이든, 탄도미사일 방어망 구축은 한국 안보의 바람직한 대비책이 될 수 없다. 규모에 따라 적게는 수조 원에서 많게는 수십조 원이 투입되는 MD는 이러한 막대한 비용에 비해 그 효과는 극히 미비하다. 또한 MD는 북한과의 군비경쟁과 군사적 긴장을 높여 '안보 딜레마'를 심화시키고 한반도의 전쟁 위기를 높이는 결과를 초래할 수 있다. 무엇보다도 중국과 러시아의 강력한 반발에 직면해 한반도가 또 다시 미·일·중·러 강대국 정치의 희생양이 될 수 있다. 한국이 북한과 주변국의 탄도미사일 위협론에서 벗어나 MD의 부정적인 파장에 대해 심사숙고해야 할 까닭이 바로 여기에 있다.

미국, '한국을 MD의 전초기지로'

한국은 MD의 명시적, 잠재적 대상국인 북한, 중국, 러시아와 가장 인접해 있는 미국의 동맹국이다. 또한 3만 명 안팎의 주한미군이 주둔하고 있는 곳이기도 하다. 이에 따라 미국은 한국을 MD의 전초기지로 삼아왔다. 미국은 2003년 초부터 미국 외부 지역으로는 처음으로 한국에 PAC-3 배치를 개시했는데, 이는 이라크 침공을 위해 걸프 지역에 배치한 것과 거의 동시에 이뤄졌다. PAC-3 배치는 주로 한국의 서남부에 집중되었다. 수원-평택의 오산공군기지-군산-광주에 각각 2개 포대씩 모두 8개 포대를 배치한 것이다. 이들 기지 가운데 오산공군기지와 군산기지는 미 공군력의 핵심적인 전력투사 근거지이고, 수원과 광주3) 비행장은 유사시 미국 공군력이 전개되는 지역이다. 아울러 주한미군은 2004년 말 패트리어트 포대를 지휘·통제하는 상급부대인 35방공포여단을 미국 텍사스 포트 블리스에서 오산으로 옮겼다.

미국은 해외 최초로 PAC-3를 한국에 배치하기 직전인 2003년 초에 최첨단 조기경보 레이더를 한국에 배치했다. 독일에도 함께 배치된 '합동 전술 지상기지(Joint Tactical Ground Station)'는 이동식 조기경보 레이더로, 첩보위성에서 보내온 정보를 신속하게 처리해 상대방의 미사일 발사 위치와 시점을 파악한 후 PAC-3와 전투사령부에 그 정보를 보내는 임무를 수행하는 이동식 시스템이다. 이 레이더가 위력적인 것은 정보처리시간을 최소한으로 단축하면서 미사일 요격시스템과 전투사령부 등에 신속히 정보를 보냄으로써, 상대방의 미사일 시설을 파괴하고 미사일 요격 시간을 확보하는 데 큰 기여를 할 수 있다는 점에 있다. '선제공격'과 '미사일 방어'를 동시에 수행하는 것을 골자로 한 미국의 MD전략의 핵심 시스템 가운데 하나인 것이다. 참고로 2008년 현재 미국은 이 레이더

기지를 한국, 독일, 카타르, 일본에 배치해놓고 있다.

그런데 미국의 한국 MD 배치 계획은 여기에서 끝나지 않는다. 2005년 3월 주한미군 사령관은 한국에 PAC-3 배치가 성공적으로 끝났다며, 앞으로 PAC-3보다 요격 범위가 길고 넓은 전역고고도방공체제(THAAD), 적의 미사일을 이륙단계에서 요격할 수 있는 항공기탑재레이저(ABL), 해상 MD인 이지스 탄도미사일방어체제(ABMD) 등을 배치해 다층(multi-layered) MD 체제를 구축할 계획이라고 밝힌 바 있다.[4] 이러한 입장은 2008년 3월에도 거듭 확인되었다. 이에 따라 미국의 MD 시스템은 개발이 완료되는 대로 속속 한국에 배치될 전망이다. 이지스함을 이용한 ABMD는 이미 한국을 들락거리고 있고, 지상에 배치되는 THAAD는 2009년에 개발 완료될 예정이다. 또한 개량형 보잉747기에 레이저를 탑재해 적의 미사일을 초기단계에서 요격하는 ABL은 현재 개발 중에 있고, 2009년부터 본격적인 실험에 돌입할 예정이다.

이처럼 미국은 한국의 의사와 관계없이 상당수의 MD 시스템을 한국에 배치하고 있다. 동시에 미국은 한국의 MD 능력 강화와 협력도 요구하고 있는데, 주한미군 사령관은 "한국은 조속히 미국의 시스템과 완전히 통합될 수 있는 한국형 전역 미사일방어(TMD) 시스템을 갖춰야 한다"고 강조했다.[5] 한국이 '한국형미사일방어체제(KAMD)'를 추진하더라도 미국 MD 시스템과 통합되어야 한다는 의미이다.

2009년 1월에 등장할 미국의 차기 정권의 MD 정책도 주목

된다. 일단 공화당의 존 메케인 후보는 부시 행정부 못지 않게 MD에 대한 강한 열망을 갖고 있다. 이에 반해 배럭 오바마와 힐러리 클린턴 등 민주당의 대선 후보는 MD에 대해 명확한 입장을 드러내길 꺼려하고 있다. 이들은 부시 행정부의 탄도 미사일방어(ABM) 조약 탈퇴 및 일방적인 MD 구축에 대해 비판적인 견해를 드러내면서도, MD 자체를 반대할 경우 '국가안보를 무시한다'는 비난에 직면할 것을 우려하고 있다. 또한 부시 행정부 8년을 포함한 지난 20여 년간 MD 시스템이 꾸준히 진화해와, 민주당이 집권해도 이를 완전히 무시할 순 없을 것이다.

이를 종합해보면, 한국에 대한 MD 참여 압력과 요구가 가장 클 수 있는 조합은 '북핵 미해결+메케인 당선'이고, 중간 수준의 조합은 '북핵 해결+메케인 당선, 혹은 북핵 미해결+민주당 집권'이며, 낮은 수준의 조합은 '북핵 해결+민주당 집권'이라고 할 수 있다.

이명박 정부, MD에 참여하나?

MD 참여의 위험성을 따져보기 이전에 '한미동맹 강화론'을 전면에 앞세운 이명박 정부의 선택을 주목할 필요가 있다. 김대중 정부와 노무현 정부는 '비용 대 효과'는 물론이고 남북관계 및 주변국 관계 악화를 종합적으로 고려해 MD에 대해 '전략적 모호성'을 유지했었다. 미국이 주한미군 기지에

PAC-3 등 MD 시스템을 배치하는 것을 수용하고 MD로 전환될 수 있는 무기체계를 도입하면서도 정치적으로는 'MD 참여' 의사를 밝히지 않았던 것이다. 정식 참여는 아니지만 하드웨어와 기술적 측면에서 볼 때, 이미 한발을 걸친 셈이다.

그러나 이명박 정부와 한나라당 안팎에 MD 참여를 선호하는 인사들이 많고, 미국 역시 한국의 새로운 정부에 공식적으로 MD에 참여해줄 것을 요청할 가능성이 높다는 점을 고려할 때, 한국이 유지해온 '전략적 모호성'이 지속될 수 있을지는 장담하기 어렵다. 일단 이명박 대통령직 인수위원회는 MD 참여는 "남북관계뿐 아니라 이해당사국 관계까지 신중하게 고려해야 하는 사안"이라며, "대규모 자원이 소모되기 때문에 충분히 고려해 추진해야 한다는 게 인수위 방침"이라고 신중한 입장을 밝힌 바 있다.

MD에 대한 이명박 정부의 선택과 관련해 우선 주목해야 할 것은 이른바 '실용주의'가 MD에 대한 정책결정에 미칠 영향이다. 정부가 내세우는 실용주의는 '한미동맹 강화=국익'이라는 프레임과 경제적 비용에 대한 판단이 강하다. 그런데 MD 참여는 한미동맹 강화를 안팎에 과시할 수 있는 핵심적인 사안이다. 특히 부시 행정부의 MD에 대한 열정은 식을 줄 모르고 있다. 부시 대통령이 러시아의 강력한 반발에도 불구하고 폴란드에 군사 지원을 약속하면서까지 MD 배치에 집착을 보이고 있는 것이나, 3월 11일 헤리티지재단 주최 연설에서 딕 체니 부통령이 부시 행정부의 MD를 찬양하면서 "미국의 다음 대통령도 이를 따라야 한다"고 말한 것은 임기 말에 몰린 부시 행정부의 MD에 대한 집착을 잘 보여준다. 이러한 맥락에서 볼 때, '업적 빈곤증'에 시달리고 있는 부시 행정부에게 한국의 MD 공식 참여는 크나큰 선물이 될 수 있다.

또한 이명박 정부는 이미 한국이 이지스함과 패트리어트를 도입하고 있다는 점에서 MD 참여에 따른 경제적 비용이 그리 크지 않을 것이라는 판단을 내릴 수도 있다. 우선 한국이 미국으로부터 도입하고 있는 이지스전투체계는 탄도미사일을 탐지·추적할 수 있고, 요격미사일 유도 기능을 갖고 있다. 하드웨어상으로는 SM-3나 SM-6, 그리고 미국이 2009년 개발 완료를 목표로 하고 있는 SM-2Block4를 장착하는 것에 큰 문제가 없다. 또한 독일로부터 수입하기로 한 '중고' 패트리어트 PAC-2 시스템에도 발사대 일부 소프트웨어를 변경하고 부품을 교체하면 MD용인 PAC-3 미사일을 장착할 수 있다. 이처럼 이미 하드웨어의 상당 부분을 갖추고 있거나 그럴 예정이기 때문에, 이들 시스템을 MD용으로 전환할 경우 추가적인 비용이 그리 크지 않을 수 있다고 판단할 수 있다는 것이다.

MD에 대한 이명박 정부의 선택은 크게 세 가지 차원에서 전망해볼 수 있다. 첫째는 공식적으로 미국 주도의 MD에 참여하는 것이다. 이럴 경우 부시 행정부에게 큰 선물을 줌으로써 한미동맹의 강화를 과시할 수 있지만, 막대한 비용과 국내의 반발, 그리고 북한, 중국, 러시아와의 관계 악화를 감수해야 한다. 둘째는 김대중-노무현 정부 때처럼 '전략적 모호성'을 당

분간 유지하면서 미국의 차기 정부와의 논의를 선택하는 것이다. 셋째는 공식적으로는 MD 참여를 선언하지 않으면서 내용적으로는 그렇게 하는 것이다. 이는 추가적인 미국의 MD 시스템 한국 내 배치를 수용하는 한편, 한국이 PAC-3 미사일 및 탄도미사일 요격이 가능한 SM 계열의 미사일을 도입하면서 이를 '한국형미사일방어체제(KAMD)'라고 설명하고 내용적으로는 미국의 MD체제와 결합하는 것을 의미한다. 이럴 경우 국내외의 반발을 일정 부분 무마하면서도 미국에게는 MD 협력이라는 실질적인 선물을 줄 수 있다고 판단할 수 있다.

'모호성'은 사라질 것인가?

앞서 언급한 것처럼, 김대중-노무현 정부는 MD에 대해 전략적 모호성을 지켜왔다. 부정적인 여파를 고려하면서도 한미동맹과 한국군의 요구를 고려한 일종의 고육지책이었던 셈이다. 그렇다면 이명박 정부 시대에는 어떻게 될까? 관심의 초점은 '모호성'이 사라질 것인가의 여부이다. 일단 MD 참여를 공식 선언하면 모호성은 완전히 사라진다. 이를 배제할 경우, 모호성의 수준은 이명박 정부의 구체적인 분야에 대한 선택에 따라 달라진다. 크게 세 가지로 나눠볼 수 있다.

첫째는 모호성이 유지되는 것이다. 이를 위해서는 PAC-3와 SM-3 등 현존하는 미국의 MD 시스템을 도입하지 않고, 현재 주한미군 기지에 배치된 PAC-3를 제외한 추가적인 미국의 한국 내 MD 시스템 배치를 불허하는 것이다. 전자의 문제는 정부의 정책에 달려 있지만, 후자의 문제는 복잡하다. 한미상호방위조약에 "미국의 육·해·공군을 대한민국의 영토내와 그 주변에 배치하는 권리를 한국은 허여許與하고 미국은 수락한다"고 되어 있어, 미국이 무기체계를 배치하는 데 한국과 사전에 협의해야 할 의무가 없기 때문이다.

둘째는 모호성에 대한 해석이 충돌하는 경우이다. 이는 크게 두 가지 경우가 있다. 하나는 한국이 PAC-3와 SM-3 등 미국의 MD 시스템을 구입하지 않더라도, 미국이 THAAD, ABL, ABMD, 레이더 등 추가적인 MD 시스템을 한국에 배치하는 경우에 발생한다. 이럴 경우 정부는 '주한미군이 하는 것이지 한국군이 하는 것이 아니기 때문에 MD 참여가 아니다'라고 해명하겠지만, 미국의 MD 시스템이 대거 배치되는 것자체가 MD 참여로 해석될 수 있다. 논란이 되고 있는 폴란드와 체코의 MD 참여는 이들 나라가 MD 시스템을 구입하는 것이 아니라, 미국의 시스템 배치를 허용하는 것이다. 다른 하나는 정부가 PAC-3와 SM-2Block4(이지스함에 탑재되는 최종단계 요격미사일) 등 일부 MD 시스템을 수입하면서 이를 미국의 MD 참여와 무관한 '한국형 MD'로 주장하는 경우이다. 그러나 현실적으로 동맹관계에 있는 한미 양국이 한국 내에서 '따로' MD를 한다는 것이 설득력이 떨어지고, 구조적으로 미국 주도의 MD에 편입되는 결과를 초래할 가능성이 높다는 점에서 모호성의 수준은 크게 떨어진다.

셋째는 모호성이 사실상 사라지는 경우이다. 공식적으로는 MD 참여를 선언하지 않으면서도, MD 무기체계 도입, 미국의 추가적인 MD 배치 인정, 한미(혹은 한미일) 합동군사훈련에 MD 작전 포함, 관련 정보 교환 및 통합, 일부 MD 시스템 공동 개발연구 등 내용적으로는 미국과의 MD 협력을 크게 강화하는 경우에 해당된다. 특히 한국이 중간단계 요격 미사일인 SM-3를 도입할 경우, 모호성을 지키는 것은 불가능해진다. 이와 관련해 합동참모본부의 이성출 전략기획본부장(육군 중장)의 발언을 주목할 필요가 있다. 그는 일단 재정상의 한계, 기술수준, 북한과의 지리적 근접성, 국민정서 등을 고려해 MD 참여에 신중한 태도를 가질 수밖에 없다고 강조했다. 그러나 합참은 MD 참여의 구체적인 방안으로 △한국이 요격 미사일 발사 장소를 미군에 제공하는 방안 △미국이 개발중인 MD 프로그램에 참여하는 방안 △미국의 MD 시스템을 한국에 배치하는 비용을 분담하는 방안 △미국의 MD 네트워크와 상호 운용될 수 있는 미국의 MD 시스템을 구입하는 방안 등이 포함돼 있다고 밝혔다.[6]

비용은 얼마나 드는가?

미국에서 군산복합체에게는 '황금알을 낳은 거위'로, 납세자에게는 '돈 먹는 하마'로 불릴 정도로 MD에는 엄청난 예산이 소요된다. 그렇다면 한국의 MD 참여시 그 재정적 비용은 얼마나 될까? 물론 예산은 사업 규모에 따라 달라진다. 한국이 독일로부터 구매하기로 한 PAC-2를 PAC-3로 업그레이드할 경우에 드는 추가적인 비용은 2조 원 정도이고, 3척의 이지스함에 SM-3를 장착하는 비용도 2조 원 정도로 추산된다.[7] 여기에 무기체계의 수명을 20년 정도로 잡을 경우 운영유지비는 구매가의 3배 정도에 달한다는 점을 포함하면, 전체 사업 비용은 PAC-2와 이지스함을 포함하면 30-40조 원에, PAC-2와 이지스함 사업비를 제외하더라도 20조 원 정도는 소요된다. 이지스함에 SM-3가 아닌 2009년 이후에 개발 완료될 예정인 SM-2Block4나 SM-6를 장착해도 사업비는 크게 줄어들지 않는다. 이러한 추정치는 요격체제에 한정한 것으로 MD에 핵심적인 요소인 레이더와 위성과 같은 센서(sensors)와 미국의 지휘통제전투관리통신(C2BMC)과 같은 MD작전본부 등을 포함시키면, 예산 규모는 훨씬 커진다.

또한 국방부는 한국형 MD 사업의 일환으로 2011년까지 약 5000억 원을 투입해 중거리지대공 유도미사일(M-SAM, 일명 철매Ⅱ) 사업을 진행하고 있고, 2015년을 전후해 PAC-3와 이지스함의 추가 도입도 추진하고 있다. 이럴 경우 한국의 MD 관련 비용은 눈덩이처럼 불어나게 될 것이다.

MD, 믿을 만한 방패인가?

한국이 도입을 고려하고 있는 MD 요격미사일은 지대공 미사일인 PAC-2, PAC-3와 이지스함에 장착되는 SM-3 및 SM-6가 있다. 또한 아직 개발되지 않았지만, 최종단계 요격미사일인 SM-2Block4도 고려 대상이 될 수 있다. 도입 규모에 따라 달라지지만, 최소 규모로도 이들 미사일을 구매해 운용하는 데 20조 원 정도 들어간다. 그러나 그 효과는 극히 미지수이다.

일반적으로 패트리어트가 마치 1990~1991년 1차 걸프전과 2003년 미국의 이라크 침략 전쟁에서 그 성능이 입증된 것처럼 알려져 있다. 그리고 이는 북한의 스커드 미사일로부터 한국을 보호할 수 있는 믿을 수 있는 방패인 것처럼 인식하게 만들고 있다. 그러나 이는 진실과 거리가 멀다. 결론부터 말하자면, 1차 걸프전 당시 PAC-2의 스커드 미사일 요격률은 제로에 가깝다. 2003년 미영연합군의 이라크 침공 당시 요격할 스커드는 없었기 때문이다. 오히려 미국과 영국 전투기 1기씩을 격추해 '아군 잡는 미사일'이라는 조롱에 시달려야 했다.

1차 걸프전 당시 PAC-2가 대부분의 스커드를 요격한 것처럼 착각하게 만든 요인은 두 가지였다. 하나는 요격률이 55%에 달한다는 미국 국방부의 '허위 발표'였고, 다른 하나는 당시 요격미사일로 사용된 PAC-2가 근접폭발 방식을 채택하고 있어 '착시' 현상을 일으켰기 때문이다. PAC-2는 목표물에 접근하면 자동 폭발해 그 파편으로 목표물을 파괴하는 방식을 채택하고 있는데, 이것이 CNN 방송을 본 사람들에게 요격에 성공한 것처럼 보이게 만든 것이다. 그러나 대부분의 스커드는 폭발한 패트리어트 미사일의 섬광을 뚫고 지상으로 떨어졌다. 당시 미국 국방부의 발표 결과에 대해 석연치 않은 문제점들이 제기되자 미국 의회는 조사위원회를 꾸렸고, 이 위원회는 패트리어트의 실제 요격률이 10% 미만이라는 결론을 내렸다. 이에 대해 MIT 공대의 포스톨 교수는 자체적인 분석 결과 PAC-2는 단 한 발의 스커드도 요격하지 못했다고 결론지었다.

패트리어트의 초라한 성적표는 2003년 3월 미영연합군의 이라크 침공 때도 거듭 확인되었다. 스커드 미사일의 경우 이라크가 유엔무기사찰단의 감시하에 전량 폐기했기 때문에, 2003년 침공 당시에는 요격할 스커드 미사일이 없었다. 이에 따라 미국 국방부는 PAC-2와 PAC-3로 구성된 패트리어트 미사일이 이라크 미사일 9기를 요격시켰다고 발표했지만, 이는 스커드가 아니라 알-사무드와 아바빌-100 등 스커드보다 느리고 사거리가 짧아 요격하기가 훨씬 쉬운 미사일들인 것으로 밝혀졌다.

특히 패트리어트가 심각한 결함을 갖고 있다는 것을 단적으로 보여준 것은 2003년 3월 이라크 침공 때 미군과 영국군 항공기 1대씩을 격추시켰고, 1대는 격추 직전까지 갔다는 점이다. 1대가 격추를 피할 수 있었던 것도 패트리어트 시스템이 오류를 수정했기 때문이 아니라, 이 시스템을 만든 레이시온사의 기술자가 황급히 "발사하지 마라"며 작전병을 말렸기 때문이다. 당시 미국 언론들은 "레이더가 잘못된 목표물을 지정해 패트리어트 작전병을 혼란스럽게 만든 것이 사고의 원인일 가능성이 높다"고 보도했다. 즉, 레이더가 자국군 항공기를 적의 미사일로 오인한 것이 사고의 중요 원인이라는 것이다.

이와 관련해 미국 육군 보고서조차도 "전장에 배치된 패트리어트 시스템은 표적 식별에 실패하기도 하고, 적이 미사일을 발사하지도 않았는데 미사일을 식별해 스크린에 보여주기도 한다"며 치명적인 결함을 인정했다. 이 뿐만이 아니다. 미영연합군의 이라크 침공 5일 후인 3월 25일에는 미국의 F-16 전투기가 패트리어트 부대를 공격하는 사태까지 벌어졌다. 당시 이 조종사는 자신의 전투기가 적의 방공망 레이더에 포착되었다는 신호를 받고 자위 차원에서 미사일을 발사했는데, 나중에 알고 보니 미국의 패트리어트 부대였다는 것이다.

이처럼 패트리어트가 많은 문제점을 드러내자, 미국 미사일방어국(MDA) 소장은 2005년 4월 9일 미 의회 청문회에서 "나는 패트리어트 시스템 자체와 시스템 적용 둘 모두에 결함이 있다고 믿는다"고 고백하기도 했다. 또한 국방부 차관을 지낸 필립 코엘을 비롯한 미국의 전현직 국방관계자들은 패트리어트 미사일이 있지도 않은 미사일을 겨냥하거나, 아군 전투기를 조준하는 일이 다반사라고 지적하고 있다.

패트리어트는 완전 자동화된 시스템이다. 레이더가 물체를 추적하면 컴퓨터가 물체를 식별해 기호로 스크린에 표시한다. 작전병은 불과 몇 초 만에 요격 여부를 결정해야 하는데, 이 과정에서 시스템의 오작동이나 작전병의 오인 가능성은 얼마든지 존재한다는 것이다. 이와 같은 패트리어트 레이더의 오작동과 작전병의 오인은 항공기와 미사일이 집중된 전장에서 나타나기 쉽다. 이는 걸프 지역보다 훨씬 군사력이 밀집된 한반도에서 패트리어트 시스템의 오작동 가능성이 훨씬 높을 것이라는 점을 말해주기도 한다.

1차 걸프전 당시 패트리어트의 초라한 성적표가 공개되자, 미국 국방부는 패트리어트의 성능 개량에 박차를 가했다. 그러나 최근 패트리어트의 시험 평가 결과를 보면 결코 요격률이 높다고 볼 수 없다. 미국의 방위정보센터(CDI)가 펜타곤의 PAC-2 시험 결과 평가보고서를 분석한 것에 따르면, 2000년부터 2005년까지 시험에서 PAC-2의 항공기 요격률은 4/6였고, 미사일 요격률은 1/3으로 나타났다. 또한 요격률을 높이기 위해 근접 폭발 방식이 아닌 '맞춰서 요격하기(hit-to-kill)' 방식을 채택한 PAC-3는 모두 13차례의 탄도미사일 요격 실험에서 6차례만 성공했다. 공차는 방향을 알려주고 페널티킥을 하는데도 방어율이 이 정도라면, 미사일이 언제 어느 방향으로 날아올지 알 수 없는 실전에서의 요격률은 훨씬 떨어질 수밖에 없다.

또한 패트리어트는 기본적으로 최종단계에서 탄도미사일을 요격하는 시스템으로 요격 범위가 2~4km 정도로 대단히 좁다. 쉽게 말해 청와대를 방어하기 위해서는 청와대 경내나 바로 인근에 패트리어트를 배치해야 한다. 이에 따라 패트리어트로 서울을 포함한 수도권 전체를 방어한다는 것은 어불성설에 가깝다. 1개 패트리어트 발사대에 장착되는 PAC-2는 4기, PAC-3는 16기인데, 수도권 전체를 방어하기 위해서는 수천기의 미사일이 필요하기 때문이다. 이는 국가 예산 전부를 투입해도 모자란다.

　이지스함에 장착이 고려되고 있는 SM-3와 SM-6 역시 한국 방어에 적합하지 않다. SM-3는 적의 탄도미사일이 대기권 안팎에 도달한 중간단계에서 요격하는 미사일이다. 이에 따라 요격 대상 미사일이 한국을 공격하려는 것인지, 일본이나 미국을 공격하려는 것인지 식별하는 것이 불가능해진다. 또한 수도권에 떨어지는 북한의 탄도미사일을 요격하기 위해서는 이지스함을 동해나 서해에 배치해야 하는데, 이럴 경우 측면에서 요격을 해야 하기 때문에 성공률은 더욱 떨어질 수밖에 없다. 미국 국방부가 작성한 1999년 작성한 '동아시아 TMD 구축 계획서'에서 "한국의 경우 해상미사일요격체제로는 해안 시설을 보호하는 데 기여할 수 있으나, 내륙의 시설이나 인구 밀집 지역을 방어하는 데에는 도달하지 못한다"고 나와 있다.

　SM-6는 기본적으로 항공기 및 크루즈 미사일 요격 능력을 향상시키기 위해 고안된 것이기 때문에, 탄도미사일 요격 능력을 갖추게 될 것인지는 극히 불확실하다. 사거리가 길고 자체적으로 유도장치를 내장하고 있어 '초기단계' 요격은 가능할 수 있지만, 이는 수많은 기술적, 외교적, 군사적 문제를 안고 있다. 반면에 SM-6가 적의 탄도미사일을 비행 중간단계나 최종단계에서 요격하는 것은 이 미사일이 MD의 핵심 원리인 '맞춰서 요격하기(hit-to-kill)'를 채택하고 있지 않아, 근본적인 한계를 지니고 있다.

MD와 한반도 전쟁 위기

북한이 수백 기의 탄도미사일을 보유하고 있고, 핵실험까지 단행했으며, 핵문제의 평화적 해결 여부가 불확실하다는 점에서 '방어용' 무기인 MD를 하루빨리 구비해야 한다는 지적이 많다. 그러나 안보는 상대가 있는 게임이다. 한국이 아무리 MD가 미국과 무관한 '방어용'이라고 해도, 상대방이 그렇게 받아들이지 않을 가능성은 얼마든지 있다. 더 이상의 설명이 필요하지 않을 정도로 한미동맹의 군사력은 북한을 압도하고 있다. 그런데 한미동맹이 북한의 핵심적인 억제력인 미사일을 무력화시키겠다고 '방패'까지 갖는다면, 북한에게 MD는 그 어떠한 공격용 무기보다 위협적이 된다. 북한이 MD를 선제공격용이라고 보는 이유도 바로 여기에 있다.

MD의 위험성은 그 자체만 봐서는 잘 보이지 않는다. 군사전략 전체의 관점에서 바라봐야 한다는 것이다. 1994년 전쟁 위기 당시 미국이 북폭을 검토하면서 가장 먼저 취한 조치 가운데 하나가 패트리어트 미사일을 한국에 배치한 것이었다. 1차 걸프전 때도 마찬가지였다. 1994년 북한이 이에 강력히 반발하면서 '서울 불바다' 발언이 나오고 핵 벼랑끝 외교로 치달았던 중요한 배경 가운데 하나였다.

MD 구축에 사활을 걸었던 부시 행정부 '독트린'의 요체는 미국이 필요하다고 판단할 경우 적성국가와 테러집단에 선제공격을 가할 수 있다는 것이었다. 그리고 부시 행정부가 북한의 위협을 MD 구축의 최대 명분으로 내세웠을 때, 북한도 선제공격 대상에 포함되어 있었다. 북한이 미국의 '적대시정책'을 문제 삼으면서 핵과 미사일 능력 강화에 박차를 가했던 중대한 요인이다. 다행히 2005년 9.19 공동성명, 2007년 2.13 합의 및 10.3 합의 등 6자회담의 성과가 나타나면서 전쟁 위기는 크게 줄었지만, 북핵 문제가 평화적으로 해결되지 않는 한 한반도 전쟁 위기는 유령처럼 한반도 상공 위를 배회하게 될 것이다.

이미 미국은 용산기지와 경기 북부에 주둔하고 있는 2사단을 평택권으로 후방배치하기로 했다. 북한의 장사정포 사정거리 밖으로 물러나는 것이다. 또한 후방배치 완료 이전에 전쟁이 발발하면 신속히 후방으로 이동하고 인명 피해가 대거 발생하는 지상작전은 한국군에게 넘기기로 한 상황이다. 그리고 수원-평택권-군산 등에 있는 미군기지에 PAC-3 배치를 완료했고, 유사시 이지스탄도미사일방어체제(ABMD)도 배치해 주한미군 보호에 나선다는 방침이다. 반면, 공군력과 해군력, 정보력을 대폭 강화해 북한에 대한 정밀 타격 능력을 대폭 강화하고 있다. 미군 피해는 최소화하는 반면에 북한에 대한 공격 능력을 강화하는 방향으로 주한미군 전력이 바뀌고 있는 것이다.

이러한 상황을 종합해볼 때, 북핵 문제의 '미해결'은 MD 구비를 가속화해야 할 근거가 아니라 오히려 더욱 신중해져야 할 이유라고 할 수 있다. 얼핏 탄도미사일을 다량 보유한 북한이 핵무기까지 갖게 되었음으로 MD의 필요성이 커졌다고 볼 수 있다. 그러나 북한의 핵개발은 군사적으로는 억제용이고, 외교적으로는 협상용의 성격이 강하다. 북한이 한국을 공격하기 위해 핵무기를 개발했다고 보기 어렵다는 것이다. 이는 필자의 판단에 국한되지 않는다. 미국의 정보기관 수장인 존 맥코넬은 2008년 2월 미 상원 청문회에서 "북한은 핵무기와 탄도미사일을 전투수행보다는 억제와 강압외교의 목적으로 간주하고 있다"고 말하면서, "북한이 정권의 붕괴를 가져올 수 있는 군사적 패배에 직면하거나 급변사태가 발생하지 않으면 핵무기를 사용하지 않을 것으로 본다"고 말했다.

이는 한반도에서 전면전이 발발하지 않거나 북한 지도부가 군부에 대한 통제력을 완전히 상실하는 급변사태가 발생하지 않는 한, 북한이 탄도미사일을 한국을 향해 발사할 가능성이 거의 없다는 것을 의미한다. 한국의 목표는 이러한 상황에 '대비'하는 것이 아니라 '예방'하는 데 있다. 대비에 무게중심을 두면 MD의 필요성이 생긴다. 그런데 한반도에서의 전면전에 의한 막대한 인적, 물적 피해는 MD로 막을 수 없다. 이미 군사력이 '상호확증파괴' 수준에 도달한 한반도에서의 전쟁은 '정치의 연장'이 아니라 사실상 '민족공동체의 공멸'을 의미하기 때문이다. 어떤 수를 써서라도 이러한 상황을 예방해야 할 까닭이 바로 여기에 있다.

그런데 한미동맹의 MD 구축 가속화는 이러한 상황을 예방하는 데 아무런 도움이 되지 않고 오히려 역효과만 가져오게 된다. MD 구축 가속화는 남북관계의 후퇴와 군비경쟁, 그리고 군사적 긴장을 고조시키게 될 것이기 때문이다. MD를 대북 적대정책의 상징이자 선제공격의 수순으로 간주해온 북한은 더욱더 핵과 미사일 개발에 매달리게 될 것이고, 이렇게 되면 한미동맹은 MD를 포함한 군비증강과 군사적 준비태세의 강화로 맞서게 되는 '악순환'이 반복되기 때문이다.

일부에서는 레이건의 전략방위구상(SDI)이 소련과의 군비경쟁을 야기해 소련의 몰락을 촉진한 것과 마찬가지로, MD를 통한 북한과의 군비경쟁으로 북한이 붕괴되면 통일을 할 수 있다는 기대감을 나타내기도 한다. 그러나 태평양을 사이에 두고 있었던 미소관계와 휴전선을 맞대고 있는 남북관계는 근본적으로 다르다. 소련의 붕괴가 미국의 사활적인 이해를 침해하지 않지만, 북한의 붕괴는 남북한 전체에게 감당하기 힘든 대혼란과 피해를 야기할 수밖에 없다는 것이다. 여기에는 미국과 중국의 개입을 포함한 전면전의 가능성도 내포되어 있다.

MD와 강대국 정치의 희생양

앞서 언급한 것처럼, 중국과 러시아는 미국 주도의 MD 체제에 상당한 거부감을 갖고 있다. 이들 국가는 외교적으로 MD 반대를 명확히 하면서도, MD를 무력화시킬 수 있는 무기체계 개발·배치에 박차를 가하고 있다. 이는 한국이 MD에 참여하면, 중국과 러시아의 우호협력관계 구축은 물 건너가고 동북아 군비경쟁에 휘말려 안보에도 엄청난 문제가 발생할 수 있다는 것을 예고한다. 중국과 러시아의 '미래의 불확실한 위협'에 대비한다는 명분으로 MD에 참여하게 되면, 불확실한 위협을 확실한 위협으로 만들게 되는 극히 어리석은 우를 범하게 된다는 것이다.

한국의 MD 참여는 한국이 미국의 세계전략, 특히 동북아 전략에 더욱 깊숙이 편입된다는 것을 의미한다. 그런데 미국의 동북아 전략의 핵심에는 압도적인 군사력의 우위를 달성하고 한-미·일 삼각동맹체제를 강화해, 중국을 견제·봉쇄하고 필요시 군사력 투입을 원활하게 한다는 데 있다. 부시 행정부가 임기 동안 한미동맹과 미일동맹 재편에 박차를 가하고 미국 안팎의 반발에도 불구하고 MD를 강행한 이유도 이러한 맥락에서 이해할 수 있다.

특히 미국은 중국과 인접한 한국의 서남부에 군사력을 집중시키고 있다. 용산 기지와 2사단을 평택권으로 후방 재배치하는 한편, 오산 공군기지와 군산 공군기지에 공군력도 배가하고 있다. 그리고 수원-오산공군기지-군산에 PAC-3를 배치해 '서부 MD 벨트'를 만들고 있다. 또한 THAAD, ABL 등 PAC-3보다 요격 범위가 넓은 MD 시스템도 개발이 완료되면 한국에 배치한다는 계획이다. 이와 같은 일련의 군사력 재배치는 한국 방어의 주도적인 역할은 한국군에게 넘기고 주한미군은 중국을 견제하는 데 주력하겠다는 의미를 내포하고 있다. 전략적 유연성 개념도 이러한 맥락에서 나온 것이다.

이러한 상황에서 한국이 MD에 참여해 한미동맹, 혹은 한-

미-일 삼각협력체제의 MD가 본격화될 경우, 중국은 물론이고 러시아도 강력히 대응하고 나올 가능성이 높다. 대응 양태는 외교적 비난, 북-중-러 대응 동맹체제 구축, 핵미사일 전력 증강, 합동군사훈련 실시 등 군사적 준비태세 강화, 주한미군 기지를 비롯한 한국의 MD 기지에 미사일 겨냥 등 다양하게 나타날 수 있다. 이러한 상황이 전개되면, 한국은 안보적·경제적 위기에 봉착하고 한반도 평화체제 구축과 통일 실현이 더욱 요원해짐으로써 막대한 유무형의 피해에 직면하게 된다. 특히 동북아 군비경쟁뿐만 아니라 강대국 간의 무력 충돌에도 휘말릴 위험성이 커지게 됨으로써 한반도가 또 다시 강대국 정치의 희생양이 될 수도 있다.

일부에서는 한국이 MD에 참여하더라도 중국과 러시아를 겨냥한 것이 아니기 때문에, 이러한 우려는 기우에 불과하다고 반박한다. 그러나 한국이 중국과 러시아에 적대적인 의사가 없더라도, 동맹 관계에 있는 미국이 중국과 러시아와 적대 관계에 빠질 경우 한국도 그 파장으로부터 결코 자유로울 수 없다. 주한미군의 전략적 유연성과 함께 한미동맹 차원에서 MD 구축이 가속화되는 순간, 한국의 의지와 관계없이 동북아 강대국 정치에 휘말리게 된다는 것이다.

대안은 무엇인가?

그렇다면 MD의 대안은 무엇일까? 우선 북한, 중국, 러시아가 수백, 수천 기의 탄도미사일을 갖고 있다고 해서 이것을 바로 '위협'이라고 간주할 필요는 없다. 한국이 미국을 위협으로 간주하지 않는 이유는 미국의 군사력이 약해서가 아니라 동맹관계에 있기 때문이다. 한국이 북한, 중국, 러시아와 동맹을 맺는다는 것은 상상하기 어렵지만, 적어도 우호협력관계를 꾸준히 구축해나가면 이들 국가의 위협은 크게 줄어들게 된다. 따라서 MD의 1차적인 대안은 북한, 중국, 러시아와의 관계를 개선해 잠재적 위협을 제거해 나가는 데 있다.

MD에 대한 보다 적극적인 대안은 동북아 평화체제 구축과 군축에 있다. 외부의 위협을 상정하고 이에 대한 공동의 군사적 대처를 골자로 하는 MD를 비롯한 군사동맹은 나와 타자의 안보를 제로섬으로 바라본다는 점에서 일방적 성격이 강하고, 군사력을 통한 억제를 추구한다는 점에서 '힘의 논리'에 기반을 두고 있다. 이에 반해 다자간 평화체제는 분쟁을 사전에 예방하기 위한 예방외교, 기존의 갈등이 분쟁으로 확대되는 것을 막기 위한 위기관리, 군사적 투명성을 제고하고 낮은 수준의 군사력 균형을 달성하기 위한 군비통제 등 협력적 안보에 기초한다. 강대국으로 둘러싸여 있고 분단되어 있는 한반도에게 가장 바람직한 동북아 질서가 아닐 수 없는 것이다. 이러한 안보 환경이 조성되면, 어떤 나라가 한국을 미사일로 공격한다는 것은 더욱 상상하기 어려워진다. 당연히 막대한 비용과 안보 역효과를 내는 MD는 더욱더 필요 없게 된다.

물론 이러한 대안들이 보장된 것이라고 단언할 수는 없다.

타자와의 관계 개선은 서로의 이해관계가 맞아떨어지고 신뢰가 구축될 때 비로소 가능해지는데 이것이 항상 순탄하게 되는 것만은 아니다. 또한 '국제사회에는 영원한 적도 영원한 우방도 없다'는 말이 있듯이, 좋은 관계가 나빠질 수도 있다. 동북아 평화체제와 군축도 주변국의 호응이 없으면 불가능해진다. 이에 따라 군사적 긴장 고조와 충돌 등 '미래의 불확실한 위협'에 대비해 MD를 비롯한 군사력 증강에 나서야 한다는 주장은 일견 설득력이 있어 보일 수 있다.

그런데 한국이 MD에 참여하면, 한국이 원하지 않는 미래가 현실이 될 수 있다. 대북·대중·대러 관계 개선은 더욱 어려워지고 상호간의 불신을 자극해 '불확실한 위협'을 '확실한 위협'으로 만들게 된다. MD를 통한 만일의 사태에 대한 대비책과 대북·대중·대러 관계 개선은 근본적으로 양립할 수 없기 때문이다. 이렇게 되면, 동북아 평화체제와 군축은 더욱더 어려워진다.

결국 MD에 대한 선택은 '북한과 주변국이 미사일을 갖고 있으니 방패가 필요하다'는 1차원적 인식을 넘어설 때 합리적으로 내려질 수 있다. 수십조 원대의 엄청난 비용, MD가 갖고 있는 근본적인 성능상의 한계와 한반도의 전장 환경, 북한과 주변국 관계에 미치는 영향을 종합적으로 고려해서 판단해야 한다는 것이다.

음모의 배후, 군산복합체

영향력 행사

"거대한 군사집단과 대규모 무기산업이 결탁해 행사하는 영향력은 미국의 새로운 경험이다. 이들은 경제와 정치는 물론 심지어 우리의 영혼에도 심대한 영향력을 행사하고 있다. 우리는 정부 각 위원회에서 이들이 부당한 영향력을 행사하는 것을 막아야 한다."

아이젠하워 전 미국 대통령이 1961년 1월 대통령직을 떠나면서 행한 이 연설은, 군산복합체의 영향력에 경계심을 갖고 있는 사람들이 오늘날까지 가장 즐겨 인용하는 부분이다. 그러나 아이젠하워는 재임 시에 제2차 세계대전 직후 군사비의 3배에 달하는 4200-4900억 달러를 군사비로 썼고, 대량 핵보복 독트린을 고수함으로써 핵전쟁의 위기를 고조시켰으며, 이란이나 과테말라의 쿠데타를 도와 페르시아 만과 중앙아메리카의 불안을 부추기기도 했다. 어쨌든 아이젠하워는 그가 '한 일'보다 그가 '한 말', 즉 군산복합체의 거대한 힘에 대한 경고 메시지를 후대에 전달한 것으로 더 유명해졌다. 아이젠하워가 40여 년 전에 경고한 메시지는 당시에는 '새로운' 것이었을지 모르지만, 이제 많은 사람들은 습관적으로 전쟁이 일어나거나 긴장이 고조되면 그 배후에 군산복합체를 주목한다. 그리고 부시 행정부가 '새로운' 전쟁이라고 일컫는 '테러와의 전쟁'과 이라크 전쟁, 그리고 역대 단일 사업으로는 최대 규모를 자랑하는 MD 등을 통해 탈냉전 이후 고전을 면치 못했던 군산복합체들은 '돈방석'에 앉게 되었다.

돈방석

부시 행정부가 9.11 테러에 대한 보복으로 이라크 침공을 단행하고, '대량살상무기 개발'과 '알-카에다와의 연계'를 주장하면서 이라크 침공을 강행하는 등, 광범위하고 지속적인 테러와의 전쟁을 벌이면서 진정한 승자로 남을 세력은 군산복합체이다. 일단 군산복합체의 두 축이라고 할 수 있는 '펜타곤'과 '군수산업체'는 9.11 테러가 발생하자마자 돈방석에 앉았다. 펜타곤은 부시가 공언한 '테러와의 전쟁'을 수행하기 위한 첫 단계를 위해 400억 달러의 긴급 예산지출안 가운데 200억 달러라는 가장 큰 몫을 요구했고, 이를 관철시킨 바 있다. 그리고 미 의회는 펜타곤이 2001년 초에 요구한 184억 달러의 예산 증액을 승인했을 뿐만 아니라, 250억 달러를 추가시켜 2002년 미국의 군사비는 2001년보다 434억 달러가 늘어난 3430억 달러로 폭등했다. 그리고 이후 2008년까지 매년 400억 달러 안팎으로 군사비가 늘어나, 부시 대통령이 백악관을 나서는 2009년에는 6000억 달러를 넘어설 것으로 전망된다.

9.11 테러 이후 펜타곤이 예산 증액과 비상시국의 주도권 장악으로 득을 보고 있다면, 군수산업체들은 주가 폭등과 미국의 무기 소비 및 무기 수출 증대로 막대한 이득을 보고 있다. 미국의 군수산업체들이 9.11 테러와 보복 전쟁으로 얼마나 많은 이익을 얻고 있는지는 주가를 살펴보면 쉽게 알 수 있다. 미국의 다우존스가 9.11 테러 발생 이후 일주일 동안 14.3%가 폭락한 반면에, 아머홀딩스, 노스롭그루만, 레이디온, 록히드마틴 등 미국의 주요 군수산업체들은 주가 폭등과 무기 및 무기 관련 장비 판매고의 급증으로 '대참사 속의 호황'을 누렸다.

방탄조끼와 군용자켓 그리고 장갑차 생산 전문업체인 아머홀딩스사(Armor Holdings)의 주식값이 40% 폭등한 것을 비롯해, B-2 스텔스 전폭기, 전투함, 정찰 장비 등을 생산하고 8만 명의 피고용자와 150억 달러의 자산 규모를 자랑하는 노스롭그루만사(Northrop Grumman)의 주식은 21.2%가 올랐다. 회사명이 '신들로부터 온 빛'을 의미하는 레이디온사(Raytheon)는 37%의 주가 폭등과 아프가니스탄 전쟁 초기, 토마호크 미사일의 대량 사용으로 10억 달러 이상을 벌었다. 위성, 항공, 잠수함 통신 전문업체인 L-3커뮤니케이션홀딩사(L-3 Communications Holdings)는 35.8%, 국방부에 무기 공급으로 수입의 70%를 의존하는 EDO사는 24.8%, 화약 및 스마트 폭탄 생산업체인 ATK사는 23.5% 주가가 올랐다. 매향리 폭격장 관리와 이지스 전투체계 등으로 우리에게도 잘 알려진 록히드마틴사의 주식도 28% 상승했다. 그러나 군수산업체의 '반짝 호황'은 여기서 끝나지 않았다. 부시 행정부가 이라크 침공을 강행하고 9.11 테러를 MD 구축의 명분으로 삼으면서 재고 무기의 소비와 새로운 무기 개발 계약 등을 통해 막대한 이익을 보고 있기 때문이다.

부시 대통령은 테러와의 전쟁을 선언하면서 "21세기 첫 번째 전쟁에서 승리하기 위해 나는 어떤 대가와 비용이라도 치를 것"이라고 말한 바 있다. 부시의 공언을 뒷받침하기라도 하듯 미국의 군사비는 냉전 이후 최대 규모로 폭등하고 있고, 이에 따라 군산복합체의 '피문은 이윤'도 일시적인 '대박'으로 끝나지 않고 있다. 군산복합체에 정통한 미국 세계정책연구소의 윌리엄 하퉁 연구원은 이를 두고 "9.11 테러의 최대 수혜자는 군산복합체"라고 단언한다. 미국이 9.11 테러에 대한 보복으로 전쟁을 일으킴에 따라 재고 무기 소비와 주가 폭등으로 재미를 본 군수산업체들은 부시 행정부가 지속적이고 광범위한 테러와의 전쟁을 선언하면서 '마르지 않는 샘'을 만나게 된 것이다.

이를 두고 부시 행정부의 예산 책임자인 미치 다니엘은 "(군수산업체 등) 특수 이익집단이 그들의 생산물을 늘리기 위해 국가안보와 본토방어라는 시류에 편승하고 있다"고 경고하기도 했다. 부시 행정부 내에서도 과도한 군비지출을 우려하는 목소리가 나오고 있는 것이다.

줄어드는 밥그릇 사업

이러한 대규모의 군사비 증액은 9.11 테러 전에 일었던 미국 군부 내의 논쟁을 잠재우기도 했다. 부시 행정부 초기 럼스펠드 국방장관과 그의 오른팔인 앤드류 마셜이 주도하는 군사혁신(RMA)파는 미국의 군구조를 재래식 무기와 병력을 줄이고 최첨단 무기체계를 강화하는 방향으로 혁신해야 한다는 주장을 폈다. 이 과정에서 유럽과 아시아에 10만 명의 미군을 주둔시켜 한반도와 중동에서 전쟁이 동시에 발발할 경우 승리한다는 이른바 윈윈전략의 폐기까지 거론되었다. 이에 대해 주요 사령관들을 비롯한 군수뇌부는 재래식 무기와 대규모 병력을 줄이는 것은 위험하다며 군사혁신파에 맞서기도 했다.

그러나 9.11 테러 이후 군사비가 대폭 증액되면서 이러한 논쟁은 사라졌다. 파이가 커지면서 군사혁신과 재래식 군사력 유지를 동시에 충족시킬 수 있는 길이 열렸기 때문이다. 물론 한때 논의되었던 윈윈전략의 폐기는 없던 얘기가 되었고, 윈윈전략의 대상이었던 이라크와 북한을 테러와의 전쟁의 다음 목표물로 삼는 지경까지 이르고 있다. 그리고 2003년 3월 19일, 부시 행정부는 전세계의 강력한 반전여론에도 불구하고 이라크 침공을 강행했다.

9.11 테러 이후 군사비의 절대치가 대폭 증가하면서 미 군부 내의 논란과 군수산업체 사이의 밥그릇 싸움이 줄어들고 있다는 것은, 폐기 혹은 축소될 위기에 몰렸던 전력증강사업이 되살아나고 있다는 것에서도 잘 드러난다. 최소한 30명의 미군 희생자를 낳은 충돌 사건과 관련돼 '취소 1순위' 사업으로 알려진 V-22 오스프레이 수송기 사업, 대당 약 2억 달러이자 전체 사업 규모 689억 달러의 록히드마틴사의 F-22 사업, 큰 덩치로 인해 미래에 예상되는 대부분의 전장으로 쉽게 이동시킬 수 없어 럼스펠드 국방장관이 주도하는 국방정책재검토 위원회에서조차도 사업을 포기하려고 했던 십자군포 시스템(Crusader artillery system) 사업, 대당 20억 달러가 넘는 전폭기로 코소보 및 아프가니스탄 폭격에 선봉을 섰던 B-2기 증강 사업 등이 그것이다. 이들 사업은 해당 무기를 생산하는 지역구 의원들이 9.11 테러를 계기로 조성된 미 의회 내의 친군사적 분위기를 이용해 로비를 강화함으로써 되살아나게 되었다. 특히 F-22와 십자군포 사업은 아버지 부시 행정부 때 계획된 것으로, 이들 무기체계는 소련을 겨냥한 것들이었다. 냉전의 해체와 함께 사라질 것이 확실했던 이들 사업은 아들 부시가 집권하고 군사비가 대폭적으로 늘어남으로써 되살아났다. 미국의 주요 무기 프로젝트가 외부의 위협보다는 내부의 정치적 역학관계에 좌

우되고 있다는 것을 상징적으로 보여주고 있는 것이다.

분쟁의 씨앗 심기

펜타곤의 무기 획득 이외에 주요 군수산업체의 배를 불릴 또 하나의 방안은 중동과 남아시아 등에 무기 판매를 촉진시키는 것이다. 이미 첨예한 분쟁을 겪고 있는 이 지역에 판매되고 있는 무기 목록에는 오만과 아랍에미리트에 F-16 전투기, 이집트에 다연장로켓 등이 있고, 미국의 테러와의 전쟁을 돕고 있는 파키스탄에는 경제제재 해제와 함께 F-16 전투기 부품, C-130 수송기, P-3 정찰기 등을 수출했다. 흥미롭게도 이들 무기는 모두 록히드마틴사 제품이다. 아버지 부시가 이란, 이라크 등의 국가에 군수지원을 함으로써 1991년 페르시아만 걸프전의 환경을 만들어 놓았듯이, 부시 대통령은 그가 주도하는 테러와의 전쟁에 대한 정치적, 군사적 지원을 확보하기 위해 첨예한 긴장이 고조되고 있는 중동 및 남아시아 국가들에게 무기를 넘겨주고 있는 것이다. '반테러연합'이라는 이름하에 진행되고 있는 미국의 무기 공급은 중동 및 남아시아 지역에 또 다른 분쟁의 씨앗을 심고 있다. 분쟁의 씨앗이 자라나면 또 다른 무기 수요가 창출된다는 미국 군산복합체의 마케팅 전략이 관철되고 있는 것이다.

이러한 미 군산복합체의 마케팅 전략 대상에는 한국도 물론 예외가 아니다. 연합방위체계와 상호운용성의 논리를 앞세워 한국의 무기 구매 시장의 80% 이상을 차지해온 미국의 지위는 시간이 갈수록 오히려 강화되고 있는 추세이다. 탈냉전 이후 '무기 시장의 다변화'를 추구하겠다던 한국 정권들의 공언은 이미 공염불로 끝났다. 2002년만 보더라도 미국은 보잉사의 F-15K, 록히드마틴사의 이지스 전투체계를 한국에 판매하기로 함으로써, 이 두 가지만으로도 70억 달러 이상을 벌어들일 수 있게 되었다. 흥미로운 점은 미국의 대표적인 군수산업체인 보잉사와 록히드마틴사 그리고 부시 행정부의 이해관계가 한국에서 그대로 관철되고 있다는 것이다.

F-22와 함께 미군의 주력기종이 될 F-35 합동공격전투기(JSF)는 총사업비가 2500억 달러에 달한다. 당연히 전투기 생산업체들이 군침을 흘릴 수밖에 없으며, 더구나 이 사업은 '승자독식'이다. 입찰에 떨어지면 국물도 없는 것이다. 이에 따라 미국의 양대 군수산업체인 보잉사와 록히드마틴사는 사활을 건 경쟁입찰에 뛰어들었고, 결과는 록히드마틴사의 승리로 끝났다. 이에 따라 보잉사는 전투기 생산라인을 폐쇄할 위기에 몰렸으나, 보잉사와 이 회사로부터 막대한 정치헌금을 받아온 부시 행정부는 위기의 돌파구로 한국의 F-X 사업을 겨냥했다. JSF 사업이 록히드마틴사로 낙찰될 조짐을 보이면서 부시 행정부는 파월 국무장관, 럼스펠드 국방장관, 주한미군 및 태평양 사령관, 보잉사가 있는 지역구 의원 등을 총동원해 한국 정부에게 구매 압력을 한층 노골적으로 행사했고, 이는 1단계 기종평가에서 프랑스 닷소사의 라팔 전투기가 높은 점수를 받

았음에도 불구하고 2단계 평가, 즉 정책적 고려에서 보잉사의 F-15K가 역전승을 거두는 데 중요한 요인이 되었다. 부시 행정부는 미국 내에서는 록히드마틴사의 손을 들어주었지만, 만만한 한국의 차기전투기 사업에 압력을 행사함으로써 보잉사를 달랜 것이다. 이와 동시에 보잉 747기를 개조한 공중급유기 100대를 200억 달러를 들여 '임대'하기로 함으로써 JSF에서 탈락한 보잉사의 손실을 보상해주기도 했다.

군산복합체의 힘은 어디에서 나오는가?

실질적인 지배자

아이젠하위의 경고가 상징적으로 보여주듯 많은 사람들은 미국의 군산복합체가 사실상 미국과 세계의 지배자라고 말한다. 특히 부시 행정부의 공격적인 대외정책의 배후에는 막강한 군산복합체가 도사리고 있는 것이 사실이다. 냉전시대 미국에 필적할 만한 힘을 가진 소련이라는 주적이 있을 때 군산복합체의 힘은 막강했고, 실제로 미국 경제에서 차지하는 비중이나 고용 규모 역시 적지 않았다. 그러나 냉전이 끝난 뒤 군사비 삭감 분위기 속에서 미국의 군수산업체들도 위기의 시대를 맞이했다. 창고에는 재고 무기가 쌓여갔고, 유럽의 군수산업체가 성장하면서 해외 무기 판매도 부진을 면치 못했다. 이로 인해 많은 군수산업체가 문을 닫거나 대량 해고 및 인수합병 등을 통해 구조조정에 나설 수밖에 없었다. 그런데 왜 21세기에 들어서면서 군수산업체가 다시 미국의 실질적인 지배자로 재등장하고 있는 것일까?

군수산업체가 미국의 경제 규모에서 차지하는 비중이나 정치헌금의 액수를 볼 때도 이는 쉽게 이해하기 힘들다고 할 수 있다. 2002년을 기준으로 미국 군수산업체는 전체 노동력의 2% 수준인 220만 명을 고용하고 있고, 산업별 정치자금 기부 순위도 8-9위권에 있다. 실제 경제 규모나 정치헌금 수준이 예상 외로 높지 않은데, 미국의 정책결정 과정에서 막강한 힘을 발휘하는 이유는 무엇일까?

그 이유는 우선 '산업의 특수성'에서 찾을 수 있다. 다른 산업과 달리 군수산업의 주된 소비자는 일반 사람들이 아니라 미국과 해외의 '정부들'이다. 무기수출도 상당 부분 미국 정부의 승인과 보증이 필요한 해외군사판매(FMS) 방식을 통해 이뤄지고 있기 때문에, 군수산업체의 1차적인 로비 대상은 미국 정부와 의회일 수밖에 없다. 산업규모에 비해 로비스트가 압도적으로 많은 이유도 이 때문이다. 특히 무기 생산업체를 지역구에 둔 의원들은 군수산업체의 주된 로비 표적이 되어 왔고, 정치자금과 지역구 주민의 고용 가운데 상당 부분을 군수산업체에 의존하고 있는 의원들은 의회와 정부에 자신의 지역구에서 생산되는 무기체계를 구매할 것을 강력히 요구하는 메커니즘에 길들어져 온 것이다. 미국 정부와 군수산업의 끈끈한 관계는 군수산업이 농업 부분에 이어 두 번째로 많은 보조금을 정부로부터 받고 있다는 사실에서도 알 수 있다.

특혜와 능력

미국 군수산업체의 로비 대상 및 목적은 실로 다양하다. 미국 의회와 정부는 물론, 전체 수익에서 무기 수출이 차지하는 비중이 높아지면서 외국 정부 및 의회, 세계무역기구(WTO), 각국의 언론 및 안보정책에 영향을 미치는 싱크탱크 등도 무기 로비스트들의 표적이다. 주요 로비 활동으로는 친군사적인 정치인 당선 지원, 군사비 증액 압력, 새로운 무기획득 사업 요구, 군수산업에 대한 정부 보조금 확보, 정부의 국방 관련 연구개발비(R&D) 증액, 군수산업에 대한 공적 감시망을 약화시키기 위한 무기 관련 정보공개 제한 등이다. 이로 인해 연방정부 예산, 정부의 임시 지출, 연구개발비, 정부보조금의 영역에서 군수산업체는 엄청난 특혜를 받고 있다.

군수산업체들은 로비 덕분에 자유무역시장에서도 특혜를 받고 있다. 1999년 미국 시애틀에서 열린 WTO 회의에 대한 로비를 보면 이를 잘 알 수 있다. 당시 최대 군수산업체 가운데 하나인 보잉사는 또 다른 군수산업체인 '앨리드시그널/허니웰(Allied Signal/Honeywell)'과 함께 만찬 경비로 25만 달러를 기부한 것을 비롯해, WTO 회의에 무려 130만 달러를 기부했다.

당시 군수산업체들은 수익 악화의 돌파구로 대규모 무기 수출을 추진했기 때문에, WTO 회의에 큰 관심을 갖고 있었다. 이러한 로비 덕분으로 환경, 보건, 노동 등 다른 산업에 적용된 WTO 기준으로부터 군수산업은 예외를 인정받았다. 또한 '안보 예외(security exception)'를 관철시켜, 정부로부터 막대한 연구개발비와 보조금을 받는 특별상황이 수출에 제한받지 않도록 보호하는 규정을 포함시켰다. 당시 이러한 결과에 기고만장해진 보잉사의 무기 담당 회장인 마이크 시어스는 "고객을 확보하고자 하는 우리의 능력에 아무런 제한도 받지 않게 됐다"며 환호하기도 했다. 이로써 군수산업은 미국 국내뿐만 아니라 국제시장에서도 예외적인 지위를 획득하게 된 것이다.

　군산복합체의 영향력에서 또 하나의 중요한 요인은 '안보의 특수성'에 있다. 미국이 권력 감시와 분산이 상대적으로 잘 이뤄진 것은 사실이지만, 외교안보 분야의 정책결정과정은 소수의 전문관료들의 손에서 크게 벗어나지 않는다. 즉, 외교안보 분야는 전문성과 비밀을 요한다는 이유로 민주주의의 제도 내에서 상대적으로 자율적이다. 이는 미국뿐만이 아니라 대부분의 자유민주주의 국가에서도 나타나는 공통적인 현상이라고 할 수 있다. 냉전 해체 이후 소련을 비롯한 구 사회주의권 국가들의 군사비가 대폭 삭감된 반면에, 미국, 서유럽, 일본, 한국 등의 자본주의 국가에서는 현상유지 혹은 오히려 증가 추세에 있는 것은 군사비가 정치체제의 속성과 긴밀한 관계에 있다는 것을 알 수 있다. '유권자의 표'가 가장 강력한 힘을 발휘하는 자유민주주의 국가에서 집권당이든 야당이든 상대로부터 '안보 공세'에 시달리지 않기 위해, 그리고 군사비와 직접적인 이해관계를 갖고 있는 유권자로부터 지지를 확보하기 위해 군사비를 늘리려는 경향이 있는 것이다. 이는 특히 앞서 설명한 군수산업체의 산업적 특수성과도 긴밀히 연결되는 부분이다.

매체의 메커니즘 구축

미국 군산복합체의 힘은 '역사적인 맥락'에서도 이해할 필요가 있다. 제1, 2차 세계대전을 거치면서 급성장한 군수산업체는 1950년대 들어 공산주의가 다양한 전술을 통해 침투·확산될 수 있다는 위험성을 퍼뜨리면서, 중산층에게 튼튼한 안보의 필요성을 강조하는 전략을 구사했다. 물론 이 과정에서 매카시즘 광풍은 이러한 군수산업체의 전략에 일조를 했고, 또 군수산업체들은 매카시즘이 힘을 발휘하는 데 단단히 한몫을 했다. 이를 바탕으로 군수산업체와 친밀한 관계에 있는 정치인들은 의회에 엄청난 재정이 투입되는 '방위' 프로젝트를 제안하고, 이 제안을 받아들인 의원들은 그 대가로 군산복합체로부터 재선에 필요한 선거자금을 지원받는 방식으로 유착관계를 맺어왔다. 정부 예산에서 할당된 군사비의 상당 부분은 군비증강에 공헌한 의원의 지역구에 우선적으로 군수공장과 군사기지 그리고 군 관련 연구소를 짓는 데 사용됐다.

이러한 메커니즘이 구축되다 보니, 설사 해당 지역구의 의원이 군산복합체의 정치자금이나 군 관련 프로젝트의 유혹을 뿌리친다고 해도 이미 상당수의 중산층은 공산주의의 위협에 대처할 수 있는 군사력 건설 경제의 필요성에 포섭되어 있었기 때문에, 해당 의원은 큰 문제에 봉착할 수밖에 없었다. 어떤 의원이 군비증강을 거부할 경우, 그 의원에게는 '미국적 삶의 양식에 대한 배신자'나 '친공산주의자'라는 비난이 쏟아졌다. 물론 이러한 의원들은 다음 선거에서 낙선의 고배를 마시기 일쑤였다. 군산복합체와 의회의 관계가 이렇다 보니, 대부분의 군수 프로젝트는 미국의 안보보다는 그 프로젝트에 의해 누가 수익을 얻고, 누가 권력을 장악하는지에 더 깊은 관계가 있다는 비판이 제기되어 왔다. 거대 군수산업체의 주식보유자들은 수백만 달러, 가끔은 수억 달러의 이익금을 챙겼고, 이들과 밀접한 관계를 맺어온 상하원 의원들은 재선에 필요한 정치자금을 지원받고 권력을 유지할 수 있었다.

　이러한 과정을 통해 뿌리내리기 시작한 군산복합체는 세계 일류의 국방체제와 기술 혁신 그리고 안정적인 경제 성장에 이바지했다고 선전되어 왔다. 이러한 선전은 1950년대에 미국이 다른 나라와 비교할 수 없는 번영을 이룩했다는 것으로 이어졌고, 이는 중산층을 포섭하는 강력한 이데올로기로 작용하기도 했다. 군산복합체는 '공산주의와의 전쟁'을 명분으로 중산층을 설득하여 적정 군사력을 훨씬 초과하는 군비증강 재원을 부담시켰고, 히스테리에 가까운 반공주의 분위기는 의회를 압도했으며, 때로는 의회를 통해 조장되기도 했다.

당시 의회에서 나온 보고서는 공산주의 운동을 "전세계에 걸쳐 공산주의 정부를 만들기 위해 배신, 기만, 조직 침투, 절취, 파업, 테러 등 온갖 수단을 사용하는 것"으로 정의했으며, 그 배후에는 항상 소련이 거론되었다. 이렇듯 미 의회는 국내의 정치적인 목적을 달성하기 위해 중산층의 공포심을 자극했다. 이를 참다못한 아이젠하워가 퇴임사에서 군산복합체를 미국 민주주의의 가장 큰 적으로 지목했던 것이다. 흥미로운 점은 반세기 전에 '공산주의와의 전쟁'이 군비증강을 합리화하는 데 활용되었던 것처럼, 21세기 들어서는 '테러와의 전쟁'이 그 자리를 대신하고 있다는 것이다.

네트워크 형성

반세기 전부터 이러한 과정을 통해 성장한 군산복합체의 막강한 힘은 치밀하고 정교한 네트워크를 통해서 재생산되어 왔다. 일반적으로 군산복합체는 군수산업체와 펜타곤 그리고 의회 사이의 관계를 일컫는 '철의 삼각(iron triangle)'을 중심으로 행정부 내의 친군사파, 군수산업체로부터 연구기금을 지원받는 보수적 싱크탱크, 보수적인 언론 등으로 짜여진다. 이들은 강력한 인적, 물적 네트워크를 형성하며, 미국의 외교안보전략 및 국방예산 수립에 막대한 영향력을 행사해온 것이다.

2000년 미국 대선에서 군수산업체가 정치자금을 몰아준 부시 행정부의 인적 구성을 보면, 부시 행정부의 공격적인 대외 정책과 막대한 군사비 증액의 배경을 이해할 수 있는 실마리를 찾게 된다. 우선 미국 역사상 가장 강력한 부통령이라고 불리는 딕 체니는 군수산업체의 싱크탱크라고 할 수 있는 안보정책센터(CSP)의 이사를 지냈고, 그의 부인 린 체니는 록히드마틴사의 이사 출신이다. 실세 장관으로 테러와의 전쟁 및 군사 분야의 혁신을 이끌었던 도널드 럼스펠드 국방장관은 군수산업체로부터 기금을 받는 '미국에게 힘을(Empower America)'이라는 단체의 이사와 안보정책센터의 핵심 간부로 활동했다. 이 두 단체는 MD와 우주의 군사화를 부르짖어온 대표적인 싱크탱크이다. 럼스펠드는 이를 주도해온 인물로서, 그 공로로 1998년에 안보정책센터로부터 '불꽃의 유지자(Keeper of the Flame)'라는 상을 받기도 했다.

이 밖에도 1기 부시 행정부의 폴 월포위츠 국방부 부장관은 노스롭그루만사의 자문위원을 지냈고, 스테판 해들리 안보 부보좌관(2기 부시 행정부에서는 안보보좌관으로 승진)은 록히드마틴사의 법률자문관 출신이다. 미 국방부의 획득·기술·병참 차관인 피테 알드릿지는 에어로우스페이스사, 맥도넬더글러스사, 유나이티드인더스트리사 등 군수산업체와 우주재단 등을 거쳤다. 또한 더글라스 페이스 국방부 차관은 안보정책센터 이사회 의장 출신이고, 제이스 로체 공군부 장관은 이 단체의 이사 출신이다.

이처럼 1기 부시 행정부의 외교안보팀 임명자의 약 3분의

2가 주요 군수산업체 및 이와 연결된 싱크탱크의 간부, 대주주, 컨설턴트 출신이다.[8] 특히 MD 로비의 중심에 서 있던 안보정책센터에서는 무려 22명의 부시 행정부 관료를 배출하기도 했다. 이에 고무된 럼스펠드는 2001년 11월 이 단체의 행사에 참석해 "프랭크 카프니(안보정책센터 소장), 당신의 파워에 의구심을 갖고 있는 사람이 있다면, 부시 행정부에 얼마나 많은 센터 사람들이 포진하고 있는지 봐야 할 것"이라고 말했다. 이렇게 짜여진 네트워크가 미국의 외교안보정책 결정 과정에 어떤 결과를 낳고 있는지는, 부시 행정부가 그동안 최대 국가목표로 내세워온 MD구축 과정을 통해 잘 드러난다.

군산복합체와 부시 행정부의 유착 관계

로비망

군산복합체의 사활이 걸린 사업이라고 일컬어지는 MD를 둘러싼 로비의 흑막을 살펴보면, 이들이 얼마나 치밀하고 강력한 네트워크를 결성해 정책결정 과정에 영향을 미치는지 알수 있다. MD는 단기적인 수입보다는 중장기적 수입 면에서 록히드마틴, 보잉, 레이디온 등 군수 메이저들에게 향후 20~30년에 걸쳐 안정적인 돈벌이를 보장해 주는 확실한 프로젝트로 평가된다. 실제로 1990년대 초중반에 걸쳐 클린턴 행정부의 요구에 따라 시행된 군수산업체들의 인수 합병 붐으로도, 군수산업체들은 재정문제를 해결하지 못했기 때문에

MD의 필요성은 더욱 커지게 됐다. MD에 뛰어들고 있는 미국의 주요 군수산업체들은 이른바 '빅4'라고 불리는 보잉사, 록히드마틴사, 레이디온사와 TRW를 합병한 노스롭그루만 등이다. 보잉사는 MD의 구성 요소의 개발과 통합을 담당하고 있고, 록히드마틴사는 탄두 추진체를 수주했으며, 레이디온사는 요격미사일 개발을, 그리고 노스롭그루만은 지휘통제전투관리통신(C2BMC) 시스템 개발을 맡고 있다. 이들 네 개 군수산업체들은 1998~1999년 2년간 MD계약에서 60%를 독점하면서 국방부로부터 연구개발비로만 22억 달러를 지원받기도 했다. 또한 부시 행정부 1기 임기인 2001~2004년 동안 MD 사업만으로도 보잉은 84억 달러, 록히드마틴은 36억 달러, 레이시온은 20억 달러, 노스롭그루만은 10억 달러를 벌어들였다.[9]

이들 군수산업체들이 MD를 통해 막대한 수익을 올릴 수 있는 힘은 치밀하고 막강하게 짜여진 '로비망'에서 나온다. 이들은 클린턴 행정부 재임 기간 동안 MD 지지파를 유지·확산시키기 위해 1997~1998년 2년간 3500만 달러를 로비자금으로 사용했다. 특히 군수산업체와 정치권 간의 관계를 읽을 수 있는 정치헌금은 약 600만 달러로 이 중 66%를 공화당 의원들에게 집중적으로 제공했다. 1995~1999년 사이에 정치활동위원회(PAC)를 통한 군수산업체의 정치헌금 수혜자 상위 15위 중에 상원은 12명, 하원은 10명이 공화당 의원들이었다. 이 중에는 2001년 초 한국을 방문해 무기구매 로비로 무리를 빚은 크리스토퍼 본드 상원의원, 하원 내 대표적인 MD 주창자

중 한 사람인 커트 웰던 의원 등이 포함돼 있었다.

황금 시장 잉태

MD가 미국 군산복합체의 중장기적 이익을 보장하는 '꿈의 사업'이라고 불리는 이유는 그 사업 규모를 통해서도 알 수 있다. 추정기관마다 편차가 크게 나타나고 실제로 어느 정도의 돈이 들어갈지 아무도 모르지만, 미 의회예산국의 추정치는 이 기관이 중립적인 기관이라는 점에서 가장 신뢰할 만하다고 할 수 있다. 미 의회예산국은 MD예산으로 2001년부터 향후 20년간 약 2400억 달러가 필요할 것이라고 추정했다. 그러나 이 예산 추정치에는 THAAD, PAC-3 등 일부 MD 무기체계가 제외돼 있어 실제 예산은 3천억 달러가 넘어설 것으로 예상되고 있다. 심지어 노벨 경제학상을 받은 경제학자들을 비롯한 과학자들이 참여하고 있는 'Economists Allied for Arms Reduction'에서는 MD예산으로 8000억 달러에서 1조2000억 달러까지 소요될 것으로 추정하고 있다. 이들에 의하면 의회예산국의 추정치에는 운영유지비가 제외되어 있으므로, 이를 포함하면 1조 달러에 달한다는 것이다.[10]

이처럼 아무도 정확히 추정할 수 없는 천문학적인 돈이 보잉사, 록히드마틴사, 레이디온사 등 MD개발 생산업체의 주머니로 고스란히 들어갈 것이라는 점을 어렵지 않게 예상할 수 있다. 또한 이를 바탕으로 왜 미국의 군산복합체들이 MD에 사활을 걸고 뛰어드는지 짐작할 수 있다. MD를 통해 군산복합체의 이익이 여기서 끝나는 것은 물론 아니다. 한국, 일본, 대만, 이스라엘, 일부 유럽과 중동 국가 등 미국의 동맹국 및 우방국에 MD 무기체계를 수출함으로써 얻을 이익도 만만치 않을 것이다. 또한 MD산업을 통해 인류의 마지막 전쟁터라고 일컬어지는 우주 군사 산업 진출의 발판도 마련할 수 있다는 점에서, MD사업은 또 다른 황금 시장을 잉태하고 있기도 하다.

이에 따라 MD 관련 업체들은 2000년 미 대선과정에서 MD를 공약으로 내세운 부시 후보를 노골적으로 지지했다. 또한 클린턴 행정부 때 보여 준 군수산업체들의 공화당 편애는 2000년 대선과 상하원 선거를 앞두고 더욱 두드러지게 나타난 바 있다. 군수산업체들은 이미 대선과정에서 민주당의 고어 진영에는 4만 달러를 기부한 반면, 공화당의 부시 진영에는 4배가 넘는 16만3000달러를 기부한 바 있다. 상하원 선거 자금으로도 공화당에는 300만 달러를, 민주당에는 200만 달러를 지원했고, 부시 행정부 출범 이후에 그 격차는 더욱 벌어지고 있다. 미국의 군수산업체들이 2002년 중간선거자금으로 2001년 1월부터 6월까지 기부한 정치자금 가운데 민주당에는 88만 달러를 기부한 반면, 공화당에는 2배에 달하는 177만 달러를 기부한 것에서 이를 잘 알 수 있다.

미국의 군수산업체들은 아프가니스탄 및 이라크 전쟁으로 인해 폭등하는 군사비, 수천억 달러 규모의 MD 및 우주의 군사화 계획, 9.11 테러 이후 미국 내의 친군사적 분위기로 인한 주가 폭등, 무기 판매고 급증, 무기 수출 확대, 퇴출 위기 사업의 부활 등으로 냉전시대에 이은 제2의 전성기를 맞고 있다. 또한 군수산업체들은 펜타곤을 비롯한 군부뿐만 아니라 해당 지역구 의원, 상하원의 군사위원회 의원 등에 정치자금을 제공하고, 헤리티지재단, 안보정책센터, 미국기업연구소 등 전쟁과 군비증강을 정당화해온 '두뇌 집단'에는 후원금을 기부함으로써 행정부-군부-의회-싱크탱크 등에 막강한 '군비증강 네트워크'를 구축해 미국의 국방정책 및 대외정책에 깊숙이 관여해오고 있다.

예견된 시나리오

올리버 스톤 감독이 만든 「J.F.K.」는 죽음의 상인, 군산복합체에 대한 대중적인 인식을 높인 작품으로 평가받아 왔다. 미국 역사상 가장 인기 있는 대통령 가운데 한 사람인 존 F. 케네디의 암살 배후에 군산복합체가 있다는 점을 실감 있게 그려냈기 때문이다. 이와 관련해 미국의 안보정책에 대해 정통한 제임스 팰로우즈는 케네디는 죽을 수밖에 없었던 운명이었다고 주장한다. "그가 살아있으면 미국은 베트남에서 철수했을 것이고, 그렇게 되면 거대 군수산업체들은 큰돈을 날릴 것"이었기 때문이다.[11] 영화 「J.F.K.」에서 보여지듯, 군산복합체는 대통령의 암살까지 불사하면서 자신에게 유리한 방향으로 외교안보정책을 이끌려고 하고, 때에 따라서는 엄청난 피를 요구하는 '전쟁 로비'를 하고 있다.

군산복합체의 전쟁 로비가 얼마나 치밀한지, 그리고 전쟁을 통해 미국 군수산업체들이 얼마나 막대한 이익을 얻고 있는지는 2003년 3월 19일 국제사회의 강력한 반전 여론에도 불구하고 단행된 미국의 이라크 침공에서도 여실히 드러난다. 일반적으로 미국의 이라크 침공 배경으로 '9.11 테러'를 언급하고 있지만, 이는 사실과 다르다. 1990년대부터 군수산업체와 보수적 싱크탱크를 중심으로 한 신보수주의자(네오콘)들은 이라크 전쟁 로비를 벌여왔기 때문이다. 군수산업체와 석유재벌로부터 후원을 받아온 미국 내 대표적인 보수적 싱크탱크인 안보정책센터(CSP), 공공정책국가연구소(NIPP), 새로운 미국의 세기를 위한 프로젝트(PNAC) 등은 클린턴 행정부 때부터 이라크 침공을 비롯한 공격적인 대외정책의 이론을 양산해 왔다.

특히 PNAC에는 부통령 딕 체니, 국방장관 도널드 럼스펠드, 국방부 부장관 폴 월포위츠, 부시 대통령의 동생인 플로리다 주의 주지사 젭 부시, 딕 체니의 핵심 참모 루이스 리비 등이 대거 포함돼 있었다. 1997년에 결성된 이 단체는 결성 직후 딕 체니와 럼스펠드가 중심이 돼 클린턴 행정부에 이라크 침공을 권유해 물의를 빚기도 했다. 이에 따라 PNAC는 대선 직전인 2000년 9월 '미 국방력의 재건(Rebuilding America's Defense)'이란 제목의 보고서를 작성해 부시 행정부의 외교안보정책의 지침을 제시했다. 이 보고서에서는 "미해결 상태인 이라크와의 갈등이 미군의 걸프지역 주둔에 대해 잠정적인 정당성을 제공하겠지만, 미군은 후세인 정권교체 여부와 관계없이 이 지역에 상당 기간 주둔해야 할 필요가 있다"고 기술하고 있다. 이미 부시 행정부의 핵심 실세들이 집권 후 이라크 침공을 계획하고 있었던 것이다. 그리고 그 배후에는 이라크 전쟁을 통해 막대한 수익을 올리게 되는 군수산업체와 석유재벌이 있었던 것이다.

실제로 미국의 주요 군수산업체들은 이라크 전쟁을 통해 돈방석에 앉게 되었다. 세계 최대의 방위산업체인 록히드마틴사는 부시 행정부가 이라크 침공을 준비하기 위해 2002년 무기조달 예산을 전년도보다 76억 달러 늘린 것에 힘입어, 2001년 11억 달러 적자에서 2002년에는 5억 달러 흑자로 돌아섰다. 이 회사와 함께 대표적인 군수산업체인 보잉사는 2002년 4/4분기 순이익이 무려 6배나 늘어났고, 토마호크 미사일 및 패트리어트 제조 회사로 잘 알려진 레이디온사는 순이익이 2배로 늘어났다. "2002년 4/4분기 미국 경제는 군수산업 홀로 이끌었다"는 말이 나올 만하다.

군수산업체의 '대박'은 여기서 끝나지 않았다. 부시 행정부가 이라크에 대해 사실상의 선전포고를 한 2003년 3월 16일부터 군수산업체의 주가도 폭등하고, 재고 무기 처분을 통해 매출액이 크게 신장되었기 때문이다. 록히드마틴사는 3월 초순 40달러 선이었던 주가가 3월 20일에는 48달러로, 같은 기간 유나이티드테크놀로지스사(United Technologies)는 54달러에서

64달러로, 레이디온사는 24달러에서 29달러로 폭등해 주가 차익만으로도 천문학적인 돈을 벌어들였다.[12]

미·영의 대 이라크 전쟁으로 가장 큰 재미를 본 회사는 레이디온이다. 미 해군은 이라크 침공 이전에 약 2000발의 토마호크 미사일을 보유했으나, 이번 전쟁에서 절반가량이 소진되자 레이디온사에 신형 토마호크 미사일의 증산을 요청했다. 미 해군은 당초 매달 38발씩 신형 토마호크 미사일을 구매할 계획이었으나, 이라크 전쟁으로 재고량이 크게 줄어들자 50발로 늘리기로 했다. 신형 토마호크 미사일은 1기당 140만 달러에 달해, 레이디온사는 이 미사일 판매만으로도 매달 7000만 달러를 벌어들이게 된 것이다.[13] 부시 행정부 출범 이전만 하더라도 레이디온은 미사일 수요 감소로 생산라인을 줄이고 감원을 했었지만, 부시 행정부가 아프가니스탄과 이라크 침공의 선봉으로 토마호크 미사일을 대량 사용하고, MD구축에 박차를 가하면서 기사회생을 하고 있는 것이다.

무기 판촉 효과

전쟁을 통해 군수산업체가 큰돈을 벌어들이는 것은 주가 폭등, 무기 재고량 처분, 새로운 무기 획득 소요 제기 등을 통해서만 이뤄지는 것이 아니다. 전쟁은 군수산업체에게 돈 들이지 않고 자신의 무기를 선전할 수 있는 가장 효과적인 광고이고, 이를 통해 전후 무기 수출을 크게 늘릴 수 있기 때문이다. 더구나 CNN과 같은 미국 주요 언론들이 미국제 무기의 성능을 대대적으로 선전하면서 전쟁을 마치 전자오락처럼 중계하고 있기 때문에, 무기 판촉 효과는 상상을 초월하게 된다. 이와 관련해 「워싱턴포스트」는 미국의 이라크 폭격이 한참이었던 4월 1일, 미국 군수산업체들의 '전후 특수' 가능성을 상세히 보도해 눈길을 끌었다.[14]

이 신문에 따르면, 군수산업체들은 이라크 전쟁 이후 국제 무기 시장의 호황 및 이라크군 재무장으로 큰 기대를 걸고 대대적인 첨단무기 판촉행사를 준비했다. 미국이 아프가니스탄에 이어 이라크에서도 다양한 첨단무기들을 선보임으로써 세계 각국의 무기구입 욕구를 자극하고 있기 때문이다. 특히 1991년 1차 걸프전 때도 전쟁을 생중계해 첨단무기 광고 역할을 톡톡히 했던 CNN은 이번에도 군수산업체의 기대를 저버리지 않고 있다. 이를 두고 무기 거래 실태를 감시하는 미국 과학자협회(FAS)의 타마 게벨닉 무기판매 감시국장은 "CNN이야말로 가장 훌륭한 첨단무기의 마케팅 수단"이라고 말하기도 했다. 이렇게 실전 검증을 거친 제품이라면 그 판매량이 적어도 3배가량 늘어날 것으로 군수산업체들은 분석하고 있다.

실제로 미국은 걸프전 이후에도 전장에서 각광받은 첨단무기를 국제시장에 내놓아 막대한 이득을 챙겼다. 미 의회조사국(CRS)에 따르면 1991, 1992년에 연간 100-110억 달러였던 미국제 무기 수출액은 1993년 200억 달러로 치솟았다. 당시 사우디아라비아와 이스라엘은 값비싼 F-15 전투기를 사들여 재정난에 허덕이던 보잉사를 되살렸고, 바레인, 요르단 등은 F-16, 쿠웨이트, 이집트 등은 M1-A1 탱크를 각각 사들였다. 1차 걸프전 직후에는 전투기와 탱크 등이 많이 팔렸다면, 이번에는 JDAM 등의 정밀유도무기가 대량 판매되었다. 또한 미 군수산업체들은 천문학적 규모가 될 전후 이라크군의 재무장 사업에서도 막대한 수익을 올리고 있다. 군수산업 전문 연구 기관인 DFI인터내셔널의 브렛 램버트 연구원은 「워싱턴포스트」와의 인터뷰에서 "전후 연합군이 물러가면 이라크는 엄청난 규모로 재무장을 하게 될 것이며 미국제 무기가 대부분일 것"이라고 예측했다. 미군에 의해 괴멸된 이라크군이 전쟁 이후에는 또다시 미국제 무기로 무장하게 될 것이라는 전망이다.

역설의 메커니즘

이라크 전쟁을 기회로 늘어날 것으로 보이는 미국의 무기 수출은 여러 가지 문제점을 안고 있다. 2003년 현재 전 세계 군사지출의 약 45%를 차지하고 있는 미국은 세계 무기수출 시장에서도 탈냉전 이후 줄곧 40-50%를 차지할 정도로 단연 독보적인 위치를 점해왔다. 그리고 이는 미국의 대외정책과도 밀접한 연관을 갖고 있기도 하다.

미국의 한 군수산업체의 사장은 "우리가 한 나라(미국)에만 전념할 필요가 없는 날이 올 것이다. 우리는 모든 전투원들에게 중립적인 무기공급자로 인식될 것이다"라고 말한 바 있다.[15] 그리고 그의 말처럼 미국의 군수산업체들은 정부의 비호 아래 수단과 방법을 가리지 않고, 또한 수출한 무기들이 어떤 용도로 사용되든지 관계하지 않고 세계 곳곳에 무기를 수출해오고 있다. 이와 관련해 미국의 과학자연합(FAS)은 "1999년 미국은 전 세계 42개 분쟁 지역 가운데 39개 지역에 무기를 판매했다"고 폭로하기도 했다. 또한 1999년 한 해만도 인권 기준을 위반한 국가들의 무장 '강화'를 위해 68억 달러치의 무기를 수출하기도 했다. 이러한 미국 주도의 무기 수출에 힘입어 빈곤과 질병 그리고 인권 탄압 등의 문제를 안고 있는 개발도상국들에게 전 세계 무기 수출의 68%가 집중되기도 했다.[16]

역설적인 것은 미국의 군수산업체들이 무기를 수출한 나라들 가운데에는 파나마, 이라크, 소말리아, 아이티, 아프가니스탄 등 미국의 적대국들도 상당수 포함되어 있어, 미군은 미국의 무기로 무장한 적군들과 전투를 벌이고 있다는 점이다. 실제로 2002년 10월 요르단에서 미국 군수산업체들의 주최로 열린 한 무기 박람회에는 부시 행정부가 '악의 축'이라고 규정한 이라크, 이란을 비롯해 리비아, 시리아 등 중동 국가들의 상당수가 참석하기도 했다. 분쟁을 부추기면서 분쟁에 개입하는, 그리고 이 과정에서 군수산업체의 막대한 이윤을 보장하는 미국 대외정책의 메커니즘을 읽을 수 있는 대목이다. 이 과정에서 분쟁 국가들에 수출되는 무기로 어린이들이 무장하고 있다는 점도 미국 정부는 개의치 않고 있다. 미국의 방위정보센터(CDI) 등 미국 안팎의 NGO들은 "미국은 어린이를 군인으로 삼고 있는 일부 국가들에게 무기를 수출하고 군사 원조를 하고 있다"고 강력한 우려를 표명하고 있지만, 어린이들의 인권조차도 군수산업체의 이윤 앞에서는 설 자리가 없는 것이다.

북대서양조약기구(NATO)의 확대 역시 미국의 무기 수출과 떼어서 생각할 수 없다. 1990년대 미국 군수산업체의 주요 고객이 중동 국가들과 한국, 대만, 싱가포르 등 아시아의 신흥공업국들이었다면, 21세기 들어 새롭게 각광받고 있는 고객들은 동유럽 국가들이다. 이는 북대서양조약기구(NATO)의 동진東進과도 밀접한 관계를 갖고 있다. 향후 10년간 동유럽의 무기 시장은 약 350억 달러 규모가 될 것으로 전망되고 있어, 군수산업체들에게는 또 하나의 신흥 무기시장을 확보할 수 있는 기회로 작용하고 있는 것이다. 이를 포착한 군수산업체들은 미국 정부와 의회에 압력을 행사해 적극적으로 NATO를 확장시켜 나가되, 동유럽 국가들의 군사력을 강화시킨다는 차원에서 미국 정부가 이들 국가들에게 무기 구매 융자를 해줄 것을 요구해 톡톡한 재미를 보고 있다.[17] 비근한 예를 보더라도 부시 행정부는 2008년 3월 독립을 선언한 코소보에 무기 공급을 승인했다. 이에 대해 국제사회에서는 유럽의 화약고라고 불리는 발칸반도의 위기를 한층 고조시키는 행위라는 비난이 쏟아지고 있다.

이렇듯 21세기 들어 한층 강화되고 있는 군수산업체들의 영향력은 40여 년 전 아이젠하워의 퇴임사를 새삼스럽게 다시 떠올리게 한다. 결국 미국은 냉전이 해체된 지 20년 가까이 지나고 있으나, 오히려 군수산업체들의 영향력과 부당한 간섭이 증대하고 있는 현실에 직면하고 있다. 그리고 40년 전 아이젠하워의 경고에 귀 기울이지 못한 미국이 여전히 세계 유일 초강대국의 지위를 유지하고 있는 오늘날, 지구촌 곳곳에서도 미국 군산복합체의 어두운 그림자는 점차 커지고 있다.

주

1) Bates Gill, "Can China's Tolerance Last?", *Arms Control Today*, January/February 2002.

2) Joanne Tompkins, "How U.S. Strategic Policy Is Changing China's Nuclear Plans", *Arms Control Today*, January/February 2003.

3) 참고로 광주에 배치되었던 패트리어트 부대는 2006년 10월 경 북 왜관으로 옮겨졌다.

4) Leon J. Laporte, "Commander of U.S. Forces Korea", *Testimony on the Fiscal Year 2006 National Defense Authorization Budget Request from the Department of Defense*, March 8, 2005.

5) B. B. Bell, "Commander of U.S. Forces Korea", *Testimony before the Senate Armed Services Committee*, March 11, 2008.

6) Jumg Sung-ki, "South Korea to Launch Theater Command by '09", *Defense News*, March 17, 2008.

7) 황일도, "이명박 정부 MD(미사일방어체제) 참여 구상 정밀분석", 『신동아』, 2008년 3월호.

8) William D. Hartung and Jonathan Reingold, "About Face : The Role of the Arms Lobby in the Bush Administration's Radical Reversal of Two Decades of U.S. Nuclear Policy", May 2002, http://www.worldpolicy.org/projects/arms/reports.html.

9) William D. Hartung, "Tangled Web Ⅱ : The Missile Defense and Space Weapons Lobbies 2005", http://worldpolicy.org/projects/arms/reports/tangledweb.html.

10) 이 보고서는 http://www.armscontrolcenter.org/nmd/fullcost.html 에서 볼 수 있다.

11) James Fallows, "The Military-Industrial Complex", *Foreign Policy*, Nov./Dec. 2002.

12) 「세계일보」 2003.4.7., 「중앙일보」 2003.3.26. 참조.

13) Peter Pae, "Raytheon's Task: More Missiles, on the Double", *L.A. Times*, April 3, 2003.

14) Renae Merle, "Battlefield is a Showcase for Defense Firms: Arms Exporters could Thrive on Televised Success in Iraq", *Washington Post*, April 1, 2003.

15) John Stanton, "Arming for Armageddon: US Military-Industrial Complex Reigns Supreme", *Online Journal*, January 9, 2003.
16) 이와 관련해 상세한 자료는 미국과학자협회(FAS) 홈페이지 http://www.fas.org 참조.
17) William D. Hartung, "Pentagon Welfare: The Corporate Campaign for NATO Expansion", *Multinational Monitor*, March 1998.

__MD 미사일방어체제

초판발행 2003년 6월 30일 | 개정1쇄발행 2008년 4월 25일
지은이 정욱식
펴낸이 심만수 | 펴낸곳 (주)살림출판사
출판등록 1989년 11월 1일 제9-210호

주소 413-756 경기도 파주시 교하읍 문발리 파주출판도시 522-2
전화번호 영업·(031)955-1350　기획편집·(031)955-1357
팩스 (031)955-1355
이메일 salleem@chol.com
홈페이지 http://www.sallimbooks.com

ISBN 89-522-0101-9 04080
　　　 89-522-0096-9 04080 (세트)

책임편집·교정　정회엽

값 9,800원

미국 보수주의 영웅의 삶과 리더십 이야기

위대한 대통령

Ronald Wilson Reagan

로널드 레이건 평전

위대한 대통령 로널드 레이건 평전

초판인쇄	2016년 9월 15일
초판발행	2016년 9월 20일

지은이	김윤중
발행인	조현수
펴낸곳	도서출판 더로드
표지&편집 디자인	오종국 Design CREO
일러스트	서설미

ADD	경기도 고양시 일산동구 백석2동 1301-2
	넥스빌오피스텔 904호
전화	031-925-5366~7
팩스	031-925-5368
이메일	provence70@naver.com
등록번호	제2015-000135호
등록	2015년 06월 18일
ISBN	979-11-87340-17-1-93900

정가 15,000원

미국 보수주의 영웅의 삶과 리더십 이야기

위대한 대통령

Ronald Wilson Reagan

로널드 레이건 평전

김윤중 지음

도서
출판 더 로드
The Road Books

레이건의 위대한 삶과 사랑, 끊임없는 도전 이야기

레이건은 가난한 집안의 아들로 태어나 어려운 환경을
낙관적인 신념을 지니고 극복해간다. 그는 두 번이나 사랑의 실패를 겪으며 좌절하나
운명적인 사랑 낸시를 만나 그녀의 헌신적인 사랑에 힘입어 정치에 도전한다.

전북일보에서 글을 부탁하여 2005년 1월 26일 '성공하는 대통령을 보고 싶다' 란 제목으로 나의 글이 게재된 적이 있다. 선진군의 문턱에 있는 우리나라에서 여전히 우리 정치 지도자들만은 파당 싸움과 편협된 이념에 몰두하여 국민에게 희망을 주지 못하고 있다고 탄식한 내용이다. 따라서 이를 초월하여 정치안정과 경제부흥을 획기적으로 추진하여 국민에게 희망적인 성과를 안겨주기 위해 일관성을 가지고 용기 있게 노력하는 성공한 대통령을 보고 싶다고 토로한 적이 있다. 그런데 공교롭게도 2004년 레이건 미국 대통령이 타계하여 전세계는 물론 미국 전역을 큰 슬픔에 잠기게 하여, 세계적인 지도자로서 성공한 레이건 대통령의 막대한 영향력을 실감하는 뜻 깊

은 기간이기도 했다. 사실 그는 대통령을 퇴임하여 생존해 있던 기간임에도 불구하고 역대 대통령 중 여론조사에서 인기도가 1위까지 올라간 적도 있었다. 링컨과 케네디보다도 지지율이 더 높았던 것이다. 나는 전북일보에 이런 사실과 함께 위대한 지도자 레이건에 매료되어 다음과 같은 내용도 추가했다. '레이건의 높은 지지율은 그가 미국의 위대한 지도자라는 명성을 확인시켜 준 것이다.……' 나는 미래의 언젠가 레이건에 대한 글을 쓸 생각이었고 마침내 10년 만에 그 기회가 운명처럼 찾아와 열정과 사명감을 가지고 집필에 몰두했다. 내용이 어렵고 지루한 인물평전이 되지 않도록 쉽고, 흥미진진하고, 간결하고 그리고 감동적으로 레이건의 위대한 삶과 사랑 그리고 끊임없는 도전 이야기를 서사적으로 기술해 보고 싶었다. 레이건은 가난한 집안의 아들로 태어나 어려운 환경을 낙관적인 신념을 지니고 극복해간다. 그는 두 번이나 사랑의 실패를 겪으며 좌절하나 운명적인 사랑 낸시를 만나 그녀의 헌신적인 사랑에 힘입어 정치에 도전한다. 남들은 은퇴할 나이에 뒤늦게 정치에 뛰어든 그는 69세에 대통령에 당선된다. 레이건은 강력한 보수정책을 일관되게 지속적으로 추진하여 경제부흥을 이루고, 또한 국방력을 강화하여 힘을 통한 외교로 공산국가 소련을 해체시켜 평화로운 세상을 만들어 낸다. 그리하여 베트남 전쟁 이후 쇠락의 길을 걸어온 미국에 경제적 번영과 함께 힘과 위신을 회복시켜 준다. 소통과 설득, 용기, 결단력, 통찰력 및 추진력 등 그의 위대한 리더십이 우리나라에도 널리 전파되어 훌륭한 지도자들이 많이 배출되기를 기원해 본다. 또한 어려운 이 시대를 힘들게 살아가는 젊은이들에게 이 책을 통하여 꿈과 희망을 주고 싶다. 그리고 좌절과 고통의 나날을 보내며 사랑과 열정을 잃어버린 베이비붐 세대와 실버세대에게, 은퇴할 시기임에도 불구하고 끊임없이 도전한 레이건처럼 다시 이 책을 보고 힘차게 도전하라고 격려하고 싶었다.

2016년 4월 봄날에...

저자 **김윤중**

EPA/연합뉴스

사랑과 열정으로
끊임없이 도전한 레이건처럼
이 시대를 힘들게 살아가는
젊은이들에게
이 책을 통하여 꿈과
희망을 주고 싶다.

"끊임없이 도전했던 청년 레이건"

이 시대를 힘들게 살아가는 우리나라의 청년들이 젊은 시절,
어려운 환경에서도 용기와 자신감을 가지고 끊임없이 도전했던 청년 레이건을
배우고 그의 삶을 통해 원대한 꿈과 희망을 품고 살 길 바란다.

레이건 대통령은 퇴임 후 생존 시에도 역대 미국 대통령 인기도 조사에서 링컨과 존 F. 케네디를 제치고 1위를 기록할 만큼 미국민의 사랑과 존경을 받은 성공한 대통령이었다.

최고의 리더는 달성하고자 하는 목표와 비전을 명확하게 제시하는 사람이다. 비록 현실은 어렵지만 자기와 함께하면 무엇이든지 할 수 있다는 확신을 심어주는 리더, 따르는 사람들이 열심히 일하고 바른 길을 갈 때 반드시 그 대가가 돌아올 것이며 언젠가는 승리할 수 있다는 흔들리지 않는 낙관주의를 그들의 마음속에 심어주는 리더를 사람들은 원한다.

레이건에게는 분명한 비전과 목표가 있었다. 그는 자신이 무엇을 해야 하는 가를 알고 있었고 그것을 실천할 준비가 되어 있었다. 그는

대통령이 되면 자신이 무엇을 할 것인가를 국민들에게 분명히 알려왔다.

　강력한 보수개혁 정책을 일관되게 추진하여 경제부흥을 이루어 냈고, 군사력을 바탕으로 한 평화를 표방하여 (구)소련과의 냉전을 종식시키고 강한 미국 건설에 힘썼다.

　용기와 통찰력 및 추진력을 겸비한 지도자 레이건은 위대한 소통자로도 평가 받으며 침체된 미국을 장기간 번영으로 이끈 훌륭한 지도자였다.

　현재 한반도의 상황을 고려할 때 레이건 대통령의 리더십은 북한과 대치하고 있는 우리나라의 나아갈 길에 시사 하는 바가 크다고 본다.

　또한 이 시대를 힘들게 살아가는 우리나라의 청년들이 젊은 시절, 어려운 환경에서도 용기와 자신감을 가지고 끊임없이 도전했던 청년 레이건을 배우고 그의 삶을 통해 원대한 꿈과 희망을 품고 살 길 바란다.

　이 책이 수많은 이들에게 훌륭한 삶의 지침서가 되기를 기원한다.

2016. 8. 5

새누리당 국회의원/대변인 **지상욱**

● Contents 차 례

Ronald Wilson
Reagan

Chapter

01

___

제1장

___

레이건의 출생과 성장

01

레이건의 출생과
유년시절

　　　　　　　　1911년 2월 6일 로널드 윌슨 레이건
(Ronald Wilson Reagan)은 인구가 고작 820명 정도인 농촌 마을 일리노
이 주의 탬피코(Tampico)에서 출생했다. 레이건의 아버지는 존 에드워
드 레이건(John Edward Reagon)이었고 어머니는 넬리 윌슨(Neile Wilson)
이었다.

　레이건의 아버지는 19세기 초 아일랜드에서 극심한 감자 흉년을 겪
고 목숨을 부지하기 위하여 많은 아일랜드인들과 함께 미국으로 이민
온 가톨릭 교도의 한 사람이었다. 아일랜드계 이민들은 비록 소수자의
처지였지만 대다수 이민들인 프로테스탄트 교도인 영국계 이민들 틈
바구니 속에서 주눅이 들지 않고 성공에 대한 희망과 신념을 가지고
혹독한 운명을 개척해 나갔다. 레이건의 아버지가 16살이 되기 전에

레이건의 할아버지가 폐결핵 때문에 사망하였고 더욱 생활이 어려워진 레이건의 아버지는 철저한 가톨릭 신자인 고모에 의해 양육되었다. 그리하여 레이건의 아버지는 고모 밑에서 자라나다 보니 초등학교를 몇 년 다녔을 뿐 제대로 교육을 받지 못했다. 레이건의 아버지는 어린 시절을 몹시 가난하게 지냈지만 가톨릭의 신앙을 철저히 받아들여 사람이 모두 평등하다는 신념, 도전과 노력으로 운명을 극복할 수 있다는 긍정적인 생활태도, 꿈과 희망을 갖고 성공할 수 있다는 자신감을 마음속에 지니게 되었다. 레이건의 아버지는 구두 세일즈맨으로부터 시작하였고 장차 시카고 지역에서 구두 가게를 여는 것이 최고의 꿈이었다. 당시 그는 지방의 유력 인사들로 구성된 공화당이 부패했다고 싫어하며 일리노이 주에서 소수 세력인 민주당을 열성적으로 지지했다. 그런 상황 속에서도 낙천적인 레이건의 아버지는 이야기를 재미있게 잘하고 밝고 사교적이었으며 무척 술을 좋아했다. 한편 레이건의 어머니 넬리는 스코틀랜드계이면서 동시에 영국계 혈통을 지니고 있었다. 어머니 넬리에게는 함께 가까이 살면서 자주 만나는 5명의 여자 형제와 남자 형제가 있어서 그녀는 아버지 레이건에 비해 다복하고 따스한 가정환경에서 성장했다. 그리하여 어머니 넬리는 주일을 거르는 일이 없는 기독교 신자로 신앙심이 깊었고 아버지 레이건보다 세상을 보는 눈이 훨씬 낙관적이었다. 레이건의 아버지와 어머니는 함께 농장에서 일하다가 사랑에 빠졌다. 가난한 두 연인은 1904년 일리노이 주

덕슨에서 40마일 떨어진 풀턴에서 어렵게 결혼식을 올렸다. 그리고 아들만 두 형제가 태어났는데 첫째가 넬이고 둘째가 로널드였다. 형 넬은 로널드보다 두 살 많았다. 어릴 때부터 레이건은 어머니로부터 기도하는 습관을 배웠고 또한 꿈을 가지고 노력하면 그 꿈을 이룰 수 있다는 낙관적인 믿음도 배웠다. 어린 레이건은 술을 많이 마시고 점차 성당에도 거의 나가지 않는 아버지보다도 기독교 계통의 '그리스도제자교회'에 충실히 참석하는 어머니에게 절대적인 영향을 받으며 성장했다.

레이건이 두 살 되었을 때 그의 가족은 시카고로 이사했다. 그의 아버지가 마셜필드백화점 안에 있는 구두 코너에서 일하게 되었기 때문이다. 그의 가족은 작고 싼 아파트에서 어렵게 생활했다. 아버지의 수입이 몹시 적어서 가족의 식비도 제대로 충당할 수 없었지만 낙관적인 어머니는 검소하게 살림을 꾸려 나갔다. 레이건의 어머니 넬리는 부족한 식비 때문에 큰 아들 넬을 정육점에 몰래 보내 값이 싼 소간이나 그냥 버리기도 하는 소뼈를 구해오도록 심부름을 시키곤 했다. 창피하고 자존심이 상하는 일이었으나 어머니 넬리는 당시 짐승에게나 먹이는 소간과 소뼈를 가족을 위하여 요리로 만들었던 것이다. 소뼈가 우리나라에서는 귀한 음식으로 취급받고 있으나 미국과 일본에서는 값싸게 팔거나 그냥 버리기도 하는 하찮은 부산물로 취급받고 있었다. 2년여 동안 시카고에서 잠깐 도시생활을 경험하다가 갑자기 아버지가 시카고에서 서쪽으로 140마일 떨어진 갈레스버그에 있는 오티존슨이라는 백화점으로 직장을 옮기는 바람에 작은 전원마을로 이사하게 되었다. 갈레스버그는 조용하고 작은 마을로 드넓은 숲과 울창한 나무들 사이로 실개천이 흐르고 있었고 많은 농장들이 마을의 대부분을 차지하고 있었다. 어린 레이건은 8살이 될 때까지 자연과 하나 되어 산으로 들로 뛰놀며 친구들과 함께 나비들을 채집하고 새 알을 훔치기도 하고 실개천에서 물놀이도 하는 등 하면서 튼튼한 야생마처럼 성장했다. 광활한 자연 속에서 뛰놀다 지치면 어린 레이건은 책 읽기를 즐겼다. 또한 신문을 읽기도 하여 그의 아버지와 사람들을 놀라게도 했다. 어린 레이건이 이처럼 빨리 글을 읽을 수 있었던 것은 그의 어머니의 영향 때문이었다. 그의 어머니는 어린 레이건이 자기 전에 침실로 와서 손가락으로 글자를 짚어가며 책을 읽어주었기 때문에 빨리 글을 깨달을 수 있었던 것이다. 이리하여 레이건은 형 넬보다 학교에 빨리 적응하여 그의 형보다 훨씬 성적이 좋았다. 특히 학교에서 배운 것을 잘 암기했고 기억력이 뛰어난 편이었다.

전원 마을 갈레스버그에서는 싼 임대료 때문에 다행히 정원이 딸린 큰 집을 빌릴 수 있었고 생활비도 저렴하여 평온한 생활을 이어갈 수 있었다. 그렇지만 어린 레이건은 아버지가 지나친 음주 때문에 어머니와 암암리에 자주 다투는 것을 목격하게 되었다. 또한 아버지가 집을 나가서 며칠씩 들어오지 않기도 했다. 그러면 어린 레이건은 이유도 잘 모르고 어머니의 손에 이끌려 그의 형과 함께 이모 집으로 가서 며칠씩 보내기도 했다. 그러한 생활이 이어지는 가운데 아버지의 직장 때문에 인근 만머스시의 큰 백화점을 거쳐 다시 탬피코로 돌아와 전에 일하던 피트니 잡화점에 지배인으로 일하게 되었다. 잡화점 위층에 살림집을 차렸고 피트니 잡화점은 나날이 번창하게 되었다. 그리하여 사장은 레이건의 아버지를 무척 신임하게 되었다. 그런 가운데 사장은 딕슨이라는 작은 도시에 새로운 신발가게 '패션부츠'를 개장하게 되었고 그 운영을 전적으로 레이건의 아버지에게 맡겼다. 그리하여 다시 레이건 가족은 딕슨으로 이사 가야 했다. 어린 시절 잦은 이사로 인하여 어린 레이건은 고독한 생활에 익숙해 졌고 책을 벗삼아 소일하기 일쑤였다. 작은 도시 딕슨은 우리나라 읍소재지에 해당되는 도시로 인구가 만 명 정도 되었고, 도시의 형태를 갖추고 있었다. 시카고에서 서쪽으로 100마일 정도로 떨어진 작은 도시 딕슨은 중심가에 제법 가게가 많았고 행정기관, 도서관, 우체국, 은행, 사법기관, 학교, 영화관, 교회, 구두공장, 시멘트 공장도 있었다. 레이건은 9살 때 딕슨으로 이사 왔으며 여기에서 비로소 정착하게 되어 청소년 시절을 보내게 된다. 이곳에서 초등학교부터 고등학교까지 다니게 되며 이 시절에 삶의 소중한 자양분을 얻게 된 레이건은 이 딕슨을 영원한 고향으로 마음에 새기게 된다. 레이건은 고향 딕슨에서는 주민들이 서로 얼굴 뿐 아니라 생활형편도 잘 알 정도여서 일이 생기면 서로 돕고, 누가 아프거나 초상을 당하면 찾아가 위로하곤 했다. 서로 돕기 위하여 교회에 모여 함께 기도했으며, 어느 집에 불이 나면 서로 달려가 힘을 모아 집을 지어주기도 했다. 레이건은 이런 고향 딕슨에서 고귀한 상부상조의 정신과 따스한 가족의 소중함 등 중요한 삶의 가치를 직접 체험하며 청소년 시절을 보냈다. 여전히 레이건 가족은 딕슨에서도 가정 형편은 넉넉하지 못했다. 레이건의 어머니는 아버지의 부족한 수입을 보충하기 위하여 집에서 재봉틀을 돌려 직접 가족들의 옷을 수선하여 입혔다. 이 시기에 레이건도 새 옷을 거의 입어보지 못하고 형이 입다 적어지거나 헤어진 옷이나 신발을 수선하여 착용하곤 했다. 또한 레이건 가족은 집에서는 주로 호밀음식을 먹었으며 어린 레이건은 다른 집들도 그럴 것이라고 생각하곤 했다. 이 모든 상황을 레이건은 당연한 것처럼 받아들였던 것이다. 그러한 가난 속에서도 신앙심이 깊고 낙천적인 어머니는 더 어려운 사람들을 위하여 음식이나 옷을 앞장서서 나누어 주곤 했다. 또한 교도소를 방문하여 음식을 대접하기도 했다. 레이건의 훌륭한 어머니는 가난한 살림 속에서도 마음은 무척 부자였던 것이다. 비록 아버지가 알콜중독으로 고생하며 어머니의 마음을 아프게 했지만 어머니는 아들들에게 아버지를 이해하고 사랑해야 한다고 당부하곤 했다. 그러면서 술에 취하지 않았을 때면 얼마나 친절하고 좋은 아버지냐면서 어머니는 아버지를 감싸곤 했다. 그런 어머니의 마음을 헤아리고 있던 레이건은 만취해서 현관 계단에 쓰러져 코를 심하게 골며 눈 위에서 자던 아버지를 아무도 모르게 집 안으로 끌고 들어가 침대에 눕힌 적도 있었다. 레이건이 11살 때 일어난 일로서 아버지에게 무척 실망하였지만 이때 바느질을 하러 외출했던 어머니에게는 그런 사실을 평생 레이건은 숨겼다. 레이건은 이 부끄러운 일을 어느 누구에게도 말하지 않고 혼자만 알고 있었던 것이다. 그렇지만 이 때가 레이건은 모험과 흥미로운 일들로 가득한 황금처럼 소중한 시절이었으며 특히 많은 소설에 빠져들곤 했다. 어린 레이건은 딕슨 시절을 마크 트웨인의 소설 「톰 소여의 모험」처럼 보냈던 것이다. 이 시절 레이건이 좋아한 소설은 「타잔」, 「로버 보이스」, 「예일의 프랭크 모리웰」, 「북극의 빛」등이었다.

특히 어머니가 선물한 「북극의 빛」을 반복하여 읽으며 마치 자신이 이 책에 등장하는 북쪽에 사는 늑대들처럼 광야를 누비는 기분을 느끼곤 했다. 또한 로버트 서비스의 시 '댄 맥크루의 총성'을 완전히 암기하여 어른이 된 후에도 변민으로 잠들기 어려울 때 누워서 이 시를 여러 번 암송하면 저절로 잠이 들곤 했다. 또한 레이건이 자주 이사를 하여 친구를 쉽게 사귈 수 없기 때문에 독서는 물론 만화나 캐리커쳐 등 그림그리기에 몰두하기도 했다. 한 때 화가가 되는 꿈을 꾸기도 했다. 어린 레이건이 혼자 놀며 책을 보거나 그림을 그리는 일에 익숙해지면서 그의 성격도 이런 영향을 방아서 스스로 사람에게 다가가 가까이 하는 것을 꺼리게 된다. 그리하여 훗날 성인이 된 레이건은 부인 낸시 외에는 마음을 터놓고 이야기 할 수 있는 가까운 사람이 거의 없었을 정도였다. 또한 어머니의 권고로 레이건은 11살 때 신앙소설「유델의 인쇄기」를 읽게 되었다. 이 책은 하롤드 라이트라는 목사가 1903년에 쓴 소설로 레이건에게 지대한 영향을 끼친다. 소설 속에 알콜 중독자인 아버지와 가난한 어머니를 둔 남자 주인공 딕이 등장한다. 부모가 죽자 딕은 보이드시로 이사를 간다. 그 곳에서 인쇄업을 하는 조지 유델이라는 남자를 만나 직공으로 취직을 한다. 딕과 유델은 함께 교회에 출석한다. 딕은 교회에서 존경받는 인물로 성장한다. 그리고 마침내 딕은 정치가가 되어 워싱턴으로 간다는 것이 소설의 줄거리이다. 레이건은 이 소설에 감명을 받고 어머니를 따라 기독교 교회에 열심히 참석하게 되고 12살 때 레이건은 스스로의 선택으로 세례를 받았다. 레이건이 이 소설에 감동을 받았던 것은 그의 가정환경이 소설과 거의 비슷했기 때문이기도 했다. 이 소설의 영향으로 레이건은 기독교를 진정으로 받아들였고 딕처럼 존경받는 인물로 클 것을 결심한다. 이 어린 시절 레이건은 어머니의 절대적인 영향으로 꿈을 꾸고 열심히 노력하면 딕처럼 이루어질 수 있다는 희망을 갖게 되었다. 그러면서 레이건은 유년기를 보냈다.

힘들었던 학창시절

레이건은 딕슨에 정착하면서 마음의 안정을 얻게 된다. 딕슨에서 고등학교까지 졸업하면서 딕슨을 영원한 고향으로 마음속에 새기게 된다. 레이건은 운동에 소질이 있었으나 심한 근시여서 공을 제대로 잡을 수 없었다. 그는 야구 게임 등을 몹시 하고 싶었으나 근시 때문에 좌절의 나날을 보내기도 했다. 그러나 곧 그 원인을 파악하고 안경이나 콘택트렌즈를 착용하고 각종 스포츠에 적극적으로 참여하기 시작했다. 자신감을 회복한 레이건은 특히 수영과 미식축구에서 탁월한 실력을 발휘하였다. 또한 고등학교 연극반에도 적극적으로 참여하였다. 특히 딕슨에는 화강암 절벽과 구릉 사이로 아름다운 락 강(Rock River)이 한 폭의 풍경화를 연출하고 있었다. 레이건은 여름철이면 낚시로 물고기를 잡기도 하고 수영을 즐기면서 이 맑은 강에서 살다시피 했다. 또한 고등학교 친구들과 카누를 타고 강을 따라 멀리 내려가기도 했다. 그리하여 레이건은 물귀신이라 할 만큼 수영솜씨가 뛰어났다. 따라서 뛰어난 수영 솜씨 때문에 고등학생인 레이건은 딕슨시 로웰 공원에 있는 야외 수영장에서 인명구조대원으로 일할 수 있었다. 로웰 공원은 300에이커나 되는 거대한 자연녹지공원으로 시인 제임스 러셀 로웰의 가족이 딕슨시에 기증한 부지를 활용하여 만든 공원이었다. 이 넓은 야외수영장에서 고등학생 레이건은 뛰어난 수영솜씨를 발휘하며 여름방학 때마다 인명구조대원으로 일했다. 고등학생 레이건은 매일 10시간이 넘도록 힘들게 일하고 하루 15달러씩 받았다. 힘들었지만 스스로 학비를 벌어 대학에 가려고 악착같이 일했다. 그 후 능력을 인정 받아 20달러를 받기도 했으며 7년 동안이나 인명구조대원으로 활동하며 77명의 소중한 인명을 구조했다. 고등학교 시절 레이건에게 있어 가장 중요한 일은 인명구조대원으로 활약한 경험이었다. 이 시절 레이건은 소중한 인명을 구하면서 뿌듯한 자신의 존재감을 느꼈던 것이다. 또한 이 시절 고등학생 레이건에게도 첫사랑이 찾아왔다. 첫사랑의 상대는 레이건이 출석하는 교회의 담임목사의 딸 마가렛 클리버였다. 고등학생 레이건은 틈만 나면 청순한 클리버를 만나 사랑을 속삭였다. 둘은 열정적으로 데이트를 하였고 서로 결혼까지 생각하게 되었다. 그러던 중 꿈꾸던 고등학교 시절도 거의 끝나가고 있었다. 레이건은 대학에 진학하고 싶었으나 그의 부모는 자신들은 도울 수 없으니 스스로 학비를 벌어서 가라고 했다. 당시 고등학교 졸업생들 중에서 대학에 진학하는 비율은 7퍼센트 정도였다. 레이건은 꼭 대학에 진학하고 싶었으나 부모의 경제력으로는 대학에 진학할 수 없었다. 그리하여 레이건의 형은 대학에 진학하는 것은 시간낭비라고 하면서 일찍 체념하고 딕슨에 있는 시멘트 공장에 취직하여 일하러 다녔다. 그러나 레이건은 대학 진학을 포기하고 싶지 않았다. 특히 그가 사랑하는 여자 친구가 유레카 대학으로 진학할 예정이었고, 게다가 레이건의 우상인 미식축구 선수 갈랜드 웨고너가 그 당시 유레카 대학에 재학 중이었기 때문이다. 이때 웨고너를 따라가는 것이 레이건의 꿈이었다. 학비를 마련하는 것이 큰 문제였다. 유레카 대학은 딕슨에서 동쪽으로 100마일 정도 떨어져 있는 기독교 대학이었다. 그리스도제자교회의 교단이 운영하는 학교였다. 유레카 대학은 전체 학생수가 250명밖에 되지 않은 작은 대학교였지만 큰 대학에서 누릴 수 없는 혜택이 많았다. 레이건은 유레카 대학을 처음 방문한 날 고풍스런 건물과 아름다운 교정에 온통 마음을 빼앗기고 말았다. 그리하여 레이건은 유레카 대학으로 진학할 경심을 굳혔다. 레이건은 학비를 마련하기 위하여 방학 때 아르바이트로 버는 돈 중 교회에 내는 십일조를 제외하고는 한 푼도 쓰지 않고 거의 모두 저축했다. 대학에 진학할 무렵 400달러까지 저축했으나 학비와 기숙사비로 충분하지 않았다. 그리하여 부족한 학비를 충당하기 위하여 직접 학교에 장학금을 부탁해 보기로 했다. 유레카 대학에 진학하기 위해 장학금이 절실했던 레이건은 직접 대학 총장을 찾아갔다. 레이건은 대학 총장에게 자신의 어려운 처지를 설명하고 장학금을 간곡히 부탁했다. 또한 대학의 미식축구부 코치도 찾아가서 선수로 받아줄 것을 요청했다. 이러한 레이건의 열정적인 태도에 대학은 기회의 손을 내밀었다. 대학은 빈곤학생에게 주는 장학금을 레이건에게 주기로 한 것이다. 전액 장학금이 아니라 등록금의 반은 레이건 본인이 부담해야 했지만 레이건은 진학 기회를 준 대학에 너무나 감사하고 싶었다. 이리하여 레이건은 힘들게 유레카 대학에 입학했다. 그리고 여자친구 클리버 언니의 남자친구의 소개로 남학생 동아리에도 가입했다. 그리하여 동아리 기숙사에 숙소도 얻을 수 있었다. 기숙사 비용은 기숙사 식당의 접시를 닦는 것으로 해결했다. 이 또한 선배들이 레이건의 어려운 사정을 고려해 배려한 덕분이었다. 그렇지만 레이건은 대학을 다닌다는 것이 꿈만 같았고 나날이 새로운 희망이 솟구쳐 올라 가슴이 설레고 벅찼다.

동시에 여러 시련도 레이건에게 다가왔다. 레이건이 대학에 입학한지 두 달 정도 지나서 학내분규가 발생하게 된 것이다. 그 당시 미국사회는 대공황이 닥치기 바로 1년 전이어서 불황의 그늘이 서서히 다가오고 있었다. 농촌도 경제적으로 어려운 상황에 직면하고 있었다. 농업이 점차 곤경에 빠져들자 일리노이 주 농업지대 안에 있었던 유레카 대학에도 기부금이 줄어들기 시작했다. 그리하여 1928년 유레카 대학은 재정적인 곤경에 처하게 되었다. 그러자 대학 경영진은 특단의 대책으로 일방적으로 교수감원과 교과과정 축소를 결정했다. 그리고 이러한 대책을 쉬쉬하다가 추수감사절을 기해 전격적으로 발표할 예정이었다. 그렇지만 이런 소식은 암암리에 유포되고 있었다. 이에 학생들과 교수들이 술렁대기 시작했다. 학생들이 모두 집에 가 쉬는 추수감사절을 이용해 전격적으로 특단의 개혁을 단행한다는 결정에 교수들과 학생들 모두가 분노했다. 분노한 학생들은 데모로서 저항하기로 하고 대학 1학년생 레이건을 학생대표로 뽑았다. 엉겁결에 학생대표로 뽑힌 레이건은 학교의 결정에 반대하는 항의결의안을 통과시키자고 제안하면서 학생들 앞에서 연설하면서 언성을 높였다. 이러한 레이건의 첫연설에 학생들은 열광적으로 지지하고 환호했다. 청년 지도자 레이건의 진가가 발휘되는 순간이자 성공적인 첫 대중연설이었다. 첫 대중연설에서 대학생 동료들의 뜨거운 호응을 받았다는 것은 청년 레이건으로서는 진귀한 체험이었고 지도자의 자질을 처음으로 드러내 보인 것이었다.

그렇지만 추수감사절 후 학생들의 항의결의안을 무시하고 대학 총장은 특단의 대책을 발표하고 나섰다. 이에 교수들과 학생들은 강의 출석을 거부하며 맞섰다. 학생들과 교수들이 단합하여 거세게 반발하고 나서자 대학 총장은 사임할 수밖에 없는 상황으로 발전했다. 결국 총장은 사임을 발표했고 특단의 대책이었던 대학의 구조조정은 없던 일이 되었다. 다시 유레카 대학은 평화를 되찾았고 레이건은 대학 내에서 정치적 잠재력이 있는 유명인사로 알려지기 시작했다.

그렇지만 대학 2학년이 되자 레이건의 경제사정은 대학을 더 이상 다니기 어려울 정도가 되었다. 저축한 돈도 거의 바닥이 났고 동아리 기숙사에서 접시 닦는 일도 전통에 따라 1학년 후배에게 물려주어야 했다. 그리하여 레이건은 심각하게 고민하고 휴학하기로 결심했다. 그리고는 친구들과 선배들에게 마지막 인사를 하러 기숙사로 갔다. 그러자 친구들이 레이건을 말리고 또 대학에 장학금도 신청해 주었다. 그런데 마치 하늘이 돕기라도 하는 것처럼 대학 당국은 가난한 대학생 레이건에게 빈곤 학생을 위한 장학금을 1년 더 주겠다고 약속했다. 게다가 미식축구 코치는 여학생 기숙사 식당의 접시 닦는 일을 알선해 주었다. 그 당시 여학생 기숙사에서 접시 닦는 일은 모든 남학생들에게는 부러운 일자리였다. 많은 남학생들이 그런 일자리를 꿈꾸기도 했다. 그만큼 대학생들의 호주머니 사정이 절박한 시기였었다. 1929년 미국을 휩쓴 경제 대공황은 농촌 지역의 유레카 대학도 힘들게 했던 것이다.

그리하여 대학생 레이건은 가까스로 2학년에 등록할 수 있었다. 레이건은 사회학과 경제학을 전공으로 삼아 공부하기로 마음먹었다. 우리나라 대학생들도 복수전공제도를 활용하여 두 과목을 전공으로 이수하고 2개의 학사증을 취득하는 경우가 많이 늘고 있는 형편이다. 유레카 대학은 작은 대학이었지만 큰 대학에 비해 많은 장점도 가지고 있었다. 거대한 대학의 학생들은 대부분 대학을 전체적으로 경험하지 못하고 졸업하기 일쑤이다. 즉 다양한 학생활동의 혜택을 누리지 못하고 단지 강의만 정신없이 듣다가 사회에 진출하기 마련이다. 그러나 작은 대학은 학내의 일 하나하나가 모두 학생들의 관심과 참여 속에서 이루어진다. 즉 학생들이 실질적으로 대학의 주인의 입장이 되는 것이다. 또한 서로 끈끈하게 알고 지내며 학내활동도 모두 함께 참여하고 어려운 문제를 합심하여 해결해가는 가운데 가까운 사이가 되는 것이다. 또한 이러한 분위기 속에서 교수와 학생들의 관계도 매우 가까운 사이가 되어갔다.

2학년이 되자 레이건의 영향으로 시멘트 공장에 취직했던 그의 형 닐도 유레카 대학에 뒤늦게 입학했다. 그의 형 닐은 대학에 다니는 것은 인생의 낭비라고 생각한 적이 있었다. 레이건은 2학년부터 성적 관리에 신경을 썼다. 그러나 학비를 벌며 여러 학생 활동에 열심히 참여해야 했고 수영과 미식축구의 학교 대표이기도 하여 그는 늘 공부에 몰두할 시간이 부족했다. 게다가 사랑하는 애인 클리버와도 자주 데이트를 해야 했다. 둘은 캠퍼스에서 점점 사랑이 무르익어 레이건은 사랑하는 애인 클리버에게 약혼 선물로 반지를 끼워 주며 영원한 사랑을 약속하기도 했다. 그러다보니 레이건의 대학 성적은 중간을 겨우 넘어서는 정도였다. 하지만 대부분의 학생들이 술과 담배를 많이 하고 있었지만 레이건은 알콜 중독자가 된 아버지 때문에 술을 거의 입에 대지 않았고 담배를 피우는 것이 멋지다고 생각하여 파이프를 사서 뻐금 담배를 피우다가 곧 끊어 버렸다. 레이건의 형 넬은 대부분의 학생들처럼 술과 담배를 많이 했지만 레이건은 어머니의 영향으로 모범적인 크리스천 학생으로 신앙생활에 충실했다. 항상 자신을 위한 기도뿐 아니라 나라의 경제를 살려 달라는 구국의 기도를 하곤 했다. 레이건은 특히 운동경기가 있을 때면 시합 전에 꼭 기도하고 경기에 나갔는데 그는 대학생으로서 기도하는 사실이 부끄러워 혼자만의 비밀로 간직하였었다. 그런데 유레카 대학팀이 큰 경기를 앞둔 날, 코치가 선수들에게 승리를 위한 기도를 했느냐고 묻는 것이었다. 그러자 대부분의 선수들이 씩씩하게 기도를 했다고 화답하는 것이었다. 이에 레이건은 마음 속으로 기도하는 사람이 자신만이 아님을 알 수 있었다. 그 후 레이건은 자신이 기도한다는 사실을 당당히 밝힐 수 있었다.

이처럼 대학생 레이건은 대공황의 어려운 시기에 스스로 학비를 벌면서 힘들게 대학을 다녔다. 어려운 경제상황 속에서도 결코 주눅이 들지 않고 희망과 믿음을 가지고 낙천적으로 대학생활을 마칠 수 있었던 것은 어머니의 영향이 절대적이었다고 할 수 있다. 또한 도전과 개척정신을 가지고 운명을 성공으로 이끌어가는 신념은 아일랜드계인 아버지의 영향도 나름 컸다고 할 수 있다.

레이건은 후에 캘리포니아의 거대한 대학보다 자신이 다닌 작은 유레카 대학의 대학생활을 더욱 값진 것으로 평가했으며, 다시 대학에 갈 기회가 주어진다고 해도 유레카 대학처럼 작은 대학으로 진학하겠다고 밝혔다. 또한 유레카 대학 시절에 처음으로 한 대중연설은 값진 경험으로 그에게 용기와 자신감을 심어주게 되고 후에 경쾌하고 빠르면서 매력적인 대중 연설로 찬란한 빛을 발하게 된다.

03

혹독한 구직 전쟁

레이건은 1932년 21세의 나이로 유레카 대학을 졸업했다. 미국은 여전히 극심한 경제공황의 상태에 처해 있었다. 레이건의 고향 딕슨의 경제 사정도 최악의 상태에서 헤어 나오지 못하고 있었다. 대부분의 농민들은 빚 때문에 농토를 팔았다. 딕슨 시에 있던 시멘트 공장도 문을 닫았다. 딕슨 시내에는 직업을 잃고 할 일 없이 헤매는 사람들이 북새통을 이뤘다. 따라서 그 당시 취업사정은 극도로 악화되어 있었다. 이런 시기에 일자리를 구한다는 것은 하늘의 별을 따는 것처럼 어려운 일이었다. 이런 최악을 불황 속에서도 레이건은 적지만 수입이 있었다. 대학 졸업 직전까지 로웰파크 수영장에서 일을 할 수 있었기 때문이다. 그리고 이런 어려움을 극복할 용기와 자신감도 있었다. 대학 졸업자가 많지 않던 시절에 대학 졸업장을 받았기 때문이다. 이리하여 레이건은 기필코 성공하겠다는 열정이 훨훨 타오르고 있었다.

레이건은 바늘구멍처럼 통과하기 어렵다고 알려진 취업을 위하여 길가에서 차를 얻어 타고 시카고로 향했다. 그의 애인 클리버도 직장을 구하기 위해 짐을 싸서 일리노이 주 시골에 있는 학교로 떠났다. 둘은 서로 행운을 빌었다. 레이건은 라디오 방송국의 스포츠 아나운서가 되고 싶어 했다. 레이건은 평소에 스포츠를 너무나 좋아했고 당시 새로운 직업으로 스포츠 아나운서가 각광을 받기 시작하고 있었다. 당시 레이건은 영화에서 여러 번 스포츠 아나운서를 보았고 좋은 인상을 받고 있었다. 취업을 모색하며 1932년 여름 딕슨의 로웰파크에서 인명구조대원으로 마지막 근무를 하고 있을 때 우연히 수영하러 온 사업가와 레이건은 대화를 나눌 기회가 있었다. 그 당시 불황의 어두운 그림자가 이 수영장에까지 미치고 있었다. 1932년 여름에는 수영을 하러 가끔 소수의 사람들만 찾아올 뿐이었다. 이러한 상황에서 그 사업가는 레이건에게 장래의 희망에 대해 물었다. 레이건은 그에게 장차 라디오 스포츠 아나운서가 되고 싶다고 했다. 그러자 그 사업가는 세일즈맨은 하나의 상품을 판매하기 위하여 250여 곳을 방문한다고 강조하며 직접 방송국을 찾아다니면서 도전해 보라고 충고했다. 혹시 방송국들이 거절하더라도 두려워하지 말고 계속 가능성을 타진하며 문을 두드리라고 권고했다. 그 사업가의 격려에 희망과 용기를 얻은 레이건은 시카고의 여러 라디오 방송국을 순례하며 힘차게 문을 두드렸다. 그러나 극심한 불경기에 자리도 없었지만 경험도 없는 신출내기 대학 졸업생을 아나운서로 채용할 라디오 방송국은 없었다. 힘들게 방문한 방송국마다 면접도 보지 못한 채 문전박대를 당하기 일쑤였다. 성공하겠다고 달려온 시카고에서 레이건이 얻은 것은 절망뿐이었다. 대학을 졸업하고 청운의 꿈을 실현하기 위하여 시카고에 왔지만 레이건은 취업의 벽에 부딪혀 충격이 컸다. 낙천적이고 자신감이 충만한 레이건이었지만 이때 그는 심한 좌절감 때문에 앞날이 암담했고 그의 인생에서 가장 밑바닥까지 떨어진 비참한 마음을 느꼈다. 취업에 실패하고서 길가에서 차를 얻어 타고 딕슨으로 돌아오는데 마치 그의 슬픈 눈물처럼 비도 주룩주룩 내렸다. 취업에 실패하고 낙심한 채 고향 딕슨으로 귀향한 레이건에게 그의 아버지는 딕슨에 있는 몽고메리 워드 백화점에서 신입사원을 구한다는 소식을 전해 주었다. 몽고메리 워드가 새로 스포츠용품 코너를 개설하는 데 그곳에서 일할 사원을 모집하고 있었던 것이다. 게다가 고등학교 때 운동한 경험이 있는 사람을 찾고 있었다. 제법 좋은 자리로 고향에서 정착하고 싶은 마음도 생겼다. 그리하여 레이건은 백화점으로 달려가 입사원서를 제출하고 면접까지 보았다, 그는 고향에서 최고의 스포츠용품 코너를 운영하는 것을 꿈꾸며 소식을 기다렸다. 그러나 하늘도 무심한 듯 레이건은 고향에서도 취업에 실패했다. 그 백화점은 레이건 대신 딕슨고등학교 농구선수 출신을 뽑았던 것이다. 그리하여 레이건은 고향에서 또다시 깊은 좌절감을 맛보았다. 이처럼 깊은 좌절감에 빠져있는 레이건에게 신앙심이 깊은 그의 어머니는 인생의 모든 일에는 하나님의 목적과 계획이 있다고 하면서 좌절하지 말고 역경을 잘 극복하라고 격려하는 것을 잊지 않았다. 어머니의 따뜻한 격려에 힘입어 레이건은 다시 고향 딕슨을 떠나 일자리를 찾아 나섰다. 아버지도 레이건을 응원하기 위하여 가족용 차를 내어주었다. 평소에 가족들이 타던 낡은 오스모빌 차량이었다. 레이건은 자신이 아는 방송국을 모두 방문하여 취업을 부탁해 볼 작정이었다. 참으로 혹독한 구직 전쟁이었다. 먼저 일리노이 주에 있는 방송국을 찾았으나 일자리는 없었다. 그리하여 딕슨에서 남서쪽으로 75마일 정도 떨어진 아이오와 주 데븐포트에 있는 WOC라디오 방송국을 방문했다. 팔머전문학교 설립자이기도 한 팔머는 후에 디 모인에 있는 WHO방송국도 사들였다. 레이건은 직접 방송국PD를 찾아갔다. 전에 시카고에서 방송국에 취직하려고 노력하던 중 알게 된 것이 방송국에 아나운서 일자리를 구하려면 PD를 만나야 한다는 것이었다. 레이건은 피터 맥아더라는 프로듀서를 만나 아나운서 자리를 부탁하며 그에게 매달렸다. 그러자 그 프로듀서는 바로 하루 전에 아나운서를 한 명 채용했다고 안타까운 표정을 지으며 레이건에게 말하는 것이었다. 이에 무척 실망한 레이건은 서운해서 스포츠 아나운서도 없는 방송국이 무슨 방송국이냐고 중얼거리며 투덜댔다. 그러면서 방송국을 나오려고 했다. 그런데 이 말을 들은 피터 맥아더 프로듀서는 레이건을 불러 세우고서 혹시 운동경기에 대해 아는 것이 있냐고 물었다. 이에 레이건이 여러 운동 경험을 말하자 그 프로듀서는 레이건을 방송실로 데려가 미식축구 게임을 상상해 방송해 보라고 주문하는 것이었다. 그순간 레이건은 막막하고 갑작스런 요구에 황당했으나 하늘이 준 기회라고 긍정적으로 생각했다. 그리하여 레이건은 졸업하기 직전 직접 선수로 참가했던 유레카 대학의 미식축구 게임을 떠올리고 실제의 상황처럼 생생하게 미식축구 게임을 중계했다. 이윽고 레이건이 중계를 마치자 그 모습을 지켜보던 프로듀서는 흡족한 표정을 지었다. 참으로 혹독한 구직 전쟁이 끝나는 순간이었다. 그리하여 레이건은 주급 5달러와 버스 요금을 추가로 지원 받는 조건으로 1주일 후부터 출근하기로 하였다. 그리하여 레이건은 잠시 고향 딕슨으로 돌아가 부모님께 기쁜 소식을 전하고 첫 출근을 기다리며 신문에 난 모든 스포츠 소식을 읽고 미식축구에 대해 자세히 공부했다. 드디어 첫 출근을 하였고 첫 방송을 무사히 마쳤다. 그러자 레이건에게 맥아더 프로듀서는 미소를 건네며 만족해했고 곧 급료를 올려주겠다고 약속했다. 몇 번 방송을 하니 레이건은 스포츠 아나운서의 꿈을 이룬 것이 실감났다. 생생한 레이건의 중계에 만족한 프로듀서는 급료를 두 배로 올려주었고 중요한 경기인 빅텐(Big Ten) 미식축구 경기를 시즌이 끝날 때까지 계속 중계해 줄 것을 부탁했다. 이에 레이건은 무척 흥분했고 날아갈 것 같았다. 그러나 호사다마라고 계속 승승장구할 것 같았던 레이건에게 방송국은 미식축구 시즌이 끝나자 다른 프로그램을 주지 않고 해고를 통보했다. 방송국은 열악한 형편이어서 레이건을 임시적으로 활용했던 것이다. 다시 절망한 레이건은 고향 딕슨으로 낙향했다. 21세의 꿈 많은 그에게 또다시 좌절과 고통의 나날이 시작된 것이다. 설상가상으로 겨울이 다가오고 있었다. 1932년 11월이었다. 21세의 청년 레이건은 처음 대통령 선거에 참여해서 투표를 했다. 그 당시 레이건은 루즈벨트의 열렬한 지지자로 그에게 표를 던졌다. 당시 레이건의 아버지는 민주당 대통령 후보 프랭클린 루즈벨트의 열렬한 지지자로 고향 딕슨에서 제일 열심히 민주당 선거운동을 했다. 나중에 레이건은 민주당과의 정책 차이로 지지정당을 공화당으로 바꾸지만 당시는 루즈벨트의 라디오 연설인 노변담화를 무척 좋아하는 등 그에게 매료되어 있었다. 당시 루즈벨트는 국민들의 자발적 참여를 끌어내기 위하여 매주 정규 라디오연설을 통하여 국민들에게 정부가 하는 일을 소개하고 설명하고 있었다. 그러한 획기적인 소통방식인 대통령의 노변담화는 경제적 위기에 빠진 국가를 국민들에게 이해시키고 그리하여 국민들에게 희망과 확신을 심어주는 대화의 통로였다. 후에 레이건은 루즈벨트에 의하여 시작된 라디오연설을 통한 소통 방식을 부활시킨다. 그렇지만 루즈벨트의 사회보장제도나 정부 주도의 경기부양책과는 다른 반대의 정책을 실시하게 된다. 즉 레이건은 루즈벨트를 인간적으로 존경하였으나 그의 방만한 사회복지제도의 운영과 행정부가 비대화되는 것을 반대했을 뿐이다. 대통령 선거가 끝나고 추운 겨울이 다가오고 있었다. 여전히 실업률은 높았고 불황의 그림자는 넓게 드리워져 있었다. 몹시 추운 겨울 날씨만큼이나 백수 청년 레이건의 몸과 마음도 꽁꽁 얼어붙었다. 영영 희망은 찾아올 것 같지 않았다. 미국 최대의 명절인 크리스마스와 신년을 고향 딕슨에 처박혀 실업자로 보내야 했다. 1932년 말과 1933년 초 레이건은 고향 딕슨에서 매서운 추위를 느끼며 참담하게 지내야 했다. 레이건의 마음은 몹시 초조하고 위축되어 자존심은 무너져갔다. 당시 그에게 남아있던 유일한 희망은 빨리 여름이 와서 로웰공원에 있는 야외 수영장에서 다시 인명구조대원으로 일하는 것이었다. 참으로 가혹하고 참담한 겨울이었다. 또한 다른 겨울보다도 몹시 춥고 음산하게 느껴지는 겨울이었다.

직장을 구하다

혹독한 겨울이 영원할 것 같았던 1933년 2월의 어느 날 레이건의 고향 집으로 전화 한 통화가 걸려 왔다. 전에 임시직으로 잠시 근무했던 WOC방송국 프로듀서 맥아더였다. 레이건의 잠재력을 안타깝게 여기고 있었던 그가 다시 레이건을 찾은 것이었다. 극도로 마음이 위축되어 여름까지 기다려 다시 로웰공원에 있는 야외 수영장에서 인명구조대원으로 일할 꿈을 꾸고 있었던 레이건에게 그의 전화는 구원의 복음처럼 따스하게 느껴졌다. 맥아더 프로듀서는 레이건에게 다시 WOC방송국에 월 100달러의 조건으로 일할 것을 제안했다. 그즈음 WOC방송국에서 갑자기 두 명의 아나운서가 회사를 그만두었기 때문에 아나운서 자리가 비어있었던 것이다. 고향에서 어느 겨울보다도 매서운 추위를 느끼며 청년 실업자로서 삶의 밑바닥을 헤매고 있었던 레이건은 지푸라기라도 잡고 싶은 심정이었다. 그랬던 레이건에게 그의 제안은 감격스러운 것이었다. 그리하여 레이건은 즉각적으로 그의 제안을 받아들였다. 또다시 기다리던 새봄이 찾아오듯 레이건의 위축된 마음에도 따스한 희망이 찾아온 것이다. 1933년 2월 레이건은 WOC방송국의 정규직 아나운서로 일을 시작했다. 임시직 아나운서를 하는 등 1년 동안을 힘들게 방황하다가 마침내 정규직 아나운서로 당당하게 취업을 한 것이다. 레이건에게는 구직 전쟁을 힘들게 치루며 좌절의 나날을 보냈던 이 기간이 인생에서 길게 느껴진 시기이기도 했다. 또한 삶의 밑바닥까지 떨어진 힘든 시기이기도 했다. 레이건은 인생에서 힘든 이 시기를 가시넝쿨을 헤쳐가듯 어렵게 극복했던 것이다. 그리하여 22살의 나이에 레이건은 방송국 스포츠 아나운서가 되는 꿈을 이루었다.

확실한 직장을 구한 레이건은 교회로 달려갔다. 레이건은 어릴 때부터 수입의 십일조를 교회에 헌금하고 있었다. 당시 그의 형 넬은 등록금을 마련할 수 없어서 대학을 중도에 포기할 수 밖에 없는 딱한 사정에 처해 있었다. 그만큼 레이건의 집안은 경제적으로 곤궁한 형편이었다. 이에 레이건은 이러한 사정을 교회 담임목사에게 충분히 설명하고 교회에 낼 십일조 10달러를 교회에 헌금하는 대신 곤경에 처한 형을 돕기 위해 형에게 보내는 것이 가능한 지를 물었다. 그러자 난처해 진 목사는 한참을 생각한 후 곤궁한 형을 돕기 위해 보내는 10달러는 가치 있는 십일조로 간주하겠다고 화답했다. 그리하여 레이건은 형을 돕는 10달러를 교회에 내는 십일조로 허락을 받았던 것이다. 이리하여 가족애가 돈독했던 청년 레이건은 형도 도울 수 있었고, 십일조도 낼 수 있었다. 참으로 청년 레이건은 독실한 크리스천으로서 가족을 내 몸처럼 사랑하며 성장했던 것이다. 얼마 후 레이건은 WHO의 소속이 되어 시카고 팀 야구게임을 중계 방송하기 시작했다. WHO는 NBC의 자회사로 레이건이 입사한 WOC라디오 방송국을 합병했던 것이다. 그리하여 WHO의 소속이 된 레이건은 스포츠 아나운서로서 승승장구하기 시작했다.

레이건은 WHO에서 26살이 되는 1937년까지 5년 동안 스포츠 아나운서로서 전성기를 구가했다. 레이건은 이 시절 미식축구, 자동차 경주, 육상, 수영, 야구 등 거의 모든 스포츠 게임을 중계했다. 레이건은 방송국 스튜디오에 앉아서 스포츠 현장을 보지 않은 채 부드럽고 매력적인 저음으로 초청 손님들에게 편안하게 이야기하듯 방송을 진행했다. 이런 진행방식은 레이건이 루즈벨트의 라디오 노변담화에서 강한 영향을 받은 것으로서 그는 평생 이런 소통 방식을 고수하게 된다. 나중에 쉽고 편안한 그의 대중 연설도 이때의 방송 습관이 진화된 것이었다.

그 당시 야구 중계는 오늘날과 같이 큰 차이가 있었다. 즉 시합이 열리는 운동장에서 직접 게임을 보며 하는 것이 아니라 아나운서는 방송국 스튜디오에서 게임이 진행되는 운동장에서 시시각각 전해오는 전보문을 보고서 온갖 상상력을 발휘하여 실감나게 중계방송을 하는 것이었다. 그리하여 스튜디오에 있는 아나운서 레이건은 수시로 전해 오는 간단한 전보물만 보고 방송이 끊기지 않도록 순발력을 발휘하여 경기가 실제로 잘 진행되는 것처럼 꾸며서 흥미진진하게 방송을 해야 했다. 어떤 때는 갑자기 전보물이 중간에 끊기어 레이건은 중계방송을 하던 중 당황하여 문제가 발생한 적도 있었다. 이에 경기상황을 전혀 모르는 레이건은 속수무책이었으나 그렇다고 중계방송을 중단할 수는 없었다. 그리하여 레이건은 일단 위기를 감쪽같이 넘기기 위하여 타자가 친 공이 파울이 되었다고 시간을 끌었다. 그런데 기다리는 전보문은 여전히 오지 않는 것이었다. 그리하여 레이건은 다시 파울볼이 났다며 계속 방송을 이어갔다. 그러면서 전보문이 제대로 들어올 때까지 계속 레이건은 파울로 게임을 끌고 가며 답답한 듯 경기를 방송해 나갔던 것이다. 아마도 그 야구게임을 들은 청취자들은 그날 유달리 파울이 많이 난 게임이 진행되었다고 기억했을 것이다. 따라서 그 당시의 방송은 오늘날의 방송에서는 상상하기도 어려운 모습이었다. 그 당시 레이건은 많은 상상력을 발휘하여 여러 방송 비결을 터득해 나갔다. 순발력과 상상력을 키워가면서 레이건의 라디오 중계방송은 청취자들로부터 대단한 사랑을 받았고 인기가 높았다. 당시 라디오 스포츠 아나운서는 떠오르는 유망한 새 직업으로 연예인만큼 대중들로부터 인기를 얻어 갔다. 거의 5년 동안 레이건은 라디오 스포츠 아나운서로서의 활동에 심취해 젊음의 열정을 불태웠던 것이다. 점차 레이건은 야망이 커져갔다. 레이건은 1935년부터는 캘리포니아 남부에서 겨울 동안 전지 훈련하는 야구팀을 따라가 취재하는 일을 하기도 했다. 그러면서 점차 그는 캘리포니아에서 빈번하게 머무르며 여유 시간을 활용해 많은 인사를 만나기도 했다. 그 많은 인사들 속에는 영화감독과 영화배우도 있었다. 1937년에도 레이건은 캘리포니아 주 카타리나 아일랜드에서 전지 훈련하는 시카고 팀을 취재하고자 유유자적하며 많은 시간을 보내고 있었다. 그런 시기에 야망으로 불타오르던 26세의 레이건은 어떤 무명의 여배우를 운명적으로 만나게 된다. 영화는 레이건에게 아주 생소한 것이었지만 어릴 때부터 연극에 빠져 성장한 그에게 묘한 매력을 불러 일으켰다. 즉 레이건은 어릴 때 연기를 여러 사람들 앞에서 자주 하면서 많은 박수를 받고 이에 고무되면서 성장했던 것이다. 어린 시절 교회에서 연극을 했으며 또한 어머니를 따라 다니며 어머니 친구들 앞에서 연기를 뽐내기도 했다. 게다가 레이건의 어머니는 유명한 연극의 대사를 외워 연기하는 것을 좋아했다. 그리하여 레이건도 그런 어머니의 권유로 사람들 앞에서 연극대사를 외워 간단한 연기를 자주 하곤 했다. 그 당시에는 아직 TV가 없어서 사람들은 모이면 주로 취미 겸 오락으로 연극놀이를 즐기곤 했다. 레이건의 고향 딕슨에서도 사람들이 모여 좋아하는 시를 낭송하거나 연극의 몇 장면 대사를 외워 주위 사람들이나 교회에서 보여주는 일이 많았다. 이에 평소 수줍음을 많이 탔던 소극적인 레이건은 어린 시절 많은 사람들 앞에서 연극을 할 때 어른들이 칭찬해 주는 것을 좋아했다. 칭찬은 어린 레이건을 춤추게 하는 황홀한 유혹이었다. 시력도 좋지 않아 친구들과 잘 어울리지 못하고 또 여러 곳을 이사한 탓에 절친한 친구도 없던 시절이라 어린 레이건은 홀로 어머니의 곁에 머물며 연극에 빠져들었던 것이다. 게다가 많은 사람들 앞에서 연극을 하고 우뢰와 같은 박수를 받으니 어린 레이건은 연극을 통하여 그 시절 행복과 즐거움을 맛보았던 것이다. 게다가 박수를 받을 일이 없던 레이건에게 연극은 어른들의 박수를 받을 수 있는 유일한 기회였고 또한 어린 그에게 묘약처럼 신비로운 위력을 가지고 있었다. 이리하여 어린 레이건은 자신이 연극에 대하여 어느 정도 재능이 있다고 믿게 되었다. 그 후 레이건은 그러한 호기심과 자신감을 가지고 고등학교 시절과 대학교 시절에도 연극반에 참가하게 된다. 특히 레이건이 연극에 깊이 빠지게 된 것은 고등학교 시절에 만난 플레이저라는 영어선생님의 영향이 컸다. 감정이 풍부했던 그 고등학교 시절에 플레이저 선생님은 레이건과 학생들에게 매우 열정적으로 연극을 지도했던 것이다. 이러한 플레이저 선생님의 영향은 레이건에게 결정적으로 연극과 떨어질 수 없는 인연을 갖게 만들었다. 그런 레이건이 광활한 캘리포니아에서 영화배우와 영화제작자 등을 만나기 시작한 것이다. 야망으로 불타오르는 청년 레이건은 또다시 다른 꿈으로 마음이 설레기 시작한 것이다.

Ronald Wilson
Reagan
Chapter
02

제2장

사랑과 야망의 나날

01

영화배우를 꿈꾸다

캘리포니아에서 전지 훈련하는 야구 팀을 취재하던 어느 날, 레이건은 우연히 무명의 여배우 조이 하지스를 만나게 되었다. 그 배우는 전에 WHO에서 함께 직장생활을 하던 동료로서 직장을 그만두고 영화배우가 될 꿈을 가지고 캘리포니아로 이주해왔던 것이다. 레이건은 학창시절에 심취했던 연극을 떠올리며 영화를 하고 싶은 강렬한 욕구가 불현듯 솟구쳤다. 그 시절 청년 레이건에게는 연극인이라는 문화예술인의 뜨거운 피가 온몸에 흐르고 있었던 것이다. 그리하여 레이건은 아직 무명 배우에 불과했던 조이 하지스에게 매달려 영화배우가 되는 길을 알려달라고 간청했다. 이에 조이 하지스는 야심만만한 청년에게 압도되어 그에게 영화에 대한 많은 조언을 해주었다. 게다가 그에게 영화 일을 하는 사람들을 소개해 주었다. 그리하여 레이건은 하지스의 소개로 영화배우 에이전트 일을 하는 빌 마이클존을 알게 되었다. 그리고 그 마이클존의 소개로 영화제작사인 '워너 브라더스'의 캐스팅 감독인 맥스 아크노우를 만났다. 그리하여 레이건은 감독 아크노우에게 정식으로 영화배우 오디션을 받았다. 당시 선망의 대상 영화배우에 과감히 도전하고 나선 것이다. 아직 가보지 못한 신세계인 영화계의 문을 용기 있게 두드린 것이다. 영화배우가 되고 싶은 꿈은 간절했지만 과연 오디션을 통과할 수 있을 것인지 레이건은 결과를 기다리며 초조한 나날을 보내고 있었다. 라디오 방송일이 손에 잡히지 않던 어느 날 레이건은 영화사로부터 출연계약을 하자는 극적인 제의를 받았다. 그 순간 레이건은 하늘을 나는 듯한 기분을 느꼈다. 레이건에게 영화는 처음이었지만 학창시절 연극반에서 활약하여 연기에는 어느 정도 자신이 있었다.

레이건은 과감히 방송국을 떠나기로 결심했다. 그리고 캘리포니아로 달려가 일류 영화배우가 되기로 마음먹었다. 그리하여 레이건은 한 달 동안 라디오 방송국 일을 마무리한 후 새로 구입한 컨버터블 차량에 짐을 싣고서 미지의 세계 캘리포니아로 향했다. 그의 마음은 새로운 꿈으로 힘차게 부풀어 올랐다. 캘리포니아에 도착한 레이건은 영화사와 바로 일정을 협의하고 영화사의 조언에 따라 '로널드'라는 이름으로 촬영을 시작했다. 1937년 26세의 나이로 영화배우가 된 레이건은 라디오 방송국 스포츠 아나운서로서 얻은 명성을 바탕으로 굴지의 영화제작사인 워너브라더스와 7년 전속 계약을 체결하고 영화배우의 길로 들어섰다. 무명배우 레이건이 이름을 얻었던 영화는 1940년에 제작된 전기 영화「누트 라크네-올 아메리칸(Knute Rockne-All American)」이었다. 레이건이 출연한 53편 중에 이 전기 영화가 그의 대표작이라 할 만 하였다. 이 영화는 레이건의 출세작으로 '누트 라크네'라는 미식 축구선수를 주인공으로 하여 그의 일대기를 그린 작품이다. 누트 라크네는 아직까지도 미국대학 미식축구 역사상 가장 유명한 코치로 거론되는 전설적인 인물이다. 그는 1920년대에 노틀담 대학교의 미식축구팀 코치로 활약했다. 누트 라크네는 1888년 노르웨이에서 태어나서 5살 때 미국으로 이민을 왔다. 그리고 그는 노틀담 대학교에서 화학을 공부했고 졸업 후 그 대학에서 화학 실험실 조교로 일하다가 미식축구부 코치로 임명되었다. 갑자기 코치가 된 그는 최고의 노력을 기울여 이름없는 노틀담 대학 미식축구부를 전국 최고의 팀으로 만들었다. 그리하여 누트 라크네는 미국대학 미식축구의 영웅으로 떠올랐다. 그리고 1918년부터 1930년까지 노틀담 대학은 미식축구 부문에서 최고의 전성기를 구가했고 그 당시의 승률은 무려 88퍼센트가 넘었다. 그런데 명성이 절정에 오른 1931년 봄에 갑자기 전설적인 영웅 라크네가 비행기 추락사고로 사망했던 것이다.

레이건은 이 영화에서 주인공인 라크네의 역할을 맡은 것이 아니고 그 당시 또 다른 비운의 선수 조지 기프(George Gipp)의 역을 맡았다. 그렇지만 조지 기프 역할을 맡은 레이건은 이 영화에서 빛나는 조연으로 오래 회자되었다. 어쩌면 레이건에게 행운을 안겨준 역할이었다. 라크네가 코치로 있을 당시 기프는 노틀담 대학의 미식축구 선수였다. 그때 기프는 최강팀 노틀담 대학의 최고의 선수였고 처음으로 미국대학 최우수선수로 선발되기도 했다. 특히 그는 미식축구의 쿼터백과 하프백을 모두 소화할 수 있었던 출중한 선수이기도 했다. 그런데 1920년 12월 라이벌 대학인 노스웨스턴 대학을 이긴 며칠 후 기프 선수가 급성 인후염으로 갑자기 사망했던 것이다. 당시 그는 대학 4학년생으로서 25살이었다. 그 당시 기프를 더욱 유명하게 만든 것은 그가 병상에서 남긴 마지막 유언이었다. 병상을 찾은 라크네 코치에게 기프는 '기퍼(Gipper)를 위하여 한 번 이겨달라!'고 간절히 부탁했다. 기퍼(Gipper)는 기프(Gipp)의 애칭이었다. 영화 「누트 라크네 – 올 아메리칸」에서 레이건의 대사 "기퍼를 위하여 한 번 이겨 달라!"는 그 당시 최고의 대사로 꼽혔다. 그리하여 이 레이건의 대사는 훌륭한 명대사로 널리 알려졌고 그는 조연을 맡았지만 유명배우로 부상하게 되었다. 그 영화의 영향으로 레이건은 그 후 평생 동안 기퍼라는 별명을 갖게 되었다. 이를테면 먼 훗날 레이건이 공화당 대통령 후보로 출마하였을 때에도 레이건은 런닝 메이트로서 부통령 후보였던 조지 부시(George W.H.Bush)에게 "조지! 기퍼를 위하여 이겨주시오!"라고 힘차게 외쳤던 것이다. 그리하여 이 말은 1980년 대통령 선거 때 미국 정치판을 흔드는 유행

어가 되었다. 그만큼 이 영화는 레이건을 유명배우로 널리 알려지게 했고 또한 그가 정치적으로 성장하는 데 일생 동안 큰 영향을 끼친 영화이기도 했다. 점차 영화배우로서 승승장구하던 레이건은 1942년에 제작된「킹스 로우(Kinge Row)」라는 영화를 통하여 그의 영화 인생에서 최고의 인기를 얻는다. 영화「킹스 로우」는 킹스 로우라고 불리는 작은 시골 마을에 살고 있는 5명의 젊은이들의 삶에 관한 영화이다. 이 영화는 20세기 초 급격하게 변화하는 사회 속에서 방황하는 젊은이들을 그려내고 있다. 이 영화에서 레이건은 부자 청년 드레이크 맥휴의 역할을 맡았다. 고아 출신 맥휴는 성공한 인물이었으나 몹시 바람둥이였다. 그리하여 마을의 의사 고든은 맥휴를 몹시 싫어했다. 어느 날 다리를 다친 맥휴가 우연히 그의 병원에 입원하자 고든은 일부러 그의 멀쩡한 두 다리를 절단했다. 즉 염세적인 성격의 고든은 맥휴가 몹시 사악하다고 판단하여 그의 죄를 응징하고자 그의 다리를 자른 것이었다. 한참 후 마취에서 깨어난 맥휴는 "나의 나머지는 어디에 있나?"라며 울부짖는다. 시간이 흐른 후 결국 맥휴는 그 충격과 시련을 현명하게 극복한다는 내용의 영화이다. 이 영화에 대해 레이건 자신은 물론 거의 모든 영화비평가들이 그의 대표작으로 격찬했다. 먼 훗날인 1965년 레이건이 최초로 자신의 자서전을 출판하였을 때 이 대사 '나의 나머지는 어디에 있나?' 를 자서전의 제목으로 정했을 정도였다. 그럴 만큼 이 영화는 레이건의 영화 인생에서 최고의 인기를 누리게 했던 것이다. 레이건은 그가 출연한 영화에서 대부분 선한 주인공의 역할을 맡았다. 그러나 극히 예외적인 경우도 있었다. 「살인자(The Killer)」라는 영화에서는 잔혹한 악당 역할을 맡았다. 이 「살인자」라는 영화는 세계적 작가인 어니스트 헤밍웨이의 소설을 바탕으로 제작한 영화로 지나치게 잔혹하고 폭력적이었다. 원래 TV에 내보낼 목적으로 만든 영화였으나 잔인한 악당의 폭력 때문에 TV에서 방송되지 못했고 대신 영화관에서 개봉되었다. 레이건은 「살인자」에서 맡았던 악한 역할에 대해 훗날 몹시 후회했다. 설상가상으로 레이건이 유일하게 악당을 맡아 분투노력했던 이 「살인자」라는 영화는 흥행에서도 철저히 실패하고 말았다.

그렇지만 영화배우의 꿈을 실현한 레이건은 승승장구하면서 돈과 명예를 얻기 시작했다. 비록 영화계에서 일류배우로 대접 받지는 못했지만 영화배우로서 비교적 인기가 높았고 특히 배우들 사이에 신망 있는 인사로 대접받았다. 엄밀히 말하자면 이류배우로서 나름 성공 가능성이 높은 배우로 평가되었던 것이다. 결국 레이건은 화려한 일류배우로 등극하지 못하고 새로운 길을 모색하는 운명에 처하게 된다. 어쩌면 그의 어머니의 말대로 레이건에게는 하나님의 목적이 따로 있었는지 모른다.

02
사랑의 아픔과 결실

레이건이 대학을 졸업하고 시카고 등 여러 지역을 전전하며 혹독한 구직 전쟁을 치르고 있을 때 그의 첫사랑이자 약혼자인 클리버는 교사 자리를 얻기 위하여 일리노이 주 어느 시골마을로 떠났었다. 그 후 레이건은 라디오 스포츠 아나운서가 되어 아이와로 갔다. 또한 클리버도 일리노이 주 시골마을에서 선생님이 되어 나름 지역 사회에서 평범한 생활을 이어갔다. 비록 서로의 직장 때문에 몸은 떨어져 있었지만 약혼한 두 연인은 독실한 크리스천으로서 영원한 사랑을 약속하고 있었다. 서로 바쁜 가운데에서도 2년여 동안 둘은 열렬한 편지로 서로의 사랑을 확인하고 있었다. 그러나 운명의 여신은 두 연인의 사랑을 시샘하며 횡포를 부리기 시작한 것이다. 레이건의 착하고 아름다운 연인 클리버가 우연히 유럽여행을 갔다가 외국에 나가 근무하고 있었던 핸섬한 군인을 만나 사랑에 빠졌던 것이다. 그 갑작스럽고 우연한 사랑에 빠진 착한 클리버는 충격적인 결별의 이유를 담아서 오로지 그녀와의 결혼을 꿈꾸고 있었던 레이건에게 장문의 편지를 보내온 것이다. 게다가 파혼을 명확히 한다는 뜻으로 그 편지 속에 약혼반지를 동봉하여 보냈던 것이다. 이에 서로의 사랑이 영원할 것으로 믿었던 독실한 크리스천 레이건은 너무나 큰 충격을 받아서 절망감으로 더 이상 이 세상을 살아갈 수 없을 것 같았다. 그의 형 넬도 레이건의 충격을 몹시 걱정하여 레이건이 존경했던 고등학교 은사를 일부러 찾아가 동생을 위해 위로의 편지를 써 달라고 부탁하기도 했다. 또한 매사에 낙관적인 그의 어머니는 절망감으로 방황하던 아들 레이건에게 하나님의 다른 목적이 분명히 있을 것이니 너무 상심하지 말라고 그를 따뜻하게 위로해 주었다. 레이건은 약혼까지 한 첫사랑이 비참하게 무너져 너무도 가슴이 아팠지만 이를 극복하고자 비장한 마음의 자세로 노력하기로 했다. 세월이 약이었다. 세월이 흐르면서 상처는 차차 아물어 갔다. 레이건은 첫사랑 클리버와의 사랑을 좋은 추억으로 간직하기로 했다. 그리고 자신에게 언젠가는 찾아올 새로운 사랑을 기다리기로 했다. 어느 시인의 말처럼 "사람이란 사랑으로 받은 상처가 두려워 도망치지만 결국 그 추위와 고독을 잊기 위해서 다시 사랑하게 된다."라고 하듯이 어느 정도의 시간이 흐르자 레이건에게 아름답고 매혹적인 한 여인이 적극적으로 다가왔다. 제인 와이먼(Jane Wyman)이라는 여배우였다. 레이건은 당시 제인 와이먼과 함께 같은 영화사인 '워너브라더스'에 소속되어 있었다. 우연히 둘은 1938년 '브라더 랫(Brother Rat)'이라는 영화와 함께 출연하여 만나게 되었다. 이때 레이건은 주인공 친구 댄으로 출연하였으나 벌써 제인 와이먼은 주연급 배우로 급성장하고 있었다. 매혹적이고 강렬한 미모로 극적인 연기를 펼쳐 보인 제인 와이먼은 곧 일류배우로 등극하며 두 번의 파란만장한 이혼을 경험했다. 마치 우리나라의 매혹적인 미모의 여배우 김지미를 연상시키기도 한다. 두 번의 이혼을 겪은 제인 와이먼은 매우 헌신적이고 다정다감한 레이건에게 의지하고 싶어서 적극적으로 접근하게 된다. 1년 전에 첫사랑과 이별하여 쓰라린 상처를 겪었던 레이건은 곧 적극적인 제인 와이먼과의 사랑에 빠지고 만다. 그리하여 두 연인은 서로의 상처를 충분히 감싸줄 것처럼 2년 동안의 열애 속에 1940년 결혼하게 된다. 레이건은 당시 29세로 첫 번째 결혼이었고, 신부 제인 와이먼은 23세로 세 번째 결혼이었다. 그렇지만 둘은 열렬한 사랑으로 맺어져 초창기에는 딸 머린도 태어났고 아들 마이클도 입양하여 순탄하고 행복했으나 점차 세월이 흐를수록 다툼이 잦아졌다. 당시 최고의 인기를 누리던 일류배우 제인 와이먼은 이류배우에 머물고 있었던 레이건에게 불평을 늘어놓곤 했다. 제인 와이먼은 레이건이 자기처럼 더욱 영화에 전념하여 일류배우가 되기를 간절히 원했다. 그러나 레이건은 제인 와이먼의 바람을 챙겨줄 수 없었다. 오히려 레이건은 제인 와이먼의 반대에도 불구하고 영화배우들의 노동조합인 영화배우조합(Screen Actors Guild)일에 적극 참여했다. 당시 배우들 사이에서 신망이 높았던 레이건은 영화배우조합의 이사로 선출되었고 더욱 노동조합활동에 열성적이었다. 그러던 중 1941년 12월 일본의 진주만 기습공격으로 미국이 제2차 세계대전에 참전하자 레이건은 1942년 공군부대에 입대하여 캘리포니아 컬버시 소재 제1영화제작 부대에 중위로 배속되었다. 그 부대는 비행사훈련용 영화를 제작했고 레이건이 1945년 12월 대위로 제대할 때까지 그 곳에서 약 400편의 훈련용 영화를 찍었다. 그리고 제대하여 헐리우드로 돌아온 레이건은 영화출연보다는 노조활동에 더욱 몰두했다. 그리하여 레이건은 1947년 영화배우조합장으로 선출되었다. 반면에 당시 일류배우로서 인기 절정에 있었던 제인 와이먼은 이러한 레이건을 공개적으로 무시하기 시작했다.

그 즈음 제인 와이먼은 딸을 출산했으나 몇 달 후에 딸이 죽어 정신적 충격을 받기도 했다. 그러나 그 당시 제인 와이먼은 우리나라에서 최고의 배우 김지미처럼 미국에서 일류 배우로서 최고의 전성기를 누리게 된다. 그리하여 1948년 '조니 벨린다' 라는 영화로 아카데미 여우주연상을 수상하기도 했다. 그러면서 치솟는 인기 속에서 제인 와이먼은 영화에 함께 출연한 배우 루아이레스와 불륜을 저지르게 된다. TV를 통해 이 소식을 알게 된 레이건은 하늘이 무너질 것 같은 큰 충격을 받았다. 게다가 제인 와이먼은 간단한 메모 쪽지로 레이건에게 이혼을 통보하고 만다. 그리고는 그녀는 일방적으로 수많은 기자들을 초청하여 공개적으로 이혼을 선언했다. 이에 레이건은 TV를 통해 그녀의 일방적인 기자회견을 지켜보고 비참한 심정이 되어 두 손으로 머리를 감싸고 슬픈 감정이 북받쳐 소리내어 통곡하고 만다. 결혼 8년 만에 두 사람은 이혼하고 만 것이다. 두 자녀는 제인 와이먼이 맡기로 했으나 마치 실성한 사람처럼 레이건은 심한 충격을 받았고 이혼의 아픔은 몹시 컸다. 당시 그에게 영화배우조합장 일이 없었다면 레이건은 삶을 지탱할 수 없었을지도 모른다. 그만큼 제인 와이먼과의 이혼으로 받은 충격은 감당하기 어려운 일이었다. 그런 까닭으로 레이건은 죽을 때까지 일체 제인 와이먼에 대해 언급하지 않았다. 레이건과 이혼 후 제인 와이먼은 3번 더 결혼했고 배우 생활 40년간 80여 편의 영화에 출연했다. 그 후 3번 다 이혼했고 90세의 나이로 쓸쓸하게 생을 마감했다. 제인 와이먼과의 이혼 후 영화배우조합장 레이건은 이혼의 쓰라린 상처를 잊기 위해 노동조합활동에 더욱 몰두했다. 그런데 당시 미국사회 전체가 냉전의 영향으로 이념논쟁이 가열되기 시작했다. 1950년 2월 검사 출신인 공화당의 상원의원 매카시(MaCarthy)가 미국 국무부에 205명의 공산주의자가 침투해 있다고 주장하며 이들을 색출해야 한다는 호전적인 반공운동을 일으켰다. 이 운동을 매카시즘 혹은 매카시 선풍이라 부른다. 당시 한국전쟁과 동유럽, 중국 등에서의 공산주의자들의 팽창 때문에 이 운동을 주창하고 나선 매카시는 4년여 동안 미국민들에게 헌신적인 애국자이자 진정한 미국 정신의 소유자로 추앙받았다. 그리하여 이러한 선동적인 매카시즘 운동 때문에 조금이라도 용공으로 의심받은 사람들은 정계 · 학계 · 언론계 · 문화계 · 영화계 등에서 쫓겨나야 했다. 참으로 미국 전역을 반공 열풍 속으로 몰아넣은 매카시즘은 관련된 사람들에게는 일자리가 박탈되는 생존이 걸린 문제였다. 따라서 영화계도 이러한 이념논쟁에 휩싸였고 영화인들 중에도 용공분자가 많다는 설이 나돌고 있었다. 마침내 하원에서도 위원회를 설치하여 영화인들의 사상을 조사하기 시작했다. 이때 레이건은 반공주의자의 입장에 서게 되었고 점차 노조 활동에 주력하면서 확고한 반공투사로 변해갔다. 그 당시 레이건은 영화계에도 용공분자가 많다고 생각했다. 그리하여 레이건 배우조합장은 그들이 영화계를 장악하면 영화를 선전도구로 사용할 수 있다고 걱정했다. 따라서 레이건 조합장은 하원에 설치된 반미행위위원회의 청문회에 출석하여 철저한 반공을 부르짖었다. 그리고 그 즈음 레이건은 정치에 대한 관심도 커져갔다. 1948년 레이건은 캘리포니아에서 연방 상원의원으로 출마한 민주당 후보 헬렌 더글라스의 선거운동에 적극 가담했다. 더글러스 후보의 상대는 리처드 닉슨이었다. 레이건이 지지한 더글러스는 공화당 후보 닉슨에게 패배하고 말았다. 레이건은 학창시절부터 그의 아버지와 함께 민주당의 루즈벨트 대통령을 열성적으로 지지했고 또한 트루

먼 대통령 시절에도 계속 민주당을 지지했다. 이때의 선거운동을 경험한 레이건은 정치에 대한 야망이 점점 커져가고 있었다. 그러면서 연거푸 사랑의 쓰라린 상처를 경험했던 레이건은 오직 배우조합장 일에 몰두하며 2년여의 세월을 보내고 있었다. 이제 여자에게는 관심도 없었고 의욕도 없었다. 그런데 이혼의 아픔을 잊고 힘든 시간을 보내던 레이건에게 당시 삼류 영화배우로서 헐리우드에서 쫓겨날 처지에 처한 젊은 여배우 낸시 데이비스(Nancy Davis)가 급히 찾아온 것이다. 이때 낸시는 용공분자로 의심받고 매카시 선풍의 희생자가 될 위기에 처해 있었다. 그리하여 절망감에 사로잡힌 그녀는 도움을 요청하고자 레이건 조합장을 찾아온 것이다. 여자에게 흥미를 읽은 레이건은 그보다 12살이나 어린 삼류 여배우 낸시에게 무뚝뚝하게 대하면서도 어려운 처지에 있었던 그녀가 헐리우드에서 계속 배우로 일할 수 있도록 성심성의껏 그녀의 신분을 보증해 주었다. 이에 낸시는 친절하면서도 자상한 레이건에게 감동을 받고 듬직한 그를 위해 헌신하고 싶은 마음이 솟구쳤다. 시골에서 성장한 레이건과는 달리 낸시는 대도시 뉴욕에서 성장했다. 그녀는 어린 시절 생모의 이혼으로 6년 동안이나 친척들 속에서 자라 성격이 이기적인데다가 불안하고 예민한 편이었다. 또한 뉴욕 출신 여성으로서 활달하면서도 자기 신념이 무척 강했고 좀 거만하고 사치스러운 면도 있었다. 성장하면서 부모의 따뜻한 사랑을 받지 못하고 대도시 뉴욕이라는 비정한 도시에서 어려운 시절을 보낸 도시

처녀로서의 도전적이고 투쟁적인 마음을 갖추고 있기도 했다. 그녀는 자유분방한 도시 처녀로서 스미스 대학 연극과를 졸업하고 뉴욕과 로스앤젤레스 등지에서 연극과 영화에 출연하기도 했고 또한 헐리우드로 진출하여 삼류배우로서 영화계에 도전장을 내고 홀로 고군분투하고 있었다. 그러는 중에 매카시 선풍의 희생양으로 헐리우드에서 퇴출될 절박한 시기에 낸시는 우연하게도 관대하고 자상한 레이건을 만났던 것이다. 순간적으로 불안하게 성장하여 따뜻한 정에 굶주렸던 도시 처녀 낸시는 거인처럼 듬직한 레이건과의 만남을 소중한 운명으로 받아들였다. 거듭된 사랑의 실패로 여자라는 존재를 일부러 기피하고 사랑의 아픔 때문에 2년여 동안 오직 노동조합 일에 파묻혀 실의와 좌절의 나날을 보내고 있는 레이건에게 낸시는 참으로 끈질기게 다가왔다. 그렇지만 레이건은 다가오는 낸시가 귀찮았고 전혀 그녀에게 관심이 없었다. 그러나 낸시는 레이건과의 만남을 운명으로 생각하고 오직 그를 위해 헌신하기로 결심했다. 참으로 낸시는 사랑하기를 포기하고 좌절의 늪 속에서 방황하고 있는 레이건에게 도시 출신의 신여성답게 진취적인 자세로 접근하여 그를 적극적으로 이해하고 격려해 주었다. 레이건을 인격적으로 무시한 제인 와이먼에 심한 마음의 상처를 받고 몹시 우울하게 보내다가 그를 따뜻하게 격려하며 이해하는 낸시를 만나게 되니 차츰 레이건은 희망과 자신감을 되찾기 시작했다. 2년여 동안 낸시는 한결같은 마음을 그에게 다 바쳐 레이건의 마음을 사로잡았던 것이다. 그리하여 낸시는 레이건의 영원한 연인이며 동지가 되었다. 드디어 레이건은 낸시를 만나 용기와 자신감을 회복했다. 레이건은 낸시만 곁에 있으면 그의 꿈을 이룰 것 같았다. 마침내 뜨거워진 두 연인은 1952년에 결혼식을 올렸다. 당시 레이건은 41세였고 신부 낸시는 첫 번째 결혼으로 29세였다. 둘은 사람들의 눈을 피해 주례 목사와 신랑, 신부를 포함해 다섯 사람만 참석한 가운데 매우 조촐하게 결혼식을 올렸다. 증인으로 신랑과 신부측 친구 한 명씩만 참석하였다. 마침내 사랑의 결실을 얻은 레이건은 마음의 안정을 얻을 수 있었고 힘차게 꿈을 꾸며 앞으로 나아갈 수 있었다.

야망의 나날

도전적이며 아름다운 낸시와의 결혼으로 용기와 자신감을 다시 회복한 레이건은 영화배우 일에도 전력투구했다. 그리고 결혼한 그 해에 딸 패트리셔(패티)가 태어났다. 노동조합 일을 마치고 가족의 생계를 꾸리기 위해 다시 영화배우 일에 주력했다. 일류배우로 진출하고자 하는 야망은 솟구쳤으나 이류배우 레이건도 벌써 40세가 넘어 배우로서의 황금기가 지나가고 있었다. 서서히 레이건도 영화배우로서의 인기가 하락하고 있었다. 낸시 또한 일류배우로 진출하지 못하고 레이건처럼 인기가 정체되어 이류배우에 머물러 있었다. 결국 둘은 일류배우로 성공하지 못하고 영화계를 떠나게 된다. 새로운 가족의 생계를 위해 레이건은 영화배우로서 동분서주했으나 수입이 적어 곧 어려움에 직면했다. 새로운 직업을 찾아야 했다. 대기업들이 미국 사회의 변화를 주도하며 TV 등 각종 매체에 엄청난 예산을 투입하며 대대적인 홍보활동에 나서기 시작했다. 그러한 시대적 흐름 속에서 생활이 어려웠던 레이건에게 새로운 기회가 찾아왔다. 1954년 당시 굴지의 대기업인 GE(General Electric)회사의 홍보 일을 맡기로 한 것이다. GE는 회사를 홍보하기 위하여 TV 단막극 시리즈를 제작하는 데 지원하기로 한 것이다. 레이건이 맡은 역할은 TV단막극이 시작되기 전 극을 소개하는 일이었다. 가족의 생계를 꾸리기 위해 레이건은 어떤 역할도 거절할 수 없는 형편이었다. 단막극의 내용은 소설이나 연극, 영화, 잡지 등의 이야기를 바탕으로 매주 다르게 만들었따. 그런데 극의 연속성이 떨어지는 문제가 있었다. 이것을 보완하기 위하여 레이건을 해설가로 고정 출연시킨 것이었다. 이 TV 단막극 시리즈는 GE영화라는 이름으로 매주 일요일 저녁 9시에 CBS를 통하여 방송되었다. 예상했던 것보다 이 GE영화는 매우 인기가 높아서 1954년부터 1962년까지 무려 8년 동안 209회에 걸쳐 전국적으로 방송되었다. 인생은 새옹지마라는 것처럼 일반 영화에서 시들었던 인기가 대기업 GE의 홍보영화에서 레이건의 인기는 절정으로 치솟았다. 그러한 GE영화 때문에 레이건은 대기업 GE의 홍보대변인 역할도 맡았으며 미국 전역에 있는 GE 생산공장을 순회하며 직원들에게 회사 홍보를 위한 강연도 할 수 있었다. 미국 굴지의 대기업 GE는 전국 각지의 139개의 생산공장을 가지고 있었고 직원 수도 대략 25만 명 쯤 되었다. 레이건은 대기업이라는 회사 속으로 들어가 야망을 다시 불태우기 시작한 것이다. 특히 레이건은 최선을 다해 강연을 준비했다. 청중에 중점을 두어 내용을 준비했고 청중의 반응을 살피며 그 내용을 계속 수정했다. 강연이 서툴렀던 초기에는 재미있는 헐리우드 이야기를 들려주며 청중의 호응을 얻으려고 노력했다. 점차 강연의 경험도 늘어나면서 내용도 명확하였고 연설 스타일도 세련되어갔다. 레이건은 기업가와 근로자를 함께 만족시키기 위하여 연설에 그러한 내용을 담으려고 심혈을 기울였다. 레이건은 기업가를 위해서는 정부규제 반대를 주장했고 회사 근로자를 위해서는 근로 소득자를 위한 중과세 반대를 외쳤다. 특히 레이건은 미국의 자유라는 전통적 가치를 강연의 핵심 내용으로 주장했다. 이를테면 미국식 자유를 강조한 "침해되는 우리의 자유" 혹은 "늘어나는 정부통제"와 같은 연설은 레이건을 인기 있는 연사로 만들었다. 이처럼 정부규제보다는 자유의 확대를 주장하는 레이건의 주장은 공화당의 정치사상과 거의 흡사한 것이었다. 즉 레이건의 정치적 견해는 민주당 이념에서 서서히 공화당 이념으로 변해가고 있었던 것이다. 당시 레이건의 정부규제 반대와 근로자 중과세 반대 연설은 미국 굴지의 대기업인 GE의 경영진이나 그 대기업에서 일하고 있는 근로자들 모두에게 관심이 큰 내용이었다. 그리하여 청중들은 레이건의 연설에 열광적으로 환호했다. 레이건은 대기업 GE의 청중들의 뜨거운 환호에 보람을 느꼈다. 그 시절 레이건이 연설을 통하여 느꼈던 보람은 그에게 참으로 행복한 것이었고 꿈과 희망이 용솟음치던 야망의 나날이었다. 레이건은 후에 이 시기의 연설 경험이 '정치학 대학원 과정'과 같았다고 피력하기도 했다. 이때 레이건의 정치사상이 형성되는 시기이기도 했다. 그리고 이 야망의 시기인 1958년 아들 론이 출생하기도 했다. 그리하여 레이건도 첫 번째 결혼까지 포함하여 모두 3명의 친자녀와 1명의 양자를 두게 되었다. 그러나 호사다마라고 레이건에게 서서히 위기가 다가오고 있었다. 점차 레이건은 민주당의 정책이라고 할 수 있는 방만한 복지정책과 정부의 대규모 공공투자 정책에 반대하고 나선 것이다. 그런데 대기업 GE는 전기 생산과 관련하여 정부로부터 막대한 공공사업(TVA사업)을 수주하는 입장이었기 때문에 그런 공공투자정책을 비난하는 레이건의 연설은 회사의 막대한 이익과 배치되는 것이었다. 그리하여 이제 레이건의 강연은 회사에 큰 부담으로 다가왔다. 게다가 그가 맡고 있던 GE의 TV 단막극 시리즈도 점차 인기가 하락하고 있었다. 막대한 제작비에 비해 시청률이 너무 저조했던 것이다. 이제 GE는 레이건을 더 이상 필요로 하지 않았다. 마침내 GE는 1962년 TV 단막극 시리즈를 종결하기로 결정했다. 그리하여 레이건과 GE와의 8년간의 인연이 완전히 끝나게 되었다. 당장 레이건은 일자리를 걱정해야 할 처지가 되었으나 대기업 GE에서 경영자와 근로자 25만여 명을 상대로 그의 정치철학을 전파하면서 그들의 진정한 정치적 요구가 무엇인지를 파악할 수 있었다. 즉 레이건은 미국 굴지의 대기업 GE에서 경영자와 근로자를 직접 만나면서 현장의 생생한 목소리를 들을 수 있었다. 이것이야말로 레이건에게는 소중한 정치적 자산이었다. 이런 경험을 통하여 레이건은 친기업적 이념을 지니게 되었다. 또한 인기가 높았던 GE영화라고 불려졌던 TV단막극 시리즈를 통하여 미국 전역에 대중적인 인물로 알려진다는 것은 또한 큰 정치적 자산이 되었다. 게다가 미국 굴지의 대기업 GE의 홍보대변인 역할과 강연가로서의 경험은 레이건을 서서히 대중연설 전문가의 길로 들어서게 했다. 그리하여 먼 훗날 레이건은 대중연설로써 청중과의 소통이 최고의 경지에 올라 '위대한 소통자'로 불리어지게 된다.

그러나 인생이란 찬란한 빛이 비추다가도 금세 어두운 그늘이 드리워지기도 한다. 당시 레이건의 야망은 불타고 있었지만 또다시 생활고에 직면하게 된 것이다. 그리하여 레이건은 다시 영화배우로 재기하기 위하여 1963년 「살인자」라는 영화에 악당역할로 출연한 것이다. '러브 프로덕션'에서 어니스트 헤밍웨이의 소설을 원작으로 하여 제작한 야심작이었지만 1964년 영화관에서 개봉되었으나 흥행에 실패하고 말았다. 레이건은 거의 선한 역할을 맡아 영화에 출연했었는데 이 영화에는 악당 역할을 맡게 되었고 재기에도 실패하여 이 영화에 출연한 것을 몹시 후회했다. 결국 이 영화가 흥행에 참패하면서 그의 영화인생도 사실상 끝이 나고 말았다. 레이건과 낸시는 실제 인생에는 일류인생으로 서서히 도약하고 있었으나 영화 인생에서는 이류인생으로 만족해야 했다. 레이건은 영화에서는 일류배우로 성공하지 못했지만 인생에서는 일류인물로 성공하기 위하여 야망을 불태우며 도전을 계속했다. 레이건의 첫째 부인 제인 와이먼은 당대의 일류배우로 이름을 날렸지만 그녀의 불륜이 TV를 통하여 보도돼 레이건에게 치명적인 상처를 주었지만 독실한 크리스천인 레이건은 공식적으로 여배우들과 어떤 추문도 일으키지 않았다. 즉 기독교적인 인간인 레이건은 제인 와이먼에게 무시당하고 일방적으로 이혼을 당하여 홀로 고독하게 생활하면서도 여자에 탐닉하기보다는 일에 몰두하여 야망을 꿈꾸었던 것이다. 영화와 결별한 1964년도 쓸쓸히 저물어갔다. 완전히 영화계를 떠난 레이건은 벌써 53세가 되었으나 안정적인 일자리가 없는 형편이었다. 레이건은 참고 기다리며 새로운 도전을 꿈꾸고 있었다. 레이건은 1952년과 1956년 대통령 선거에서는 공화당의 아이젠하워 후보를 지지했다. 1960년 대통령 선거 때는 민주당의 존 F.케네디의 아버지가 직접 레이건을 찾아와 케네디 후보를 지지해줄 것을 요청하기도 했으나 레이건은 그의 정치적 소신 때문에 공화당 닉슨 후보를 지지했다. 그리고 1962년 캘리포니아 주지사 선거에 투표를 하면서 지지 정당을 민주당에서 공화당으로 옮겼다. 이제 레이건은 공식적으로 공화당원이 된 것이다. 특히 레이건은 8년 동안 미국 굴지의 대기업 GE의 홍보대변인으로 일하면서 확실한 보수주의자로 변해간 것이었다. 그리고 전국적으로 알려져 유명인사가 된 레이건에게 새로운 기회가 찾아왔다. 정치계의 유력 인사들이 레이건을 찾기 시작한 것이다.

04

정치에의 도전

공화당으로 당적을 바꾼 레이건은 1964년 대통령 선거에 적극적으로 뛰어들면서 정치인의 길을 걷기 시작했다. 낸시는 레이건이 판단하고 행동하는 모든 것을 위하여 적극적으로 내조하고 나섰다. 무척 헌신적인 낸시는 레이건을 신뢰하고 존경했으며 레이건이 그의 길을 자신 있게 갈 수 있도록 뜨거운 마음으로 격려했으며 온갖 수단을 동원해 그를 적극적으로 도왔다. 참으로 낸시는 레이건이 그의 꿈을 향해 힘차게 달려갈 수 있도록 도와준 완벽한 동지이기도 했다. 레이건은 공화당 대통령 후보 배리 골드워터(Barry Goldwater)를 위한 선거운동에 뛰어들었다. 골드워터는 19세기 초 폴란드에서 이민 온 유태인의 후손으로 애리조나 출신 연방 상원의원이었다. 1909년에 출생한 골드워터는 애리조나 피닉스에서 백화점을 운영

영화배우 시절의 레이건.

한 사업가의 아들로서 버지니아 주에 있는 스톤튼 군사학교와 애리조나 대학을 졸업했다. 그리고 백화점 사업을 맡아 번창시킨 다음 1952년에 공화당 소속 연방 상원의원으로 진출했다. 골드워터는 철저한 반공주의 노선을 취한 보수주의 강경파로 연방정부의 방만한 예산과 비대한 권한에 반대했고 또한 정부의 규제와 지나친 과세에도 반대했다. 1958년 재선에 성공한 그는「어느 보수주의자의 양심」이라는 저서를 냈다. 그런데 그의 저서가 350만 권이나 팔려 그의 인기가 치솟았다. 그런 인기 덕분에 갑자기 그는 공화당의 스타로 부상하게 되었다. 레이건은 그런 골드워터의 저서를 탐독하고 그의 정치이념에 매료되고 말았다. 레이건은 케네디와 존슨 정부의 방만한 복지 정책을 바꿀 사람은 골드워터뿐이라고 믿었다. 그리하여 골드워터를 당선시킬 수만 있다면 무엇이든 할 생각이었다. 골드워터를 적극적으로 돕기로 한 레이건은 캘리포니아 공화당 골드워터 지원본부의 공동의장을 맡았다. 공동의장인 다른 한 명은 주로 선거관련 사무를 관장했고, 공동의장 레이건은 캘리포니아 각 지역을 순회하며 선거 지원연설을 하는 것과 골드워터를 위한 선거자금을 모금하는 것이 주 업무였다. 1964년 골드워터의 상대 후보는 현직 대통령 린든 존슨이었다. 존슨은 1963년 11월 케네디 대통령이 텍사스 주 달라스에 갑자기 저격을 당하여 암살되자 대통령직을 승계했다. 대통령이 된 존슨은 케네디의 정책을 계승하여 추진했다. 존슨 대통령이 무엇보다 강조한 것은 민권정책이었다.

그리하여 그의 최대 업적인 민권법(Civil Rights Act)이 바로 선거가 있는 1964년에 나왔다. 민권법은 인종과 성과 종교의 차별을 비롯한 인간에 대한 모든 차별대우를 해결할 수 있는 제도적 장치였다. 민주당 존슨 대통령의 민권정책에 대해 공화당 안에서는 여론이 나뉘어 졌다. 뉴욕 주지사 넬슨 록펠러가 온건파의 대표적 인물로서 그는 민권정책을 시대의 흐름으로 보고 대체적으로 수용하는 입장을 취했다. 골드워터는 1960년 대통령 선거 때 공화당 후보 닉슨을 열심히 도왔다. 그는 전국을 순회하며 적극적으로 닉슨을 대통령으로 만들기 위해 선거운동에 전력투구했다. 그러나 닉슨은 민주당 후보 존 F.케네디에게 패배하고 말았다. 하지만 골드워터는 전국적인 조직을 확보할 수 있어서 4년 후 공화당의 대통령 후보가 될 수 있는 정치적 기반을 마련할 수 있었다. 그런데 골드워터보다도 유력한 대통령 후보로 뉴욕 주지사를 하고 있었던 록펠러가 갑자기 부상한 것이다. 1964년 공화당 예비선거에서 가장 유력한 후보는 닉슨이었지만 그가 갑자기 불출마를 선언한 것이다. 그리하여 닉슨을 대신하여 공화당 대통령 후보 경쟁에 떠오른 선두 주자가 뉴욕 주지사 록펠러였던 것이다. 1959년 뉴욕 주지사로 당선된 이후 정계 실력자로 부상한 그는 이미 1960년 대선 때 공화당 대통령 후보 경쟁에 뛰어든 경력이 있었다. 그는 미국의 전설적인 갑부 존 록펠러의 손자로서 그의 최대의 무기는 가공할 만한 재력이었다. 그런데 제일 유력한 후보 록펠러는 예비선거 직전인 1963년 비윤리적인 여자문제가 불거져 나온 것이다. 록펠러는 자신보다 15살 연하의 마가리타 머피와 전격적으로 재혼을 했다. 마가리타 머피는 록펠러와 결혼하기 위하여 4명의 자녀를 전남편에게 맡겼다. 그런데 1964년 여름 예비선거가 한창 진행되는 가운데 일이 터졌다. 즉 재혼한 지 몇 달 만에 너무도 일찍 아들이 태어나서 둘은 혼전 부정행위를 저질렀다는 추문에 휩싸이게 되었던 것이다. 그리하여 록펠러 후보는 그 부끄러운 행위 때문에 인기가 하락하고 있었다. 마침내 골드워터는 록펠러 후보를 제압할 수 있는 기회를 맞이했으나 이념적으로 서로 대립되는 두 진영은 상대 진영을 포용하지 못하고 팽팽하게 맞섰다. 두 후보는 물과 기름처럼 서로 화합하지 못했다. 강경파인 골드워터는 온건파인 록펠러에게 동부 온건주의자들이 공화당을 민주당의 아류로 만들면서 당의 정체성을 훼손시켰다고 비판했다. 예비선거 초반에서 골드워터는 성적이 부진했다. 뉴햄프셔 예비선거에서는 지명도가 낮았던 헨리 카봇 롯지 2세에게 패배했으며 오레건에서는 록펠러에게 패배했다. 그러나 점차 선거전이 치열해지면서 골드워터는 일리노이, 인디애나, 네브라스카 등지에서 가까스로 승리했다. 그리고 결정적으로 골드워터는 캘리포니아에서 록펠러에게 승리하면서 후보 지명의 가능성이 높아졌다. 마침내 캘리포니아에서 골드워터에게 패배한 록펠러는 후보를 사퇴하고 말았다. 드디어 공화당의 대총령 후보를 선출하는 공화당 전당대회가 1964년 캘리포니아 주 샌프란시스코에서 개최되었다.

골드워터의 승리가 예상되고 있었으나 강경파와 온건파의 극단적인 대립으로 전당대회장은 긴장이 고조되고 있었다. 전당대회가 진행되는 동안 골드워터를 지지하는 강경파와 록펠러를 지지하는 온건파는 서로 상대 후보의 연설을 방해하기 위하여 야유를 보내며 소란을 피웠다. 마치 같은 공화당원들의 치열한 경쟁이라기보다는 공화당원들과 민주당원들의 극단적인 혈투 같았다. 그런 혼란스런 분위기 속에서 투표가 시작되었고 예상했던 대로 1차 지명투표에서 골드워터가 무난히 공화당 대선 후보로 지명되었다. 그러나 패매한 온건파는 공화당 대선후보 골드워터에 대한 지지선언을 하지않았다. 가까스로 분당사태는 면했지만 내적으로 공화당은 둘로 분열되어 내분상태에 빠지게 되었다. 공화당 대선후보가 된 그는 온건파를 포용하고 통합하기보다는 거세게 공격하고 나섰다. 골드워터는 후보지명 수락연설에서 "자유를 방어하기 위한 극단주의는 악이 아니며…… 정의를 추구하는데 온건한 것은 미덕이 아니다!"라고 외치고 나선 것이다. 그러면서 후보지명전 패배로 마음이 상하고 위축된 온건파를 더욱 궁지로 몰아넣었던 것이다. 그리하여 공화당 온건파는 대선 후보 골드워터에 대해 비협조적이었으며 차라리 민주당 대선후보 존슨을 돕는 것이 낫다고 주장하고 나서기도 했다. 게다가 전직 공화당 대통령 아이젠하워와의 관계도 좋지 않았다. 골드워터는 아이젠하워 행정부를 '뉴딜정책의 구멍가게' 같다고 심하게 공격했던 것이다. 그러다보니 골드워터는 제대로 공화당의 단합을 이끌어내지 못하고 민주당의 대선후보와 싸워야 했다. 처음부터 출발이 좋지 않았던 것이다. 대선 패배가 예견되었으나 레이건은 고군분투하며 그가 맡은 역할에 최선을 다했다. 이 선거에서 발휘되는 레이건의 역량이 그의 정치적 장래를 결정하기 때문이었다. 강경한 골드워터는 민주당의 정책적 핵심기반이 되고 있는 뉴딜정책을 강하게 비판하고 나섰다. 또한 복지정책이 비미국적인 것이라고 거세게 공격했다. 외교정책에 있어서는 베트남에 대해 핵폭탄 사용도 불사하는 강력한 힘의 외교를 주장하고 나섰다. 또한 1964년 민권법에 반대표를 던짐으로써 그는 대부분의 흑인이 공화당을 버리는 결정적인 이유를 제공했다. 하지만 골드워터는 보수주의 강경파로서 색깔이 분명한 그의 정치 철학을 일관되게 드러내 보였다. 강경하기도 하고 호전적이기도 했으나 복지정책 반대와 작은 정부 실현 그리고 감세 정책·힘을 통한 외교를 주장하는 그의 정치노선은 공화당 보수주의자들의 열광적인 지지를 얻어내고 있었다. 한편 민주당은 현직 대통령인 존슨이 차기 후보로 거의 확정적이었다. 존슨의 사회복지 정책은 민주당 내에서 압도적인 지지를 받고 있었다. 그러나 민주당 내에서도 예비선거가 시작되자 앨라배마 주지사 조지 월러스가 민주당 정책을 비판하며 강력하게 존슨에게 맞섰다. 그는 민주당의 친 흑인정책에 강력하게 반발하는 남부지역의 여론을 등에 업고 있었다. 남부지역은 원래 민주당의 오랜 텃밭이었으나 루즈벨트 대통령 이후 친 흑인정책을 취하자 거센 반발을 보이기 시작했다. 그러한 분위기 속에서 월러스는 남부 중심부에서 많은 지지를 받고 있었다. 그렇지만 월러스는 남부지역 외에는 거의 지지자들이 없었다. 그의 미약한 힘으로는 전국적으로 광범위한 지지를 받고 있는 존슨에게 대적할 수 없었다. 마치 계란으로 바위를 치는 격이었다. 그리하여 1964년 여름에 열린 민주당 전당대회에서 존슨은 여유있게 민주당 대통령 후보로 지명되었다. 존슨은 부통령 후보로 민권정책의 강력한 지지자인 휴버트 험프리(Hubert Humphrey)를 선택했다. 당시 험프리는 미네소타 출신 상원의원이었다. 당연히 민권정책은 민주당의 핵심전략 정책으로 채택되었다. 그리하여 대통령 선거가 있는 1964년 존슨 행정부는 서둘러 민권법을 통과시켰다. 소수자를 위한 민권정책을 역동적으로 추진한 것이다. 그렇지만 이러한 정책에 반발하는 남부 지역과 공화당 강경파의 세력도 점점 커져가고 있었다.

민주당 대선후보 존슨의 이러한 공세에 맞서서 공화당의 대선 후보인 골드워터는 레이건을 전면에 내세워 공격의 포문을 열었다. 레이건은 탁월한 연설 솜씨를 발휘하여 민주당 정부가 미국을 사회주의로 끌고 가고 있다고 비판했다. 민주당 정부가 과도하게 팽창하고 있으며 또한 정부 관료제가 너무 비대해 지고 있다고 공격하고 나선 것이다. 그는 GE의 홍보대변인으로 수년 동안 주장해 온 자신의 정치철학을 강하게 역설하기 시작했다. 그러면서 그는 정부의 지나친 간섭으로 피해를 입은 사람들의 예를 구체적으로 설명하며 연설했다. 정부에서 운영하는 직업훈련에 사용되는 비용이 하버드 대학에 다니는 비용보다 더 많이 든다는 사례도 소개했다. 미국은 과연 어떤 길을 가야할지 선택해야 하는 분기점에 서 있다고 강조했다. 그의 목소리는 중저음의 매력적인 바리톤으로 호소력이 뛰어났다. 이에 공화당 지지파들은 서서히 그에게 열광하기 시작했다. 그러나 민주당은 이러한 열기를 잠재우기 위해 골드워터를 극도의 보수주의자이며 호전적인 전쟁광으로 몰고 가기 시작했다. 게다가 민주당은 1964년 선거광고를 통해 핵전쟁이 일어날 수도 있다는 경고를 담은 선거전략을 내세워 골드워터를 강력하게 압박했다. 당시 가장 강력한 인상을 남긴 소위 '데이지 소녀 (Daisy Girl)' 광고를 방영했다. 천진난만한 어린 소녀가 데이지 꽃잎을 떼며 10까지 세고 있는 모습과 핵폭탄을 쏘기 위해 10부터 거꾸로 세는 굵은 남자의 목소리가 숫자 10과 1에서 겹치면서 핵이 터지는 장면을 연출한 선거광고였다. 즉 골드워터가 대통령이 되면 핵전쟁이 일어날 수 있다는 암시로서 그 광고는 골드워터를 수세에 몰리게 했다. 선거전이 불리하게 돌아가기 시작한 것이다. 만약 극단적 보수주의자인 골드워터가 대통령이 되면 베트남 전쟁을 확장시킬 것이고 결국에는 소련과 핵전쟁을 일으킬 것이라는 민주당의 집요한 공세에 대부분의 미국민들이 골드워터의 극단적 모험을 부정적으로 평가하기 시작한 것이다.

Ronald Wilson
Reagan
Chapter
03

제3장
캘리포니아 주지사가 되다

정치스타로 부상

골드워터는 극단적 반공주의자로 몰려 선거상황이 전체적으로 몹시 불리하게 돌아가고 있었지만 레이건의 연설은 시간이 갈수록 빛을 발하기 시작했다. 그의 독자적인 정치철학을 담은 연설은 지지자들을 매료시키기 시작한 것이다. 비록 공화당 대통령 후보 골드워터를 위한 지지연설이었으나 그의 정치적 소신이 공화당 지지자들로부터 뜨거운 호응을 받기 시작한 것이다. 그에게도 서서히 정치인의 길이 열리고 있었던 것이다. 골드워터를 위한 지지연설로서 대통령 선거의 조연 역할에 충실하던 레이건에게도 드디어 도약할 수 있는 기회가 찾아왔다. 1964년 여름 어느 저녁이었다. 로스엔젤레스 엠버서더 호텔 안에서 800여 명의 골드워터 지지자들이 식사를 하면서 후보를 위한 모금을 하고 있었다. 이 자리에서 레이건은 특유의 연설 솜씨를 발휘하여 골드워터 후보를 반드시 백악관으로 보내자며 열정적으로 지지연설을 했다. 그런데 이 자리에 참석했던 다수의 캘리포니아 공화당 재력가들이 독특하고 매력적인 레이건의 연설에 깊은 인상을 받았던 것이다. 그들 몇 명은 자리가 끝난 뒤에도 떠나지 않고 그와 긴밀한 논의를 위하여 기다렸다. 이윽고 그들은 레이건에게 그날 저녁에 한 연설을 TV방송에서 다시 한 번 해줄 수 없겠느냐고 요청했다. 그들에게 깊은 인상을 남겼던 그날 저녁의 연설을 선거 광고 방송으로 내 보내자는 제안이었다. 그들은 아직 광고방송을 위한 자금은 마련하지 못했지만 서둘러 레이건에게 부탁한 것이다. 이에 레이건은 흔쾌히 응낙했다. 드디어 그에게도 치열한 대통령 선거 때 TV를 통하여 그의 존재를 부각시킬 수 있는 기회가 찾아온 것이다. 아직 무명 정치인이었지만 전 국민들에게 그의 정치적 소신을 밝힐 수 있는 기회를 얻게 된 것이다. NBC방송을 통하여 30분 동안 연설하기로 하였고 수백 명의 공화당 인사들을 직접 NBC로 초청하여 그들 앞에서 평소대로 생생하게 연설하기로 계획을 수립했다. 그런데 NBC방송국과 교섭도 끝냈으나 방송하기 며칠 전에 후보인 골드워터가 다른 제안을 들고 나온 것이었다. 그의 선거 참모 몇 명이 레이건의 연설 내용에 문제점이 있으니 레이건 연설 대신에 골드워터 후보와 공화당 전직 대통령 아이젠하워의 대담을 내보내자는 제안을 제시한 것이다. 그러한 참모들의 제안을 수용하여 골드워터 후보는 자기의 의견을 레이건에게 제시한 것이었다. 골드워터와 그의 참모 몇 명은 레이건의 연설 내용 중에서 많은 표를 잃을 수 있는 '사회보장제도에 대한 신랄한 비판'에 대해 심각한 우려를 나타낸 것이다. 선거유세 중 골드워터 후보의 '사회보장제도반대'에 대한 비판여론이 거세져 결국 골드워터는 표를 의식해 어느 정도 후퇴하였다. 즉 민주당의 방만한 복지행정에는 반대하지만 사회보장제도 자체에 대해서는 반대하지 않는다는 타협적이고 어정쩡한 입장을 취하고 있었다. 국민적 합의가 되어 이미 시행되고 있었던 사회보장제도를 반대한다는 것은 처음부터 무리였던 것이다. 결국 골드워터 후보는 사회보장제도를 제한적으로 어느 정도 찬성한다고 여러 번 발표하게 되었다. 그러나 레이건은 골드워터 후보와는 달리 사회보장제도에 대한 분명한 원칙이 있었다. 레이건은 일을 할 수 없는 능력자나 생계가 막막한 극빈층(생활무능력자) 외에는 무분별하게 지원해서는 안 된다는 것이었고 공무원을 많이 늘려 방만하게 복지행정을 운영하지 말자는 것이었다. 즉 작은 정부로서 최소한의 긴요한 복지만 시행하자는 것이었다. 그리하여 레이건은 실제로 사회보장의 기본 개념에 대해서는 반대하지 않았던 것이다. 그리고 이러한 취지로 민주당 존슨 대통령의 방만한 사회보장제도에 반대하는 연설을 유세장 곳곳에서 했던 것이다. 따라서 레이건은 자기의 정치적 소신을 이미 여러 곳에서 충분히 검증을 받았기 때문에 골드워터의 방송 취소 제의를 반대했다. 그러면서 레이건은 방송을 취소할 수 있는 권한은 그의 방송을 위해 모금을 한 사람들에게 있다고 주장했다. 가까스로 그 연설은 골드워터 후보에게 그 내용을 검토 받은 후에 TV에 내보내기로 하였다. 그러나 막상 NBC방송을 통하여 그의 연설을 내보내기로 결정되자 레이건은 며칠 동안 제대로 잠을 이루지 못했다. 무명의 정치 지망생으로서 자신의 연설이 과연 공화당 대통령 후보 골드워터와 공화당 전직 대통령 아이젠하워의 대담보다 더 효과적일지 의문스러웠고 또한 그의 연설이 성공할 수 있을까 걱정되었기 때문이다. 게다가 연설이 실패하면 모든 책임을 뒤집어 써야 했기 때문이기도 했다. 바야흐로 운명의 순간이 왔다. 1964년 10월 27일 레이건의 연설은 TV와 라디오로 미국 전역에 방송되었다. 먼저 레이건은 연설 내용이 공화당의 당론도 아니고 골드워터 후보로부터 받은 원고가 아니라 자신의 소신이라는 점을 강조했다. 연설 결과가 나쁘면 자기 혼자서 비난을 감수하겠다는 뜻이었다. 레이건은 자신이 처음에는 민주당을 지지하였으나 공화당으로 옮긴 사실을 고백했다. 그리고 자신의 정치적 소신에 따라 당적을 공화당으로 옮긴 사실과 강력한 보수주의자 골드워터 후보의 정치철학에 매료되어 그의 선거를 지원하기로 한 사실을 부드럽고 차분한 목소리로 말했다. 그는 자연스러운 표정을 지으며 부드럽고 설득력 있게 연설을 이어갔다. 레이건은 무엇보다도 먼저 미국의 번영과 평화를 위해서는 재정문제를 개혁해야 한다고 주장했다. 미국인은 지나치게 세금을 많이 부담하고 있다고 언성을 높였다. 레이건은 "미국 납세자들이 버는 1달러 중 37퍼센트가 세금이며…… 정부는 하루에 1천 7백만 달러씩 초과지출 하고 있다!"고 강력하게 비판했다.

또한 레이건은 어린 시절부터 농촌에서 자라면서 농촌의 어려움을 직접 체험했기 때문에 민주당의 농업정책도 강도 높게 비판했다. 그는 민주당 정부가 뉴딜정책이래 실시하고 있는 정부 주도형 농업정책 때문에 자유농민의 경작지가 줄면서 자유로운 영농이 금지당하는 상태에 이르렀다고 개탄했다. 결국 농업에 대한 지나친 국가 개입은 농민의 자유를 박탈하였고 이는 비미국적인 조치라는 주장이었다. 그는 정부의 간섭을 최소한으로 줄여 국민의 재산권을 자유롭게 보장해야 한다고 주장했다. 즉 자유와 시장경제를 최고의 가치로 하는 보수주의의 정치사상을 레이건은 주장하고 있었던 것이다. 따라서 레이건은 농업에 대한 규제나 개입을 없애고 농민에게 자유롭게 농사지을 수 있도록 허락하는 자유농업을 주장하였다. 즉 농민이 그들 스스로의 문제를 가장 잘 해결할 수 있다는 주장이었다. 오히려 레이건은 정부의 지나친 간섭으로 농산물 가격은 떨어지고 있지만 식량 값은 올라가는 기이한 현상이 벌어지고 있다고 지적했다. 그만큼 정부의 지나친 간섭은 근본적으로 잘못된 정책으로 농업 뿐 아니라 도시의 주택문제에 이르기까지 총체적인 문제가 되었다고 비판했다. 또한 레이건은 민주당 정부의 방만한 복지정책은 국민들의 근로의욕을 감퇴시킬 뿐 아니라 도덕적 해이도 초래하고 있다고 주장했다. 이를테면 정부의 저소득층을 위한 복지비를 타기 위하여 일부러 이혼을 하는 경우도 있다고 그는 지적했다. 그리고 레이건은 국제평화를 위해서는 국제조직의 노력도 중요하지만 미국의 강력한 일방주의가 필요하다고 주장했다. 레이건은 국제사회의 여론도 중요하지만 미국의 국익이 더 중요하다고 강조했다. 특히 소련에 대해서는 보다 강경한 입장을 취해야 한다고 주장했으며 몇몇 국가들이 다수의 힘을 내세워 국제여론을 좌우해서는 안 된다고 주장했다. 또한 그는 정부조직이 확대되고 관료조직이 비대화되어 국민의 헌법적 권리를 침해해서는 안된다고 주장했다. 즉 국가가 모든 문제를 해결하려 해서는 안 되고 최대한 개인의 자유로운 활동을 보장해야 한다는 주장이었다. 레이건은 이러한 것이 미국의 정치적 전통이라고 강조했다. 그런데 민주당은 이러한 전통을 망각하고 과도한 복지정책에 몰두하고 있다고 비판했다. 이는 겉으로는 민주주의를 표방하고 있지만 실질적으로는 마르크스와 레닌 그리고 스탈린의 공산주의를 모방하는 것이며 영국의 노동 사회주의 정당과 흡사하다는 주장이었다. 레이건은 1928년 민주당 대통령 후보였던 알 스미스(Al Smith)가 민주당은 점차 제퍼슨, 잭슨 그리고 클리블랜드의 정치철학을 무시하고 있다는 비판을 상기시켰다. 그는 공화당 후보 허버트 후버(Herbert Hoover)에게 패배하였다. 그 후 1932년 선거에서 다시 후버 대통령과 맞붙길 원했으나 민주당 후보 지명전에서 루즈벨트에게 패배하여 대통령의 꿈을 접은 인물이었다. 그는 한때 루즈벨트와 긴밀한 정치적 동지이기도 했으나 1932년 민주당 전당대회 이후 두 사람은 정치적 적대관계가 되어 스미스는 루즈벨트의 뉴딜정책을 강력하게 비판하고 나섰다. 따라서 민주당 정책을 스스로 강력히 비판한 민주당 대통령 후보였던 스미스를 일부러 상기시켜서 레이건은 민주당을 공격하고 나선 것이다. 게다가 레이건은 정부의 지나친 간섭으로 국민의 재산권이 함부로 침해되고 있다는 점을 부각시켰다. 그러면서 레이건은 "국민의 천부적이고 양도할 수 없는 권리가 이제 정부의 처분에 좌우되게 되었으며 자유는 지금 이 순간으로부터 더욱 유약하게 되어 우리의 손에서 빠져 나가게 되었다."고 주장했다. 즉 레이건은 정부가 국민들에게 복지 정책을 확대한다는 명분으로 지나치게 간섭하여 국민들의 자유를 침해하고 있다고 강조한 것이다. 그리고 연설을 마무리하며 레이건은 민주당의 나약한 외교정책은 결국 전쟁을 초래할 것이라고 경고하며, 그는 강경한 대소정책만이 전쟁을 막을 수 있다고 강조하며 골드워터의 '힘을 통한 외교(Peace through Strength)'를 적극 지지한다고 밝혔다. 레이건의 연설은 골드워터 후보를 지원하는 유세연설이었지만 골드워터 후보보다는 주로 자신의 정치적 소신을 밝혔다. 그리하여 레이건의 이 연설 속에는 그의 정치철학이 곳곳에 잘 나타나 있었다. 자유의 확대, 감세, 작고 효율적인 정부, 시장경제 등이 그것이다. 이후 이것은 일관성 있게 레이건의 정치철학으로 발전되어 갔다. 이때의 레이건 연설이 레이거니즘의 원본이었던 것이다. 이 연설은 아주 성공적이었으며 골드워터 선거 진영에게도 큰 기쁨을 안겨줬다. 공화당 지지자들로부터 뜨거운 호응과 함께 골드워터 선거사무실로 끊임없이 정치헌금이 몰려들었기 때문이다. 레이건은 이때의 지지연설 때문에 무명의 정치 지망생에서 벗어나 공화당의 새로운 정치스타로 주목을 받게 되었다. 이 골드워터 후보의 지지연설은 전국 여러 방송국에서 유명 프로그램이 되어 반복하여 방송되었다. 이러한 열광적인 환호에 힘입어 레이건과 낸시는 뜨거운 감동과 보람을 느꼈고 정치적으로 새로운 미래가 펼쳐질 것이라는 기대 때문에 마음이 몹시 설렜다 어쩌면 새로운 꿈이 이루어질 것 같은 인생 최고의 순간이라고 레이건은 느꼈는지도 모른다.

02

주지사에 도전

민주당 대통령 후보 존슨에게 공화당 대통령 후보 골드워터는 결국 참패하고 말았다. 존슨은 일반 투표에서 61퍼센트 이상의 지지를 얻어냈고 선거인단 표에서는 486표를 얻었다. 그러나 골드워터는 그의 정치적 고향인 애리조나를 포함하여 6개 주에서 가까스로 이겼으며 선거인단 표에서도 겨우 52표를 얻었다. 즉 미국 남부의 일부지역을 제외하고 전역에서 패배한 것이다. 1964년 11월 대선에서 비록 골드워터는 대패하였지만 나름 레이건에게는 여러 의미가 있는 선거였다. 공화당 대통령 후보이며 보수주의 영웅이라 할 수 있는 골드워터의 지지연설을 통하여 미국 전역에 알려지게 되어 정치스타로 부상한 것이다. 또한 전통적으로 민주당 표밭이던 남부의 중심 지역이 처음으로 공화당 후보 골드워터를 지지하고 나선 것이다. 장차 남부가 공화당의 표밭으로 변하는 신호탄이었다. 강경한 보수주의자 골드워터 때문에 남부 중심지역이 공화당으로 돌아선 것이다. 그리하여 향후 레이건도 이 남부지역 출신 정치인들로부터 중요한 도움을 받게 된다. 골드워터는 이때의 대선 참패로 정치적 사망선고를 받았으나 불굴의 노력으로 4년 후인 1968년 애리조나 주에서 연방 상원의원으로 부활하며 1986년 은퇴하기까지 세 번 더 연방 상원의원으로 당선되었다. 1974년에는 공화당 원로들을 이끌고 닉슨 대통령을 만나 사퇴를 권고하기도 했다. 말년에는 온건한 보수주의자로 처신했으며 보수주의의 고결한 상징으로 미국민들의 존경과 사랑을 받았다. 1964년 대선에서 공화당 대통령 후보 골드워터의 지지연설로 전국적인 명성을 얻기 시작한 레이건은 이제는 무명의 정치 지망생이 아니었다. 비록 공화당이 대선에서 참패하고 인기가 곤두박질치고 있었지만 레이건은 흙 속에 묻힌 진주처럼 공화당 인사들의 주목과 기대를 받기 시작했다. 골드워터의 지지연설을 하며 보수주의자로서 열정과 사명감을 가지고 고군분투했던 레이건은 이 대선이 그의 인생의 큰 전환점이 되게 했다. 이제 레이건은 보수주의자의 상징이라고 할 수 있는 골드워터를 대신할 수 있는 공화당의 새 인물로 부상한 것이다. 새로운 정치스타가 된 그의 주위에 공화당의 열렬한 지지자들이 모여들기 시작했다. 특히 캘리포니아 공화당 보수주의자들이 레이건을 찾았다. 그들은 정치스타 레이건을 공화당의 인물로 키워야 한다고 역설하면서 그를 위한 후원자들을 모으기 시작했다. 그리고 후원자들은 레이건을 캘리포니아 주지사로 만들고 싶어 했다. 전통적으로 공화당이 지배했던 캘리포니아에 공화당을 재건하여 사회적 불안을 잠재울 수 있는 강력한 보수정치가 필요했던 것이다. 그리하여 공화당은 레이건처럼 강력한 보수주의로 무장한 인물을 원하고 있었고 캘리포니아 공화당 주지사 후보 적임자로 레이건을 꼽고 있었다. 공화당은 1958년, 1962년 거듭하여 민주당에게 선거에서 참패하여 캘리포니아 주지사 자리를 민주당에게 넘겨준 상태였다. 이에 충격을 받은 캘리포니아 공화당 지지자들은 무너지는 전통을 지키고 혼란을 초래하는 진보 민주당 세력과 과감하게 맞설 수 있는 강력한 보수주의 정치가가 필요했던 것이다. 캘리포니아 주지사는 당시 민주당의 브라운이었는데 공화당은 그에 대적할 인물이 없었다. 민주당의 브라운이 캘리포니아 주지사를 하고 있는 동안 캘리포니아는 젊은이들의 무질서와 저항운동 때문에 사회혼란이 비등해지고 경제 침체도 깊어가고 있었다. 그 당시 대학생들의 반전데모와 기성세대에 대한 거친 반항으로 캘리포니아는 거의 무정부 상태가 되어 혼란스러웠고 이런 상황에 민주당 주지사 브라운은 강력하게 대처할 능력이 없었다. 게다가 로스앤젤레스에서 발생한 와트폭동(WattRiot)이란 인종 폭동은 캘리포니아를 인종갈등의 화약고로 만들었고 언제 또 흑백갈등이란 시한폭탄이 터질지 모르는 상황이었다. 이런 사회적 불안 때문에 전통적 기득권 세력인 공화당 보수주의자들은 서로 결집하였고 새로운 인물을 내세워 보수적 가치의 재건을 열망하고 있었다. 이러한 때 새로운 정치스타이자 강력한 보수주의자인 레이건이 마치 혜성처럼 등장한 것이다. 그리하여 캘리포니아 공화당 지지자들은 레이건에게 정치적 희망을 걸고 주지사 출마를 적극적으로 권유하고 나섰다. 시대가 레이건을 부르고 있었던 것이다. 어쩌면 그의 어머니의 말처럼 하느님이 그를 써먹을 곳을 찾아낸 것이다. 레이건을 지지한 핵심인물은 홈스 터틀이었다. 그는 로스앤젤레스에 있는 자동차 판매회사 사장이었다. 그는 레이건이 NBC를 통하여 공화당 대통령 후보 골드워터 지원연설을 할 수 있도록 후원금을 모금한 장본인이기도 했다. 터틀은 골드워터의 지지연설을 하는 레이건에게 매료되어 그를 정치스타로 키워낸 것이다. 터틀은 이미 레이건이 굴지의 대기업 GE의 홍보대변인 역할과 GE영화를 통해 전국적으로 잘 알려진 인물이기도 하여 선거 유권자들에게 어필할 수 있는 공약만 있으면 캘리포니아 주지사로 당선될 가능성이 있다고 판단한 것이다. 그리하여 터틀은 레이건을 위한 지지자들을 적극적으로 모았고 그를 위한 정치 자금도 열심히 마련했다. 레이건을 위한 선거 조직도 철저히 준비했다. 터틀은 선거 전문가인 스튜어트 스펜서와 빌 로버트를 레이건의 선거참모로 고용했다. 게다가 레이건의 선거공약을 만들기 위해 캘리포니아 주 문제에 정통한 각 분야의 교수들로부터 전문적인 도움을 받았다. 캘리포니아 현직 지사 브라운은 1962년 주지사 선거에서 공화당의 거물 닉슨을 꺾은 경력이 있었다. 닉슨을 이긴 브라운은 곧 민주당 내 거물 정치인으로 부상했다. 그리하여 그 여세로 1964년 대선 때는 민주당 대통령 후보 존슨의 러닝메이트로 거론되기도 했다. 당시 브라운에게 패한 닉슨은 1960년 대선에서 공화당 대통령 후보로서 민주당 대통령 후보인 존 F.케네디에게 이미 패한 적이 있어서 정치적으로 몰락한 처지에 있었다. 그러나 그는 다시 재기하여 1968년 공화당의 대선 후보가 되어 마침내 대통령으로 당선된다. 그런 닉슨은 정치적 불사조로 회자되곤 했다. 따라서 당시 닉슨은 브라운에게 당한 패배를 레이건이 설욕해 주길 원했다. 그리하여 닉슨은 선거 전면에 나서지 않고 조용히 뒤에서 레이건을 위해 헌신적으로 돕기로 했다. 브라운은 현직 주지사 신분으로 자만심이 가득하여 영화배우 출신이며 정치 초년생인 레이건을 아주 만만하게 생각하고 있었다. 그러나 현직 주지사 브라운의 인기도 계속 하락하고 있었다. 로스앤젤레스에서 발생한 와트폭동과 버클리에 있는 캘리포니아 대학에서 발생한 반전 데모들이 주요 원인이었다. 게다가 브라운은 3선에 출마하지 않겠다던 자신의 공약을 어겼다. 그리하여 그가 다시 3선 출마를 선언하자 인기가 급락했고 민주당 내에서조차 거부감이 심했다. 브라운은 민주당 예비선거에서 과반수를 겨우 넘는 51.9퍼센트의 지지를 얻었으나 레이건은 공화당 예비선거에서 64퍼센트의 지지를 얻었다. 공화당 내에서 레이건에게 가장 강력한 상대는 샌프란시스코 전 시장 조지 크리스토퍼였지만 그의 지지율은 레이건의 반에도 미치지 못하는 30퍼센트였다. 나머지 3명의 후보가 더 있었으나 그들의 지지율은 한자리 수를 넘지 못했다;. 미국 역사상 영화배우가 정치인으로 성공한 예가 거의 없었기 때문에 브라운은 배우 출신인 레이건을 아주 가벼운 상대로 여겼다. 확고한 정치철학을 가지기 보다는 주어진 영화대본이나 읽을 수 있는 수동적 존재로만 생각했던 것이다. 레이건이 공화당의 전통적 가치를 실현해 줄 수 있는 강력한 보수주의 후보라는 사실을 브라운은 잘 파악하지 못하고 있었던 것이다. 바야흐로 선거전은 열기가 고조되고 있었다. 1962년에 레이건은 공화당에 입당하여 캘리포니아 주지사에 출마한 닉슨은 열심히 도왔으나 공화당 후보 닉슨은 현직 지사였던 민주당의 브라운에게 참패하고 말았다. 대통령과 주지사에서 연거푸 떨어진 정치 거물 닉슨은 그를 대신해 레이건이 꼭 승리하여 캘리포니아에서 공화당의 전통적 가치를 회복하기를 염원했다. 공화당의 거물 닉슨도 정치 신인 레이건의 당선을 위해 캘리포니아 주지사 선거전에 뛰어들었다.

불꽃튀는 주지사 선거전

1966년 캘리포니아 주지사 선거전은 무명의 정치 지망생에서 갑자기 공화당의 정치스타로 부상한 레이건의 첫 선거전이었다. 공화당의 거물 골드워터나 닉슨 등의 선거에 참여하여 지지유세를 한 적은 있지만 본인이 직접 후보자로 출마한 것은 처음이었던 것이다. 정치신인으로서 레이건은 1966년 출마 당시 벌써 55세였다. 다른 정치인들은 은퇴를 생각하고 있을 나이였다. 그런 나이에 레이건은 정치신인으로서 처음으로 주지사 선거에 입후보한 것이다. 캘리포니아 공화당 지지자들은 그런 레이건에게 캘리포니아 주지사가 되어 공화당의 전통적 가치를 회복하여 줄 것을 열망하고 있었다. 공화당 지지자들은 진보적인 민주당이 그러한 미국의 전통적 가치를 훼손하고 있다고 우려하고 있었던 것이다. 레이건은 학창시절과 청년시절을 지내오면서 거의 20여 년 동안 민주당의 루즈벨트와 트루먼을 적극적으로 지지해 왔으나 영화배우 조합장과 거대 기업 제너럴 일렉트릭사(GE)의 홍보대변인으로 활약하고 게다가 공화당 대통령 후보 골드워터의 지지연설을 하면서 강력한 보수주의자로 변해온 것이다. 레이건은 민주당의 루즈벨트 대통령을 훌륭한 인격자로 존경하고 그의 연설을 무척 좋아하기는 했으나 그의 정책을 지지하지는 않았다. 즉 그의 진보적 사상과 큰 정부가 시행하는 방만한 정책에는 반대했다. 레이건은 개인주의와 자유방임주의, 그리고 청교도주의가 혼합된 미국적 생활방식을 위대한 미국의 전통적 가치로 여겼다. 그리고 이러한 가치가 위기의 미국을 풍요로운 미국으로 만들 수 있었다고 생각한 것이다. 이러한 미국의 전통적 가치가 공화당 지도자에 의해 힘차게 발휘되어 미국을 풍요롭고 위대하게 만든 시기가 1920년대 였다. 그 풍요의 시대를 누리게 한 대통령은 공화당의 캘빈 쿨리지였다. 그는 검소하고, 근면하고, 노력한 만큼의 이익을 얻는 사회의 건설을 이상으로 여기며 정부의 역할을 축소하여 정부의 간섭을 줄이고 작은 정부, 자유방임을 통해 미국의 영광을 누리려고 했던 것이다. 당시 그가 추구한 이상이 미국의 전통적 가치였고 공화당은 그 가치를 숭고한 정치이념으로 삼은 것이다. 풍요로운 그 시대의 미국의 영광을 계속 이어가기 위하여 도나 로빈슨과 거츤 보글럼이란 선구적인 인물이 '러시모어 계획'을 추진했다. 1920년대 풍요의 시대를 누리고 있을 때 사우스다코타 주의 러시모어산에 미국을 위대하게 만든 대통령 4명의 얼굴을 조각하여 미국의 영광을 높여가고자 한 거대한 계획이 바로 '러시모어 프로젝트' 였다. 원래 몇 년 안에 이 계획을 완성하려고 했지만 갑자기 1929년에 불어 닥친 대공황으로 이 거대한 프로젝트는 더 많은 시간이 걸렸다. 장엄한 러시모어산의 조각은 1927년 10월 4일에 시작하여 1941년 10월 31일에 완성했다. 무려 15년이라는 세월이 걸렸던 것이다. 이 거대한 계획에 의해 러시모어산 암벽에 미국을 위대하게 만든 대통령 4명의 얼굴을 조각한 것이다. 미국 건국의 아버지이며 신생 독립국 미국이 나아가야 할 방향을 정확하게 예시한 워싱턴, 독립선언문을 기초하고 서부를 개척하고 자유와 평등의 개념을 확대시킨 제퍼슨, 공화당 출신이면서 사회정의를 실현하고자 혁신주의를 이끌고 미국을 세계의 지도국가로 만든 테어도어 루즈벨트, 연방을 보호하여 미국의 분리를 막고 흑인 노예를 해방시켜 정의와 관용을 미국 땅에 실현시킨 링컨이 그들이다. 이들은 미국 건국정신에 충실하고 전통적인 미국의 가치를 실현시킨 인물들이었다. 따라서 레이건은 미국을 풍요롭고 위대하게 만든 미국의 전통적 가치를 정치 이념으로 삼은 공화당에서 정치적 꿈을 실현하려고 한 것이다. 특히 레이건은 프랭클린 루즈벨트, 존 F.케네디 두 민주당 대통령이 그 시대를 이끈 최고의 진보적인 지도자였다는 것은 인정하지만 그들이 추구한 것은 미국의 전통적 가치의 실현과는 반대되는 길이라고 생각했다. 점차 레이건은 루즈벨트와 케네디가 개인주의적이고 자유방임적인 미국의 전통적인 길이 근본적으로 잘못된 것으로 보고 개인보다 집단을, 자유보다 간섭을, 작은 정부보다 큰 정부를, 그리고 성장보다 분배를, 나아가 미국의 영광스러움보다 타협에 집중했다고 판단하기 시작한 것이다. 그래서 이 두 대통령은 미국 국민들로 하여금 정부에 너무나 의존하게 만들어 미국인들 스스로가 노력하여 자치할 수 있는 힘을 잃게 만들었다고 그는 생각했으며 이는 실로 위대한 러시모어의 지도자들이 통탄할 일이라고 여겼다. 레이건이 이들과 다르게 미국의 전통적 가치인 개인주의와 자유방임주의 그리고 청교도주의를 바탕으로 위기의 미국을 이끌어 미국의 위대함을 다시 찾아야 한다는 정치철학을 가지게 되었다. 그리하여 1964년 대선에서 공화당 대통령 후보 골드워터의 지지연설 속에서 그의 정치적 소신이 집약되어 나타나게 된다. 그리고 캘리포니아 주지사에 도전하기로 마음을 굳히면서 그가 걸어온 삶을 기록한 자서전 〈나의 나머지는 어디에 있나?〉를 1965년 출간하고 주지사 선거전에 뛰어든 것이다. 이러한 레이건의 삶의 역정과 일관된 정치철학을 전혀 파악하지 못한 민주당의 현직 지사 브라운은 공화당의 정치스타 레이건을 몹시 수준이 낮은 영화배우 출신 정치 지망생으로 파악한 것이다. 주지사를 두 번이나 역임하고 민주당의 정계 거물을 자처하며 3선에 도전한 오만한 브라운은 레이건의 인기와 경쟁력을 과소평가한 것이다. 그리하여 레이건의 존재를 무시하듯이 브라운은 선거운동보다는 주지사 업무에 충실하겠다고 하면서 레이건의 선거유세에 반응을 보이지 않았다. 그것은 배우 출신 레이건을 정면으로 무시한다는 뜻이었다. 그렇지만 정치스타 레이건의 인기는 시간이 갈수록 가파르게 상승하기 시작했다. 이런 상황을 전혀 예상하지 못했던 브라운은 레이건에게 강도 높은 막말 공격을 퍼붓기 시작했다. 브라운은 레이건이 하찮은 배우였다는 점을 공격하고 나섰다. 정책 대결보다는 철저한 인신공격이었다. 브라운은 자신의 선거광고 방송에 출연하여 어린 아이들을 상대로 "나는 배우에 대항해 선거운동을 하고 있습니다…… 여러분도 아시지요, 누가 링컨을 암살했는지?"라며 레이건에게 비아냥거렸다. 그것은 레이건이 '배우'이고 또 링컨을 죽인 사람도 '배우'였다는 점을 강조하기 위한 광고였다. 마치 '영화배우'였던 레이건이 링컨의 암살범인 '연극배우' 존 부스처럼 함께 '배우'였다는 점을 지나치게 강조하고 나섰던 것이다. 그것은 레이건에 대한 인격모독이고 지나친 비약이었다. 금도를 넘어선 야비한 공격이었다. 이러한 민주당 주지사 후보 브라운의 거침없는 흑색선전에 공화당의 레이건 지지자들은 분노가 폭발하여 거칠게 맞대응을 하려 했으나 당사자인 레이건 후보는 추호의 흔들림이 없이 냉정한 자세를 유지하며 자신의 일관된 정치철학을 반복해서 강조했다. 그것은 레이건이 1964년 공화당 대통령 후보 골드워터 지원을 위한 방송연설의 내용이었다. 주된 내용은 개인책임의 원칙(개인주의), 감세(세금감면), 작은 정부, 시장 경제, 강경한 대소정책 등이었다. 이 연설 때문에 레이건은 전국적인 인물로 부상하여 일약 공화당의 정치스타가 되었으며 미국 정계에서도 레이건의 이 연설을 미국의 전통적 가치를 강조한 중요한 연설로 평가하고 있다. 레이건은 이러한 정치철학을 올바른 길이라고 생각했고, 죽을 때까지 그 신념을 바꾸지 않았다. 그는 잃어버린 미국의 위대함을 다시 찾기 위하여 위와 같은 미국의 전통적 가치를 굳건하게 고수해야 한다고 주장했다. 미국의 전통적 가치를 잘못된 것으로 보고 이를 근본적으로 고쳐야 한다고 주장하는 진보적인 민주당을 레이건은 정면으로 반박했다. 치열한 캘리포니아 민주당 지지자들의 공세에 그는 추호도 흔들림이 없이 용기 있는 보수혁명가처럼 보수주의 정치철학을 강력하게 반복적으로 외쳐댔다. 마치 중세의 영웅적인 기사가 새로운 갑옷으로 무장하고 적진 깊숙이 들어가 용기 있게 싸우면서 위대한 왕국을 찾으려는 듯이 보였다. 타협적이고 비겁한 민주당의 후보 브라운은 폭동과 반전데모에 감히 맞서지 못했지만 강경한 공화당의 후보 레이건은 대학도시 버클리에 있는 대학 내에 진입하여 대학생들의 계란을 온몸으로 맞아가면서 강경한 대소정책 등을 부르짖었던 것이다. 드디어 레이건의 용기 있고 도전적인 선거유세에 캘리포니아 주민들은 점점 호응하면서 선거열기가 고조되었다. 특히 공화당 지지자들은 레이건의 인기가 치솟자 승리에 대한 기대감으로 열광적인 환호를 보내기 시작했다. 점차 그들은 승리를 확신하며 레이건이 캘리포니아를 혼란과 침체의 늪에서 구해주기를 열망했다. 마침내 치열했던 주지사 선거는 막을 내렸다. 정치 초년생인 레이건이 승리를 거뒀다. 압승으로 눈부신 승리였다. 공화당에 유망한 정치스타가 확실하게 탄생한 것이다. 레이건이 얻은 표는 374만 2912표로 브라운이 얻은 274만 9174표보다 거의 1백만 표나 많았다. 압도적으로 승리가 확정되자 레이건과 그의 부인이며 정치 동지인 낸시는 뜨겁게 열광하는 공화당 지지자들과 주민들 앞에서 감사의 인사말과 함께 기쁨의 눈물을 흘렸다.

캘리포니아 주지사 시절

드디어 레이건은 1967년 1월 56세의 나이에 선출직 공무원인 캘리포니아 주지사로 취임했다. 레이건은 민주당이 진보적인 성격을 넘어 과격한 사회주의적 혁명성을 띄게 되자 이에 용기 있게 맞서서 기존의 전통적인 가치를 부활시키기 위해 공화당에서 정치를 시작했던 것이다. 1960년대 민주당의 케네디, 존슨 정부의 '위대한 사회' 운동으로 진보주의 물결이 절정을 이루고 있을 때 레이건은 나름 시대의 흐름을 통찰하고 미국이 가야할 길은 진정한 보수주의의 길이라고 확신하게 되었다. 그 당시 진보주의가 혁명성을 띄고 과격해 지면서 프로테스탄트 윤리까지 파괴함은 물론 성과 마약의 혁명을 외치며 전통적인 미국의 가치를 위협했기 때문이다. 따라서 레이건은 용기와 통찰력을 가지고 이러한 시대의 흐름에 맞서서 대항했던 것이다. 레이건의 어머니는 레이건을 자상하고 도덕적이며 낙관적인 성격을 가진 사람으로 키웠다. 또한 독실한 프로테스탄트 신자로 키웠다. 그녀는 비록 가난하고 어려웠지만 절대로 다른 사람에게 의존하지 않았다. 그녀는 레이건에게 근면하고 검소하게 그리고 자조적이고 도덕적인 생활을 하면 언젠가는 사회와 국가 그리고 인류를 위해 꼭 필요한 사람이 될 것이라는 낙관적인 생각을 품게 했다. 어머니는 몸소 아들에게 가난은 투쟁이나 도움으로 해결할 것이 아니라 스스로의 노력으로 해결해야 한다는 것을 보여줬다. 그리하여 어머니는 미국의 전통적 가치관을 너무나 중요한 것으로 생각했고 아들이 이런 가치관을 갖추고 살아가기를 원했다. 정부의 도움에 의존하기를 원하지 않았던 것이다. 그의 어머니는 레이건에게 프로테스탄트 신자로서 지역 교회에서 봉사를 하며 재봉 일을 통해 남편과 아들을 위해 희생하며 어려운 살림을 낙관적으로 꾸려 가면서 절대적인 영향을 끼친 것이다. 후에 낸시는 "컵에 아직도 물이 반이나 남아 있다는 생각을 가진 시어머니의 긍정적 낙천주의는 남편 레이건에게 그대로 영향을 주었다." 라고 말한 적이 있다. 그리고 레이건은 고등학교와 대학을 다닐 때 학교 풋볼선수와 연극반 활동, 학생회 회장, 그리고 학비를 벌기 위해 인명구조원 활동을 함께 힘들게 했는데 이런 일들을 레이건은 즐거움과 미래에 대한 희망으로 받아들였던 것이다. 이러한 일은 어머니의 가르침인 미국의 전통적 가치관을 중시하는 생활에서 체득한 것이었다. 또한 레이건은 영화에서 대부분 정의의 편에 서서 착하고 성실한 미국 중산층의 인물상을 잘 표현해 냈다. 즉 레이건은 영화배우를 하면서 검소하고 근면한 자가 성공을 하는 것이고 선한 자가 악당을 물리치고 반드시 승리한다는 믿음인 미국의 전통적 가치관을 주로 연기했던 것이다. 따라서 이렇게 성장한 보수주의자 레이건은 캘리포니아 주지사가 되고난 후 미국의 전통적 가치를 회복하는 데 최우선을 두었다. 미국의 전통적 가치를 세 가지로 설명하면, 첫째는 개인주의(Individualism)로 개인의 자유와 개인의 자기실현을 최고의 목표로 삼는 것이며, 둘째는 프로테스탄티즘(Protestantism) 윤리로 개인의 영적 구원과 개인의 직업적 성공에 관련된 것으로 근면, 자조, 검소, 절제, 도덕적 생활 등을 강조하는 것이며, 셋째로는 자유방임주의로 개인이 자유롭게 자기실현을 하도록 정부가 간섭을 하지 말자는 것이다. 이 가치들은 시간이 흐르면서 국민적 합의에 의해 미국의 전통적 생활방식이 되었는데 결국 이러한 가치들이 미국의 전통적 가치가 되었고 이를 추종하는 보수주의자들에 의해 공화당의 숭고한 정치이념이 된 것이다. 그렇지만 레이건 주지사는 골드워터의 지원연설 때 약속했던 공약을 그대로 실시하기란 어려운 일이었다. 레이건은 먼저 정부규모를 축소하고 세금을 줄이며 규제를 푸는 것에 집중했다. 레이건은 정부 사업을 효율적으로 집행하기 위하여 적합한 규모로 행정부처를 축소하겠다고 선언하고 나섰다. 또한 주정부 부처 간의 효율적인 통합과 협력을 통하여 보다 효율적인 주 정책을 집행할 것도 선언했다. 그리고 여러 어려움이 도사리고 있었지만 세금 인하 정책을 실시하겠다고 선언했다. 그러나 민주당이 우위를 점하고 있는 주의회는 세금인하와 정부 지출을 축소하고자 하는 레이건의 제안을 반대했다. 사실상 브라운 전 주지사가 방만하게 벌려 놓은 각종 프로그램에 계속 막대한 주 정부의 자금을 투입해야 하는 현실이었다. 그리하여 레이건은 주지사실에 새로 예산담당관을 두고 다시 정책과 예산 및 지출에 대한 전반적인 통제를 하기로 했다. 취임 첫 해에 주 정부예산을 10퍼센트 줄이겠다고 선언했다. 그리고 해마다 10퍼센트씩 삭감하는 조치를 취하기로 했으나 그가 바라는 대로 되지 않았다. 실제로 집행되는 예산은 인플레이션의 영향으로 오히려 늘어만 갔다. 그의 임기 첫 해 예산이 46억 달러였는데 임기가 끝나는 시점의 예산은 102억 달러에 달했다. 그러다 보니 세금을 인상하지 않을 수 없었다. 또한 정부의 규모를 축소하려고 했으나 오히려 임기 동안 고용인원을 4천여 명이나 늘려야 했다. 따라서 레이건은 첫 임기 때 경제 관련 개혁 정책은 실패하고 말았다. 그러나 레이건은 사회관련 개혁 정책에서는 눈부신 성공을 거두었다. 그는 임기를 시작하면서 복지문제를 캘리포니아 주의 핵심문제로 지적하며 복지개혁을 주장했다. 사회적 약자에 대한 지원은 필요하지만 일을 하지 않는 사람들에게 대한 지원은 개선해야 한다고 주장했다. 캘리포니아 주 슬로건으로 "창조적 사회(Creative Society)"를 내걸고 주민들에게 자아존중, 자립 그리고 품위를 강조했다. 그리고 로스앤젤레스 와츠지구 등의 흑인폭동, 버클리 대학교 학생들의 캠퍼스 내 정치활동 자유화를 위한 시위, 베트남전에 대한 과격한 반대 시위, 늘어나는 마약 문제 등에 대해 단호한 조치를 취했다. 그리하여 법과 질서를 회복하였고 국가와 사회를 정치적 혼란에서 벗어나게 하여 미국의 전통적인 가치가 존중 받도록 캘리포니아 주를 강력하게 이끌어 나갔다. 결과적으로 많은 캘리포니아 주민들은 레이건이 그들의 이익을 위해 열심히 노력하고 있다고 확신하게 되었다. 그리하여 레이건은 1970년 59세의 나이로 캘리포니아 주지사 재선에 도전했다. 그는 선거 기간 중 일관성 있게 보수주의 정책이 작은 정부와 복지정책의 개혁을 다시 주장했다. 가까스로 1966년 선거 때보다 낮은 지지율인 53퍼센트로 재선에 성공했다. 1971년 1월 4일, 레이건은 2차 취임사에서 복지 정책의 개혁을 핵심정책으로 내세웠다. 1960년대 존슨 행정부가 '빈곤에 대한 전쟁' 정책을 실시하면서 복지비가 급속히 확대되어 거대한 괴물로 성장해 있었다. 복지비에 의존하는 사람들이 대폭 늘고 있었다. 복지비는 세금을 높였다. 그러나 세금으로 모두 감당할 수 없었다. 당연히 재정 적자를 낳았다. 1971년 캘리포니아 주에서 복지비를 신청하는 사람들이 매달 4만 명씩 늘어갔다. 레이건은 세금으로 복지문제를 해결할 수 없다고 판단하고 복지개혁 법안을 만들어 복지 혜택을 받을 수 있는 사람들의 자격조건을 엄격히 강화했다. 주 정부의 재정적 파국을 피하기 위하여 재정지출을 획기적으로 줄이기로 한 것이다. 그 당시 캘리포니아는 정치와 사회, 경제적으로 곤경에 빠져 있었다. 베트남 전쟁이 미국사회 전반에 짙은 그림자를 드리우게 했고 경제까지 침체되어 극도로 비관적인 분위기가 퍼져 있었다. 그리하여 재정지출을 획기적으로 개혁하기 위해 방만한 복지정책을 주요 대상으로 선택한 것이다. 레이건은 사회복지분야에 대한 경험이 전혀 없는 로버트 칼슨을 사회복지국장으로 임명했다. 그는 샌 디아고 시 총무국장을 역임하고 캘리포니아 주 공공사업국 부국장으로 근무하고 있던 사람이었다.

그는 해군장교 출신으로 서던 캘리포니아 대학을 졸업했다. 개혁을 위해 칼슨은 자기 부서에 사회복지 분야에서 일해 보지 않은 사람들만 모았다. 그 분야에서 일해 온 사람들은 자기 집단의 이익을 보호하기 위하여 개혁을 성공시키지 못하기 때문이다. 그는 과감한 복지개혁을 단행하기 위하여 두 가지 실천 지침을 제시했다. 첫때는, 일할 능력이 있는데 일하지 않고 복지비만 받는 사람들에게 주는 복지비는 삭감하라! 둘째는, 근로 자격이 있는 사람에게 주는 복지비는 없애라! 그러나 근로 능력이 없는 사람에 대한 복지비는 손대지 말라고 지시했다. 개혁의 결과는 엄청난 것이었다. 복지개혁 3년 후 1974년 캘리포니아에서 복지비 수혜자의 숫자가 무려 85만 명이나 줄었다. 가족 복지비(Aid for Families with Dependent Children, AFDC)의 수혜자도 30만 명 이상 줄었다. 그리하여 처음으로 미국 역사상 캘리포니아에서 복지비 지출이 대폭 감소했다. 복지 개혁을 성공시킨 칼슨은 레이건의 신임을 얻어 후에 백악관에 입성하여 레이건의 핵심 참모가 된다. 레이건은 불구자이거나 일자리를 찾을 수 없는 사람들을 도와주어야 한다고 생각했지만, 한편으로 그는 복지혜택을 받는 많은 사람들이 스스로 노력하여 일자리를 찾기 보다는 정부의 지원금을 받고 살아가는 길을 선택한다고 보았던 것이다. 열심히 노력하고 일하는 사람은 언젠가 반드시 성공할 것이라는 부모의 가르침을 교훈으로 삼고 살아온 레이건은 야심 없이 의존적인 삶을 사는 사람들에 대한 정부의 온정을 잘못된 정책으로 보았던 것이다. 레이건은 캘리포니아가 극도의 사회적 혼란과 경제적 침체로 어려운 시기에 있을 때 훌륭한 인재를 과감하게 등용하여 획기적인 복지 개혁과 강력한 사회안정 등을 성공시켰다. 비록 공약과는 달리 예산을 감축시키지 못했고 민주당 주 의회가 주도한 낙태 법안을 막지 못했지만 전체적으로 레이건은 캘리포니아 주지사로서 용기, 결단력 및 추진력을 충분히 발휘하여 훌륭한 업적을 이뤄낸 것으로 평가받았다.

Ronald Wilson
Reagan
Chapter
04

제4장

대통령에 도전하다

대통령의 꿈

레이건은 1966년 첫 번째 주지사에 당선된 직후 2년 후인 1968년 대통령에 도전하고 나섰다. 당시에는 정치 신인 레이건이 대통령의 꿈을 가지고 있는지 주위에서는 거의 알지 못했다. 배우 출신이고 나이도 많아서 주지사를 마치고 정계에서 은퇴할 것으로 주변의 모든 사람들이 추측하고 있었다. 그러나 레이건은 정계에 입문하면서 정치적 목적과 비전을 명확히 설정하고 그의 일정에 맞춰 용기 있게 도전하고 나선 것이다. 용기와 자신감이 충만한데다 대책 없이 낙천적인 레이건은 대통령의 꿈을 꾸고 있었던 것이다. 그의 영원한 연인이며 정치동지인 낸시 조차도 그의 대책 없는 낙관적 자세 때문에 그와 다투기도 할 정도였다. 그만큼 낸시도 레이건의 향후 계획을 잘 알 수 없었다. 하물며 주지사가 된 지 2년 후에 갑자기 대통령 후보를 선출하는 공화당 예비선거에 나섰으니 그의 참모들도 전혀 예상을 못하고 깜짝 놀랐던 것이다. 그러나 낸시는 곧 그를 이해했고 그의 영원한 동지로서 그가 원하는 꿈을 위하여 그의 일부분이 되어 함께 행동했다. 낸시는 레이건을 무척 사랑했고 레이건이 그녀의 전부였다. 레이건 또한 낸시를 너무나 사랑했다. 1968년 공화당 예비선거가 막을 올렸다. 미국 대통령 선거는 아이와 주와 뉴햄프셔 주에서 시작된다. 아이와 주에서는 각 당 대의원들만 대통령 후보를 선출하기 위한 '코커스'라는 당 대의원대회에 참여한다. 비로 당 대의원대회라는 한계가 있지만 후보들이 최초로 여론의 심판을 받는다는 면에서 관심이 높을 수밖에 없다. 후보들 중에서 누가 실제로 영향력이 큰 후보인지 알아볼 수 있는 기회이다. 아이와 주 '코커스'에 이어 열리는 '프라이머리'라는 뉴햄프셔 예비선거는 '코커스'와는 성격이 다르다. 뉴햄프셔 주민으로 선거권을 가지고 있는 사람은 선거당일에 등록할 수 있다. 예비선거는 대통령 후보를 정당이 공천이란 밀실 정치를 통하여 결정하는 것이 아니라 국민들이 직접 선택하는 제도이다. 미국은 대통령 후보뿐 아니라 상원의원이나 하원의원 후보 또 주지사 후보를 비롯한 대부분의 선거직은 예비선거로 후보자를 결정한다.

아이와나 뉴햄프셔는 모두 규모가 작은 주들이다. 그런데 예비선거 때문에 이 주들에 대한 국민적 관심이 지대하다. 다른 주들도 예비선거를 앞당겨 실시하고자 경쟁하고 있을 정도이다. 그러자 뉴햄프셔는 주 헌법에 아예 대통령 예비선거를 전국에서 가장 먼저 실시한다고 규정해 놓았다. 이처럼 각 주는 예비선거를 먼저 실시하기 위하여 치열한 경쟁을 벌이곤 했다. 아이와 주와 뉴햄프셔 두 주의 예비선거는 대선 가도의 풍향계와 같다. 두 주의 예비선거 결과에 따라 대선 후보로 지명될 가능성을 예측할 수 있다. 후보자들은 뉴햄프셔 지역에서 도시뿐 아니라 작은 마을까지 일일이 유권자를 찾아다닌다. 그리고 직접 만나는 유권자들에게 한 표 한 표를 호소한다. 후보자들은 병원이나 약국 혹은 골목에서 직접 유권자들과 만나 한 표를 호소하면서 정치나 생활 관련 소식 등에 대해 닥치는 대로 담소를 나눈다. 또한 후보자가 가정집에 초대되어 가정 살림살이에 대해서도 서로 격의 없이 이야기를 나눈다. 마치 이웃집에 대해 이야기하듯 작은 문제도 서로 묻고 이야기한다. 이처럼 예비선거를 통하여 후보자들이 작은 주인 뉴햄프셔의 평범한 가정의 식탁에 둘러앉은 유권자들과 이야기 하는 것도 선거에 막대한 영향을 끼친다. 이러한 방식의 정치를 후보자들이 일일이 뉴햄프셔 지역에서 펼치는데 이 정치를 일명 '소매정치(retail politics)'라고 부른다. 또한 후보들은 서로를 경쟁적으로 홍보하기 위해 이곳에서 피켓과 광고방송을 이용한다. 후보들은 후원금을 받아서 텔레비전 광고에 그 돈을 쏟아 붓는다. 돈을 많이 쓴다고 꼭 선거에서 유리한 것은 아니다. 선거는 치열한 전쟁이다. 선거 전략을 잘 세워야 승리할 수 있다. 이곳에서는 서로 피켓으로 전쟁을 한다. 작은 피켓으로 후보를 알리는 것이 이곳의 관례이다. 게임을 룰을 지키기 위하여 크기가 비슷한 피켓을 만들어 곳곳에서 치열하게 경쟁을 한다. 예비선거 기간에는 나란히 줄지어 선 피켓들이 거리마다 넘쳐나 장관을 이룬다. 우리나라 선거처럼 거대한 현수막은 등장하지 않는다. 우리의 정치가 현수막으로 이루어진다면 미국의 정치는 피켓으로 이루어진다고 할 수 있다. 작은 마을의 입구에서도 후보자의 이름이 써진 피켓들이 나란히 줄지어 늘어서서 무질서하면서도 정겹고 차분한 분위기를 연출한다. 뉴햄프셔에서 시작되는 예비선거는 미국의 50개 주를 차례차례 거친 후 마침내 각 당의 전당대회에서 최종적인 대통령 후보 지명으로 막을 내린다. 각 당의 전당대회는 7월이나 8월에 개최된다. 바로 전의 대선에서 진 정당이 먼저 전당대회를 여는 것이 관례이다. 또한 전당대회 이전에 자신이 없는 후보는 일찍이 사퇴한다. 자유와 평등이라는 고결한 건국이념을 가지고 세워진 미국은 자유민주주의 정치체제를 운영한 지가 200여 년이 되었으나 아직 우리나라는 민주주의 운영 역사가 70여 년 밖에 안 된다. 그리하여 아직 우리나라의 민주주의는 다소 혼란하고 불안하게 운영되고 있는 실정이다. 자유민주주의 정치체제는 우리 인류가 만든 최고의 국가운영 체제이기는 하지만 우리나라는 민주적 제도에 의해 정치를 운영하기 보다는 비민주적인 밀실 공천 등으로 정치가 운영되고 있어 당의 민주적 운영이 시급한 과제이다. 즉 우리나라는 경제사회적으로는 선진국에 진입하고 있으나 정치적으로는 후진국 상태에 놓여 있는 실정이다.

1968년 레이건 주지사는 주위를 깜짝 놀라게 하며 용기와 자신감 그리고 '대책 없는 낙관주의'로 공화당의 대통령 후보 경선에 뛰어 들어 예비선거에 임했으나 정치 신인인 그로서는 역부족이었다. 게다가 존 F.케네디에게 근소한 차이로 대통령을 양보한 공화당의 거물 닉슨이 거대한 산처럼 그의 앞을 막고 있었다. 또한 닉슨은 레이건이 주지사가 되도록 헌신적으로 도와준 인물이었다. 미국인의 전통적 가치이기도 한 의리와 은혜에 충실한 레이건은 그의 꿈을 뒤로 미루고 닉슨을 지지하기로 정치적 결단을 내렸다. 결국 공화당 대통령 후보로 닉슨이 지명되었고 닉슨의 시대가 시작되었다. 닉슨이 대통령이 되면서 레이건과 지지자들은 대통령 출마 계획에 차질이 생겼다. 닉슨의 임기가 1976년에 끝날 것으로 생각하고 레이건은 그때 다시 도전하기로 계획을 세웠다. 레이건은 1974년에 두 번째 주지사 임기를 마쳤다. 그가 임기를 마쳤을 때 63세였다. 캘리포니아 주민들은 그가 이제 은퇴를 할 것으로 생각했다. 그러나 그는 은퇴를 전혀 고려하기 않았다. 그의 가슴 속에는 원대한 꿈이 꿈틀거리고 있었다. 그는 다시 1976년에 대통령 예비선거에 출마할 계획을 세우고 있었던 것이다. 레이건은 주지사 임기를 마치고 다시 방송국에서 해설 활동을 하고 신문사에 기고도 하면서 쉬지 않고 왕성한 활동을 해나갔다. 매사에 적극적으로 임하며 활동적이고 부지런한 레이건은 일을 떠나서는 살 수 없는 인물이었다. 그는 큰일이든 작은 일이든 끊임없이 도전해서 성취하는 인물이었다. 그 당시 예측하지 못했던 정치적 사건이 터졌다. 1972년 대통령 선거 때 닉슨의 러닝메이트는 메릴랜드 주지사였던 스피르 애그뉴였다. 그런데 1973년 10월 10일 애그뉴 부통령이 지사 시절의 탈세와 뇌물 수수혐의로 사임했다. 대통령 닉슨은 새 부통령을 지명한 후 상원과 하원의 인준을 받아야 했다. 이에 대통령 닉슨은 하원의 공화당 원내대표이며 동료 위원들의 신망이 두터웠던 포드를 부통령으로 지명한 것이다. 그리하여 상원과 하원은 모두 절대적 다수로 포드의 부통령 지명을 인준했고 그는 12월 6일 부통령으로 취임했다. 게다가 공교롭게도 워터게이트 사건으로 대통령 닉슨은 1974년 8월 8일 대통령직에서 물러나게 되었다. 워터게이트 사건이란 1972년 6월 미국 대통령 선거를 앞두고 닉슨 대통령의 측근들이 닉슨의 재선을 위해 워싱턴의 워터게이트 빌딩에 있는 민주당 선거운동 지휘 본부에 침입하여 도청장치를 설치한 사건을 일컫는다. 이 불명예스런 불법도청사건으로 닉슨은 미국 역사상 처음으로 임기 중반에 대통령직에서 사임했다. 갑작스런 이 초대형 스캔들로 인하여 부통령 포드는 1974년 8월 9일 대통령으로 취임했다. 그리하여 포드는 미국역사상 최초로 치열한 선거를 겪지 않고 부통령과 대통령에 오른 특이한 인물이었다. 그는 대통령으로 취임하면서 국민들이 기도로 그를 인준해 줄 것을 부탁했고 또한 국민들에게 의로움, 사랑, 정의 및 자비 등으로 미국의 정치를 회복하자고 호소했다. 그리고 대통령 포드는 8월 20일 부통령으로 공화당 온건파 정치인인 넬슨 록펠러를 지명했다. 록펠러는 무사히 상원과 하원의 인준을 받아서 부통령에 취임했다. 록펠러는 1964년 공화당 대선후보 지명전에서 골드워터에게 패배한 인물이었다. 서서히 공화당 강경파의 기수로 부상하고 있던 레이건은 온건파 대통령 포드를 상대로 전열을 가다듬기 시작했다.

공화당 대선
후보에 도전

　　대통령 포드는 취임한 지 한 달 후인
1974년 9월 8일 닉슨을 전면적으로 사면하였다. 따라서 닉슨은 워터
게이트 사건과 관련된 형사적인 죄를 포함한 모든 죄를 면제받았다.
국익에 합치된다는 이유로 워터게이트의 명에를 벗겨 준 것이다. 그러
나 닉슨의 불명예스럽고 불법적인 워터게이트 도청 범죄를 전격적으
로 사면하자 국민들의 불만은 고조되었고 포드에 대한 국민들의 신뢰
는 추락하고 말았다. 또한 국내적으로 경제불황은 계속되었고 물가는
치솟았다. 그리고 대외적으로도 온건한 정책으로 인하여 계속 수세에
몰리고 있었다. 특히 베트남 전쟁에서 완전히 패배하여 미국민들의 자
신감과 자존심은 땅에 떨어졌다. 비록 물가는 점진적으로 안정되었고
베트남 전쟁 막바지인 1975년 4월 23만 7천여 명에 달하는 반공 베트

남 난민들을 미국으로 성공적으로 수송하였지만 그의 인기는 계속 하락하고 있었다. 이러한 시기를 예의주시하던 레이건은 1975년 11월 20일 포드를 상대로 공화당 대선후보로 나서겠다고 선언했다. 65세의 레이건은 포드가 대외정책에 있어 온건주의자로 공산주의자들에게 휘둘리고 있으며 국내적인 문제에 있어서도 작은 정부를 제대로 실현하지 못하고 있다고 공격하고 나섰다. 미국민들에게 레이건은 소련을 상대로 단호한 정책을 취할 것이며 또한 연방정부의 지출을 줄이고, 세금을 인하하며 그리고 균형예산을 반드시 이루겠다고 약속하고 나섰다. 현직 대통령인 포드가 인기가 추락하고 있었다고 하지만 현직 대통령의 영향력은 대단한 것이었다. 게다가 현직 대통령 포드와 레이건은 같은 공화당 소속이어서 현직 대통령을 상대로 승리한다는 것은 무척 어려운 일이기도 하였다. 드디어 예비선거가 시작되었다. 인기 없는 포드 대신 강력한 공화당 후보로 부상한 레이건은 가파른 상승세를 타고 있었다. 현직 대통령 포드가 조직에서 우세한 반면에 차세대 기대주인 레이건은 새로운 돌풍을 일으켜 상대에 대항했다. 거의 둘 사이에는 막상막하의 치열한 싸움이 전개되었다. 아이와 '코커스'에서 현직 대통령 포드는 45퍼센트를 득표했고 레이건 후보는 43퍼센트를 득표했다. 두 후보자의 득표 차이는 2퍼센트 차이로 아주 미미했다. 그리고 뉴햄프셔 예비선거에서는 포드는 49퍼센트를 얻었고 도전자인 레이건 후보는 48퍼센트를 얻었다. 포드가 레이건보다 가까스로 1

퍼센트를 더 얻었다. 그리고 그 해인 1976년 3월에 있었던 메사추세츠, 버몬트, 플로리다, 일리노이, 노스캐롤라이나에서도 포드는 레이건을 아주 근소한 차이로 앞섰다. 그 해 4월에 실시된 위스콘신과 펜실베니아 예비선거에서는 포드가 레이건을 훨씬 앞섰다. 특히 펜실베니아에서는 포드가 무려 93퍼센트를 득표하여 레이건이 쓰라린 참패를 맛보기도 했다. 그러나 선거란 마라톤처럼 최후까지 달려가야 결과를 알 수 있는 치열한 전쟁이었다. 최후의 한 표가 승부를 갈랐다. 그러나 참패를 거듭하던 레이건은 텍사스, 조지아, 인디애나, 네브라스카에서 연거푸 포드를 앞서기 시작했다. 그리하여 치열한 예선은 혼전 속으로 빠져 들어갔다. 드디어 그 해 6얼 8일 오하이오를 끝으로 예선전이 모두 끝났으나 포드와 레이건은 누구도 승리를 장담할 수 없는 형국이었다. 한편 민주당에서는 지미 카터라는 새로운 정치스타가 변화의 물결을 타고 급부상하고 있었다. 우리나라의 변방지역 강원도라 할 수 있는 조지아 주의 시골에서 땅콩 농장을 운영하던 그는 지역 교육에 지대한 관심 때문에 주의원(우리나라의 도의원에 해당)으로 참여하다가 조지아 주지사에 도전한다. 정치학을 전공하고 정치 진출을 꿈꾸고 있었던 25세의 정치 지망생 해밀턴 조던과 의기투합하여 주지사 선거에 도전한다. 이때 후보자 카터의 운전을 대신해 주면서 선거 자원봉사를 하기 위해 대학원에서 정치학을 전공하고 있었던 조디 파월이 가세한다. 해밀턴 조던은 카터의 정치특보로 조디 파월은 그의 공보비서로 그들은 환상의 콤비로 조지아 주를 장악한다. 시대의 운을 타고난 주의원 카터는 탁월한 참모들인 해밀턴 조던과 조디 파월의 적극적인 도움으로 조지아 주지사로 단기간에 등극한 것이다. 승승장구하던 카터는 대통령을 할 준비가 충분히 되어 있지 않았지만 시대는 민주당의 정치스타 카터를 급하게 부르고 있었다. 공화당의 닉슨·포드 정권이 그야말로 월남전의 패배, 경제침체, 워터게이트 사건 등으로 만신창이가 되어 침몰할 위기에 빠졌기 때문이다. 대통령 닉슨은 임기 전반기에는 활발한 대외적 활동으로 중국과의 관계를 정상화시키고 최초로 모스크바를 방문하여 무역협정 체결과 우주과학탐사계획 및 핵무기 제한 협의 등 상당히 활발한 활동을 보여주기도 했다. 그러나 그는 국내 정치에서는 계속되는 인플레를 제대로 해결하지 못하는 등 국민을 위해 해야 할 일을 제대로 하지 못하고 국가가 추진하는 정책을 국민들에게 숨기는 등 하여 국민적 불신감을 불러일으키곤 했다. 특히 닉슨은 은밀한 권력을 추구하여 아무도 믿지 못했으며 심지어 가장 가까운 아내에게도 진실한 마음을 보여주지 않았다. 게다가 동부와 하버드로 대변되는 정치 엘리트에 들지 못한 닉슨은 그들에 대한 경멸적인 태도로 일관했고 그것을 무리하게 극복하기 위해 거짓으로 위장을 하곤 했다. 역사적으로 고립적이고 은밀하며 권위적인 정권은 망하기 마련이다. 결국 닉슨은 부도덕하고 은밀한 도청사건인 워터게이트추문에 휩쓸려 미국민을 상대로 거짓을 저질렀다는 이유로 대통령 직을 사임했던 것이다. 개방적이지 못하고 폐쇄적이었던 닉슨은 개방적이고 도덕적인 레이건이 일관되게 주장한 정치적 소신 등이 아예 없었던 것이다. 온건하고 무기력한 공화당의 포드 대통령 역시 레이건이 꿈꾸는 위대한 미국의 전통적 가치를 부활하기 위해 분투노력할 인물은 아니었다. 포드는 나름 닉슨 정부의 밀실정치를 종식시키기 위해 '공개와 진실'을 정치 슬로건으로 내세웠으나 닉슨이 대통령직에 있을 때 '미국을 상대로 저지른 모든 잘못'을 전적으로 사면하여 그의 인기는 곤두박질치기 시작했다. 취임 즉시 포드는 불법적이고 비도덕적인 워터게이트 도청에 관련된 모든 죄를 사면했기 때문이다. 따라서 현직 대통령 포드도 닉슨의 망령으로 서서히 침몰하고 있었다. 하지만 공화당 소속의 현직 대통령으로 아직 레이건에게는 벅찬 상대로 넘기 힘든 산이었다. 특히 같은 당에 소속되어서 현직 대통령을 상대로 승리하기란 결코 쉬운 일이 아니었다. 드디어 1976년 대통령 후보를 선출하는 공화당 전당대회가 미주리 주 캔자스 시에서 개최되었다. 포드는 레이건보다 대의원 수에서 약간 우세했다. 그러나 아직 레이건에게도 희망은 있었다. 과감한 전략으로 승부를 걸기로 했다. 결정을 못하고 있는 중도적인 성향의 대의원을 확보하기 위한 계획을 세운 것이다. 만약 후보로 지명되면 러닝메이트로 펜실베니아 주 출신 연방 상원의원 리처드 스웨커를 지명하겠다고 선언하고 나선 것이다. 궁여지책으로 중도파로 분류되던 스웨커를 끌어안아서 그를 따르는 중도파 대의원들을 흡수하기로 한 것이다. 선거에 너무 몰입하다보면 큰 숲의 흐름을 잘못 보고 몇 개의 나무를 더 중시하는 경향이 있다. 어렵게 중도파 대의원들을 확보하니 오히려 큰 흐름인 보수파 대의원들이 거세게 반발하고 나선 것이다. 이에 레이건은 전략적 실책을 저지르고 말았던 것이다. 결국 레이건은 포드에게 적은 차이로 패배하고 말았다. 포드는 대의원 투표에서 1,187표를 얻었고 레이건은 1,070표를 얻었다. 포드가 공화당의 대통령 후보로 확정된 것이다. 레이건은 패자였지만 당당하고 자신감 넘치는 패자였다. 레이건은 패자지만 장내 분위기를 압도하며 우렁차게 청중을 향하여 연설했다. 그는 짧은 즉흥 연설에서 민주당의 복지정책과 거대정부를 비난하며 100년 후에도 과연 미국이 자유와 경제적 풍요를 누릴 수 있는 나라로 남을 수 있을 것인지 의문을 제기했다. 그러면서 민주당 정부가 유산으로 넘겨준 사회와 정치제도 아래서는 미국의 장래가 어둡다고 그는 전망했다. 그래서 공화당이 대선에서 승리하기 위해서는 새로운 통치이념 아래 뭉쳐야 한다고 역설했다. 그리고 "승리에 대안은 없다"며 연설을 마쳤다. 레이건이 인용한 이 말은 맥아더 장군이 퇴임하면서 미국 의회에서 한 말이었다. 자신감이 넘치는 패배자 레이건의 이 연설에 많은 공화당 인사들은 후보를 잘못 뽑은 것 같다고 탄식했다. 공화당 전당 대회에서 47.4퍼센트의 지지를 받고도 후보 경선에서 탈락한 레이건은 다시 4년을 기다려야 했다. 이제 그는 미국 역사상 최고령인 69세에 대통령 후보에 다시 도전해야 할 운명에 놓이게 됐다. 그러나 레이건은 실망하지 않았다. 그는 실망하는 참모들과 지지자들에게 낙관주의자 특유의 목소리로 다음과 같이 말했다. "우리는 아직 패배하지 않았다. 그것은 긴 전쟁에서 하나의 전투에 불과하다. 우리는 살아 있는 동안 우리의 정치신념을 전파할 것이다. 낸시와 나는 흔들의자에 앉아 그것으로 우리 일은 끝났다고 얘기하지 않을 것이다. 여러분도 지금 하고 있는 일을 하게 만든 바로 그 믿음과 신념을 갖고 있기 바란다. 무대 위의 배우들은 바뀔지도 모른다. 하지만 우리의 정치신념은 바뀌지 않고 계속 이어나갈 것이다. 그리하여 결국 우리는 승리할 것이다. 여러분은 이상을 포기하지 말라. 절대로 타협하지 말라. 편법에 의지하지 말라. 냉소적이지 말라…… 수많은 미국인들은 우리의 이상을 지지한다. 그들은 우리와 같은 길을 갈 것이다." 그러면서 당당한 패자 레이건은 계속 도전하겠다는 강한 자신감을 드러냈다.

대통령 후보로
지명되다

레이건은 포드에게 패배했지만 강한 신념과 낙관주의적인 확신으로 때를 기다리기로 했다. 나이와 패배에 상관없이 참고 기다리는 것이 곧 승리하는 길이라는 믿음을 레이건은 가슴 속에 새기고 있었다. 반드시 때가 오리라고 확신한 레이건은 자신의 목표와 비전을 달성하고 펼칠 날을 기다리기로 했다.1976년 11월 대통령 선거에서 유약한 포드는 혜성처럼 등장한 민주당 후보 지미 카터에게 패배하고 말았다. 민주당 대통령 카터의 시대가 현란하게 개막된 것이다. 그는 국민들에게 거짓말을 하지 않겠다는 도덕성을 내세우며 그러한 도덕적 지도력을 바탕으로 옳고 그른 것을 판단해 국가정책을 운영하겠다고 천명했다. 그리하여 미국의 우방국들에게도 도덕성에 반하는 인권정책을 강력하게 질타하고 나섰다. 처음에는 미국민들이 도덕군자처럼 근엄하고 고결한 카터에 열광하였으나 불행하게도 국내 경제가 극도의 불황에 빠져들었고 대외적으로는 미국의 영향력과 위신이 급속도로 추락하고 있었다. 그의 정치적 이상은 도덕적이고 현란했지만 국내적으로 경제가 피폐해지고 국제적으로 미국이 종이호랑이처럼 위상이 추락하고 있었다. 카터가 점점 어려움에 처하자 시대가 레이건을 부르기 시작했다. 특히 대외적으로 미국의 영향력은 현저히 줄어만 가서 미국민의 자존심에 큰 상처를 주고 있었다. 중남미에서 미국의 영토로 인식되던 파나마 운하가 미국에서 떨어져 나갔다. 1960년대 초 쿠바가 공산화된 후 중남미는 끊임없이 공산주의 혁명의 위험을 안고 있었다. 미국의 뒷마당에서 위협적인 독버섯인 공산주의가 자라나고 있었던 것이다. 게다가 거친 반미주의 물결이 중남미 국가들 사이로 퍼져가고 있었다. 이의 영향으로 수십 년간 친미국가였던 중남미의 니카라과도 공산주의 국가가 되었다. 이는 미국에게 큰 상처를 줬다. 이는 철저한 반공주의자인 레이건에게도 용납할 수 없는 큰 외교실책으로 각인되었다. 또한 카터의 고결한 인권외교 때문에 미국의 민주 우방국들이 인권을 무시하는 독재국가로 몰리어 국내적 혼란을 겪어야 했다. 특히 자유 우방국인 한국과 필리핀에서 인권외교 때문에 다소 민주주의 역량은 강화되었으나 공산주의자들에게 이용당할 빌미를 제공하여 극심한 정치혼란을 야기시키기도 했다. 게다가 주한 미군 철수를 둘러싼 한국과의 의견 대립으로 상원 청문회를 개최하는 등 양국 간 긴장이 고조되기도 했다. 또한 카터는 유럽에서도 어려움에 직면했다. 유럽은 소련의 강력한 핵 위협으로 핵전쟁의 공포에 시달렸다. 핵전쟁으로 위협하는 소련에게 카터는 타협을 선택했다. 이런 타협으로 구체화된 헬싱키 협정 때문에 카터는 보수세력의 거센 항의를 받아야 했다. 게다가 카터는 중동에서도 어려움에 처했다. 가까스로 이스라엘과 이집트의 협상으로 관계 개선을 도모했으나 과격한 이슬람 근본주의자들의 준동으로 친미정권인 이란이 붕괴되어 그들이 미국인들을 인질로 잡아 미국의 자존심에 큰 상처를 주기도 했다. 무엇보다 카터는 재임기간 동안 장래에 대한 비전을 제대로 제시하지 못했다. 도덕적인 외침만으로는 임박해 있는 복잡한 여러 문제를 해결할수 없었던 것이다. 인플레이션이 계속되고 있었다. 높은 실업률과 가솔린의 부족은 미국민들을 불안하게 만들었다. 게다가 이란 인질 사건은 베트남과 아프가니스탄에 이어 미국의 자신감과 국제적 위신을 추락시키고 있었다. 따라서 카터는 임기 동안 침체의 늪 속에서 헤매야했다. 호시탐탐 때를 기다리던 레이건은 카터의 국내 경제문제와 외교문제를 주요 공격대상으로 삼았다. 마침내 레이건은 1979년 11월 13일 뉴욕에 있는 힐튼 호텔에서 공화당 대통령 후보 지명전에 출마하겠다고 힘차게 선언했다. 68세의 나이로 후보 지명전에 도전한 것이다. 레이건은 침체한 경제를 살리고, 강력한 국방력을 확보하며, 정부 운영을 개혁하고, 추락한 국민적 자신감을 회복시키고자 출마한다고 밝혔다. 레이건은 경제가 침체한 것은 민주당 정부의 경제정책이 잘못된 탓이라며 세금과 정부운영의 비효율성을 지적했다. 즉 방만한 연방정부를 축소하여 지출을 줄이고 그럼으로써 국민의 늘어나는 세금을 줄여야 한다고 역설했다. 레이건은 "연방정부는 너무나 많이 지출하고 있으며, 지나치게 많이 배정하고 있고 그리고 지나치게 많이 규제하고 있습니다. 연방정부는 정부재정 능력 안에서 국가 업무를 수행해야 하는데 이를 실패함으로써 고육지책으로 세금을 올렸던 것입니다……경제의 건전성을 회복하는 열쇠는 세금을 줄이는데 있습니다. 연방 지출에서 불필요한 것은 없애야 합니다. 그렇지만 업무를 줄이겠다는 것이나 혹은 가난한 사람이나 노인, 아픈 사람들과 장애인들에 대한 혜택을 줄여야한다는 것은 아닙니다."라고 강조했던 것이다. 즉 레이건은 연방정부의 규모를 줄이면 효율성은 증가하고 관료들이 감소하여 세금이 줄어들면서 그 자체가 경제적 인센티브가 되기 때문에 경제성장이 일어날 것이라고 주장했다. 또한 레이건은 강력한 국방력을 확보하여 외교문제 전반에 대처해야한다고 역설했다. 즉 힘을 통한 외교를 바탕으로 전쟁을 미리 억제함으로써 평화로운 세상을 만들어야 한다고 주장했다. 즉 소련과의 협상이 유화적이어서 안되고 강력한 국방력을 바탕으로 협상해야 확실한 평화를 얻을 수 있다는 주장이었다. 그리하여 대소관계에서 힘의 우위를 확보하기 위하여 진정한 친구가 될 수 있는 동맹국을 확보해야한다고 강조했다. 그리고 미국의 대소정책에 동참하는 나라들과는 동맹관계를 유지하겠다고 밝혔다. 또한 지리적으로 가장 가까운 이웃나라 캐나다와 멕시코를 '외국'으로 보는 것을 중단하고 이들을 통합해야 한다는 강력한 의지를 천명했다. 즉 북미대륙에 함께 위치하고 있어서 북미통합을 추진하겠다는 것이었다. 끝으로 미국민의 자신감 회복을 강조했다. 레이건은 미국의 경제적 지위가 하락하여 미국민들이 스스로에 대하여 확신이 없다는 점을 지적했다. 그렇지만 여전히 미국은 "스스로 새롭게 태어날 수 있는 저력을 가지고 있다"는 미국 독립혁명기의 토마스 페인의 말을 레이건은 인용했다. 또한 존 윈스럽의 '언덕 위의 도시'를 인용하며 미국인은 특권을 가진 국민임을 강조했다. 즉 미국인들은 스스로 자존감과 자신감을 지니고 세계 최고의 국가를 세웠다는 믿음을 가졌다고 레이건은 특히 강조하면서 "……우리는 존 윈스럽이 메사추세츠 해안에 도착하여 작은 아르벨라호 배의 갑판 위에 서서 작은 무리의 성스런 신앙 이민자들에게 '우리는 이 언덕 위에 도시를 세울 것입니다. 그래서 모든 사람들의 눈이 우리를 보게 될 것입니다. 만약 이 일을 함에 있어서 우리가 하나님께 거짓을 행한다면 그것은 그 분을 노하게 만들어 우리에게서 그 분의 은혜를 거두어 가실 것입니다. 우리는 새로운 역사를 이룰 것이고 이 세상 전체의 본보기가 될 것'을 말한 이후 우리 미국인들은 특별한 역사적 사명을 지닌 국민이 된 것입니다."라고 하면서 출마연설을 마쳤다. 레이건의 주장은 한결 같았다. 15년이라는 긴 세월이 흘

러갔지만 1964년 공화당 대통령 후보 골드워터 지지연설 때 주장했던 내용들을 일관되게 그대로 반복하고 있었다. 계속하여 레이건은 작은 정부 운영, 세금 인하, 힘을 통한 외교 등을 외치고 있었다. 1980년이 시작되자마자 대통령 후보를 뽑는 공화당 예비선거가 본격적으로 시작되었다. 1월 21일 아이와 코커스에서 레이건은 부시와 처음 격돌했다. 그런데 부시가 선두주자로 예상된 레이건과 출마후보들을 꺾고 1등을 하여 파란을 일으켰다. 부시는 32퍼센트를 얻었고 레이건은 30퍼센트를 얻었다. 3등은 상원의원 출신 베이커였고 그 다음은 상원의원인 밥 돌 후보였다. 예비선거 초반에 파란을 몰고 온 조지 부시는 텍사스 출신으로 일본이 진주만을 공격한 직후 군에 입대하여 비행사로 출전했다. 그는 고등학교를 졸업하자마자 대학 진학을 연기하고 바로 군에 입대하여 전쟁에 참가한 것이다. 전쟁이 끝나자 부시는 제대하고 코네티커트 주 뉴 헤이븐에 있는 예일대에 진학했다. 대학 졸업 후 조지 부시는 텍사스 휴스턴에서 석유 사업을 하여 많은 재산을 모았다. 그의 부친인 프레스코 부시는 월스트리트에서 돈을 벌었었다. 그리고 조지 부시는 닉슨 행정부에서 유엔대사와 베이징 주재 미국연락사무소 대표를 지냈다. 또한 포드 행정부의 중앙정보국장을 지내기도 했다. 이러한 여러 국정 경험을 바탕으로 하여 부시는 마침내 대통령 후보 지명전에 도전하고 나선 것이다. 그의 부친은 코네티커트 주의 연방상원의원을 지냈고 후에 그와 그의 아들 조지 워커 부시는 둘 다 대통령까지 되어 그의 집안은 미국에서 정치 명문가를 이루게 된다. 이러한 환경에서 성장한 부시는 주변에 사람이 많았다. 국제 외교에도 경험이 풍부하여 주위에는 세련되고 부드러운 인상을 풍겼지만 실제로는 텍사스 출신답게 강인한 성격의 소유자였다. 1960년대에 민주당 표밭이었던 텍사스에서 연방 하원으로 진출한 것이 이를 입증한다. 그는 온건한 보수주의 정치이념을 표방하고서 전략적으로 중도온건파를 겨냥한 선거운동을 펼쳤다. 레이건의 강경한 보수주의 정치 철학에 정면으로 맞선 것이었다. 그런데 처음 격돌한 아이와 코커스에서 레이건은 뜻밖에도 부시에게 진 것이었다. 그리하여 당황한 레이건 선거캠프는 비상이 걸렸다. 특단의 대책을 세웠다. 즉 전략적으로 레이건에게 불리한 푸에토리코 예비선거를 포기하는 대신 중요한 뉴햄프셔 예비선거에 총력을 기울였다. 레이건의 선거캠프는 1975년 후보 선거 때 참모들을 중심으로 구성되었다. 폴 라쌀트가 선거대책위원장이었고 마이크 디버가 선거전략과 후원금 모금을 담당했다. 린 노프지거가 홍보를 맡았고 에드 미즈가 선거 고문으로 후보 자문을 맡았다. 디버나 미즈 모두 캘리포니아 주지사 시절부터 인연을 맺어 온 사람들이었다. 승승장구하는 부시는 푸에토리코에서 무려 60퍼센트를 얻어 대승을 차지했다. 그러자 연거푸 승리한 부시는 "승기를 잡았다!"며 자신감을 피력했다. 그러나 운명의 여신은 2월 26일 뉴햄프셔 예비선거에서 위기에 빠진 후보 레이건을 가까스로 살려냈다. 마치 용과 호랑이의 싸움처럼 막상막하의 치열한 싸움이었다. 화력을 집중한 뉴햄프셔에서 레이건이 50퍼센트의 득표율을 보이며 23퍼센트를 얻은 부시를 처음으로 눌렀던 것이다.

그런데 부시가 또 3월 4일 실시된 메사추세츠 주 예비선거에서 레이건보다 2퍼센트 앞선 31퍼센트를 획득하면서 결코 쉬운 상대가 아닌 저력 있는 상대라는 것이 입증되었다. 차차 승부를 예측하기 어려운 혼전 상태로 빠져들었다. 부시는 레이건이 주장하는 감세정책으로 경제를 부양시켜 국가 세수를 늘리겠다는 경제 정책은 주술로나 가능한 엉터리 경제정책 즉 비현실적인 '주술경제'라고 비아냥거리며 공격했다. 사실 세금을 삭감해 주어 경제가 부양되게 해 그와 동시에 국가수입을 늘린다는 것은 어려운 일이기도 하였다. 그러나 강력한 보수주의자 레이건은 이러한 정책을 일관되게 주장하고 있었다. 그런 가운데 3월에 실시된 버몬트 주부터 다시 레이건은 승기를 잡았다. 그런데 또 다시 부시가 코네티커트, 펜실베니아, 워싱턴 그리고 미시간에서 승리하면서 예비선거 끝까지 후보를 사퇴하지 않고 투혼을 발휘했다. 그렇지만 다른 후보들은 3월 8일 사우스캐롤라이나 예비선거 이후 대부분 역부족으로 후보를 사퇴했다. 드디어 5월 20일이 되자 레이건이 거의 대세를 확정지었다. 그리고 오레건 예비선거 이후 레이건은 승리를 직감했다. 마침내 6월 3일 끝이 난 예비선거에서 레이건은 59.79퍼센트를 얻었고 끈질긴 승부를 펼친 부시는 23.81퍼센트에 그쳤다. 그리고 3등을 한 앤더슨은 12.19퍼센트를 얻었고 나머지 후보들은 한자리 수 이하의 표를 얻었다.

공화당 대통령 후보를 지명하는 공화당 전당대회가 1980년 7월 14일부터 4일 동안 미시간 주 디트로이트에서 개최되었다. 유망한 대선주자로 부상한 레이건은 무려 대의원 1,939표를 획득하여 득표율 97.44퍼센트로 공화당 대통령 후보로 확정되었다. 69세의 나이로 후보 도전에 성공한 레이건과 낸시, 그리고 그의 연로한 지지자들은 그동안 걸어온 길을 생각하며 함께 모여서 눈시울을 붉혔다. 공화당 대통령 후보 레이건은 후보 지명 수락연설에서 미국이 어려움에 직면한 경제, 국방 그리고 에너지 문제를 거론했다. 그리고 경제가 어려움에 처한 것은 정부의 지나친 과세와 방만한 지출에 원인이 있다고 지적했다. 따라서 레이건은 정부의 규제를 풀고 세금을 줄이면서 정부지출을 개혁해야 한다고 목소리를 높였다. 그리하여 3년 안에 세금을 30퍼센트까지 줄이고 그 감세로 인하여 결국 국가의 세수도 증가가 되게 해야 할 것이라는 그의 정치적 소신을 강하게 피력하고 나섰다. 그리고 이번 세기 동안 주요한 감세정책이 실시될 때마다 경제를 증진시키고 생산력을 향상시켰으며, 새로운 투자, 새로운 일자리 그리고 사람들 사이에 더 많은 상거래가 이루어짐으로써 정부 또한 새로운 세금 수입이란 결과가 발생했다는 사실을 상기시켰다. 그리고 레이건은 카터의 우유부단한 국방정책이 미국의 안보 위기를 초래했다고 비판했다. 강력한 국방력 강화를 통하여 미국의 안보를 유지하고 평화로운 세상을 반드시 만들겠다고 대내외에 단호히 천명했다. 그리하여 레이건은 국내문제에 있어 미국의 경제를 다시 번영하도록 만들어 놓겠다고 약속했으며, 대외적으로는 미국의 국방력을 더욱 강화하여 평화를 위협하는 세력에 단호히 대처하고 또한 척결하여 세계평화를 이룩하겠다고 힘차게 선언하고 나섰다. 그리고 민주당 소속의 현직 대통령에 도전하기 위해 전열을 정비하기로 했다. 인생이란 나이와 패배에 상관없이 끝없는 도전의 연속이라고 레이건은 스스로 여러 도전을 겪으면서 실감하고 있었다.

04

대통령 카터에
도전하다

공화당의 대통령 후보로 지명된 레이건은 당내 화합을 도모하기 위하여 예비선거에서 최대 라이벌이었던 부시를 부통령 후보로 지명했다. 레이건이 최고의 경쟁자를 포용하여 당내 통합을 도모한 것은 매우 훌륭한 정치적 결단이었다. 당내 강경파인 레이건과 온건파인 부시의 조합은 환상적인 것이었다.

한편 민주당은 현직 대통령 카터의 인기가 저조하여 대통령 후보를 교체해야 한다는 여론이 민주당 내에서 들끓고 있었다. 카터는 국내에서 극심한 경제 침체로 시달리고 있었고 외교정책에서도 이란 인질 사태 등으로 골머리를 앓고 있었다. 그에게는 정치적인 희망이 없어 보였다. 따라서 수세에 몰린 카터에 대항하여 메사추세츠 상원의원 에드워드 케네디가 민주당 대통령 후보에 강력히 도전하고 나섰다. 에드워드 케네디는 미국 전 대통령 존 F.케네디와 전 법무장관 로버트 케네디의 막내 동생으로 정치 명문가인 케네디 집안의 후광을 바탕으로 현직 대통령 카터에게 과감하게 도전하고 나선 것이다. 대통령 존 F.케네디에 이어 그의 동생 로버트 케네디가 대통령에 출마하려다가 연거푸 암살되어 비운의 정치 명문가로 널리 회자되어 왔는데 또 다시 에드워드 케네디 상원의원이 민주당 대통령 후보로 출마한 것이다. 카터가 인기가 없었고 민주당 내에서 후보를 교체해야 한다는 여론에 시달리고 있었지만 현직 대통령이란 위세와 영향력 때문에 에드워드 케네디 후보가 그를 이긴다는 것은 결코 쉬운 일이 아니었다. 둘은 예비선거에서 치열한 접전을 벌였다. 서로 우열을 가리기가 힘들었고 예비선거가 끝날 때까지 혼전 상태는 계속 이어졌다. 카터가 대의원 숫자를 더 많이 확보했지만 안정적으로 승리를 보장할 수 있는 숫자는 아니었다. 에드워드 케네디는 전당대회에서 역전할 기회를 노리며 전당대회가 개최될 때까지 패배를 인정하지 않고 전력투구했다. 그러나 결국 카터가 가까스로 승리했다. 그러나 에드워드 케네디는 너무도 억울한 나머지 감정적으로 처신하며 승리자 카터에 대한 지지선언을 하지 않았다. 그리하여 민주당은 대선을 앞두고 분열되었고 카터는 불안한 마음을 가지고 출발해야 했다. 바야흐로 현직 대통령 카터와 공화당 대통령 후보 레이건의 대결이 시작되었다. 예비선거가 끝난 직후 여론조사에 의하면 레이건의 지지율이 58퍼센트로 카터보다 훨씬 앞서는 것으로 나타났다.

레이건은 힘차게 선거전을 시작했다. 공화당 대통령 후보 레이건은 8월 18일 시카고에서 개최된 '해외전쟁 참전자 회의'에 참석해서 카터에 대한 공격의 포문을 열기 시작했다. 레이건은 카터 정부의 대외정책에 대해 "너무 유화적이며 애매모호한 정책이다. 마치 미국이 몽유병을 앓고 있는 것 같다. 이제 그 몽유병에서 깨어나야 한다. 평화는 기원이나 나약함으로 얻을 수 없으며 강력한 국방력을 유지할 때에야 가능한 것이다. 국방력을 강화하면 군비경쟁을 촉발시킨다는 민주당 머스키 국무장관의 우려는 전적으로 잘못된 생각이다. 그동안 미국의 국방력이 약화된 반면에 소련의 국방력은 계속 증강되어 힘의 불균형이 초래되고 있다. 어떤 희생을 치르더라도 평화를 유지하겠다는 카터의 정책은 곧 굴종과 항복을 의미하는 것이다. 유약함이 전쟁을 불러오는 것이지 강력한 국방력은 절대로 전쟁을 유발시키지 않는다. 힘을 통한 평화유지가 유일한 방향이며, 이것이 2차대전 이후 미국이 취하고 있는 외교적 전통이다. 민주당의 데탕트 정책도 잘못된 것이다. 일방적으로 소련이 무력증강을 할 수 있게 한 '전략무기감축조약(SALT Ⅱ)'도 잘못된 것이다. 평화를 유지하는 최선의 방법은 상대방이 전쟁에서 이길 수 없다는 확신을 들게 하는 것이다!"라고 강력히 주장하고 나섰다. 학문적으로 전쟁이 일어나는 7가지 원인이 있는데 그 중에서도 가장 빈번한 전쟁의 발생 원인이 힘의 균형이 깨어져 강대국이 약소국을 만만하게 보고 침략하는 것이다. 제2차 세계대전 때 강대국 독일이 이웃국가를 상대로 전쟁을 일으키는 것이나 강대국 일본이 한국 등을 침략하는 행위 등이 그러한 이유 때문이다. 당시 강대국 소련이 영향력을 확대하기 위하여 유럽에서 나토동맹을 분쇄하려 하고 중국 등의 아시아 지역 그리고 니카라과 등 중남미 지역에서 대대적으로 좌익정권을 지원하고 나서는 상황에 대해 강력한 반공주의자 레이건은 심각한 우려를 표명하기 시작한 것이다. 즉 소련이 미국의 유약한 카터 정부에게 긴장을 완화시키는 데탕트 정책에 호응하는 척 하면서 속으로는 음흉스럽게 공산주의를 확산시키고 있었던 것이다. 이는 역사적으로 공산주의자들의 전형적인 수법인데 유약한 카터 정부가 인권과 도덕성을 내세우며 평화로운 세상을 추구하자고 소련과 어설프게 데탕트 정책을 추구하는 것은 강력한 반공주의자 레이건이 판단해 볼 때 비현실적인 정책으로 전쟁을 초래할 수도 있는 위험천만한 것으로 판단하고 있었다.

따라서 레이건은 평화를 쉽게 얻을 수 있다는 유약한 카터 정부의 데탕트 정책은 전쟁을 방지할 수 없다고 보았고 마치 카터 정부가 현실을 제대로 파악하지 못하고 몽유병 속에서 계속 평화로운 세상을 꿈꾸며 헤매고 있다고 공격했던 것이다. 결국 레이건은 강력한 힘 즉 국방력을 소련을 능가할 정도로 갖추어야 확실하게 전쟁을 미리 방지하여 평화로운 세상을 추구할 수 있다는 현실론을 강조했던 것이다. 따라서 레이건은 소련보다 압도적으로 우세한 국방력을 갖출 때 감히 미국과의 전쟁에서 이길 수 없다는 확신을 들게 하는 것이 미국식 자유가 보장되며 진정으로 평화로운 세상이 이루어 진다는 것이었다. 그리하여 레이건은 "서로 평화롭게 살자고 그들을 설득할 수 있는 최선의 방법은 그들이 전쟁에서 결코 우리를 이길 수 없다는 것을 확신시키는 것입니다. 그들이 우리의 강력한 국방력 때문에 우리와 우리 동맹국들을 결코 정복할 수 없도록 알게 한다는 것이 중요합니다……. 우리는 2차 대전 이후 거대한 군사력을 가지고 다른 국가를 지켜주는데 사용한 것이지 그 힘으로 해외의 영토를 얻는데 쓰지 않았습니다!"라고 주장했다. 그리고 레이건은 미국의 "예정된 운명"은 다른 나라 사람들도 '자유'를 누릴 수 있다는 사실을 알려주는 것이라고 했다. 마치 그의 연설은 19세기 초 '명백한 운명'이라고 강조했던 미국 팽창주의자들의 주장처럼 들렸다.

9월 1일 노동절에 레이건은 카터의 경제정책에 대해서도 공격의 포문을 열었다. 레이건은 노동절인 이날 뉴저지시에서 행한 유세연설에서 주로 경제정책을 거론하며 카터를 공격하고 나섰다. 레이건은 언성을 높이며 "카터 정부는 우리 미국인이 더 이상 꿈을 꾸지 못하도록 미국 경제를 피폐화시켰습니다. 그가 우리에게 한 약속은 깨졌으며 신뢰 또한 무너져 우리 모두 절망 속에 빠져있습니다. 카터 정부 아래 800만 명의 실업자가 늘었고 흑인들의 실업률은 더욱 높아져 무려 14퍼센트에 이르고 있습니다. 1980년 1분기에만 18퍼센트에 달하는 인플레이션이 발생했습니다. 또한 카터 정부는 4년 연속 적자 예산을 기록하고 있습니다. 게다가 대출 이자는 남북전쟁 이후 가장 높은 20퍼센트까지 올랐습니다."라고 구체적인 경제지표를 제시하며 주장하고 나섰다. 그리고 레이건은 경제가 불황이면 카터 자신도 해임의 공포를 경험해야 할 것이라고 경고했다. 또한 레이건은 자신이 과거 영화배우 조합의 노조원이었던 점을 강조했다.

그리하여 자신이 노동자 편임을 부각시켰다. 그러면서 그는 미국 역대 대통령 후보 중 유일한 노조위원장 출신이라고 자신을 소개했다. 그러나 노사관계에서 중요한 것은 모두를 위하여 먼저 경제 파이를 키우는 것에 우선순위를 두어야 한다고 주장했다. 즉 충분히 생산한 다음 분배에 나서야 한다는 것이었다. 생산적인 경제를 위하여 생산에 우선순위를 두고 세금 부담도 줄여야 한다고 레이건은 강조하고 나선 것이다. 게다가 이를 위해 미국을 건설한 원동력이었던 영적이고 도덕적인 가치들의 회복도 중요하다고 주장했다. 즉 레이건은 분배보다는 생산을 더욱 중시한 경제정책을 추구했던 것이다. 따라서 감세는 생산력을 키우기 위해 꼭 필요하다는 것이 레이건의 확고한 주장이었다.

또한 레이건은 그 해 10월 24일 TV유세연설에서 보다 상세한 경제계획을 발표했다. 미국은 과거에 세계에서 가장 강력한 제조업 국가였음을 강조하면서 토마스 울프의 "힘찬 노래"라는 표현을 이용했다. 경제적 번영을 구가했던 미국의 "힘찬 노래"는 카터의 잘못된 경제정책으로 거의 사라져 갔고 그와 함께 미국 경제는 쇠락의 길로 빠져들었다고 카터를 강력히 공격했다. 현직 대통령 카터는 대통령직을 힘들게 지켜야 하는 수세적 입장이었고 69세의 공화당 대통령 후보 레이건은 과감하게 도전하여 대통령직을 쟁취해야 하는 공세적 입장이었다. 마지막 도전이기도 한 레이건은 마치 보수혁명가처럼 열정과 사명감을 지니고 진보주의자 카터를 거세게 공격했다. 레이건은 카터 정부가 경제불황 속으로 빠져든 것은 과도한 정부의 지출 증가 때문이라고 공격했다. 레이건은 "지난 4년 동안 카터는 정부 지출을 거의 60퍼센트까지 증가시켰습니다. 이러한 과도한 지출이 인플레이션을 유발시킨 것입니다. 세금을 적게 걷어서 그런 것은 아닙니다. 우리가 너무 잘살기 때문에 인플레이션에 부딪치는 것이 아닙니다. 정부가 너무 잘 살기 때문에 우리가 계속 인플레이션 속에서 살고 있는 것입니다."라고 주장하며 장기적 인플레이션으로 달러 가치가 하락하는 등의 경제불황을 맹렬하게 질타했다. 그리고 구체적으로 자신의 경제정책을 발표하며 정책만 좋으면 미국의 경제는 다시 살아날 수 있다고 주장했다. 레이건은 경제를 성공시키기 위하여 정부지출을 줄이고, 개인 소득세를 감세하며, 불필요한 정부의 규제를 폐지하여 경제활동을 촉진시키고, 안정되고 건전하며 예측 가능한 금융정책을 실시하고, 해외 수출을 증진하고, 산업을 부흥시키고, 경제성장과 삶의 수준을 높일 수 있는 에

너지 정책을 채택하고, 변함없고 지속적인 국가경제정책을 수행하여 신뢰감을 회복한다는 8개의 정책을 구체적으로 제시한 것이다. 그 중에서도 그는 경제정책을 성공시키기 위한 가장 중요한 조건으로 내세운 것은 바로 정부지출의 통제였다. 레이건은 정부의 부패를 근절하여 먼저 정부의 방만한 예산낭비를 줄여야 한다고 강조했다., 레이건은 예산은 절감해도 약자에 대한 사회보장비는 축소하지 않겠다고 천명했다. 카터의 공격을 대비하기 위한 방책이었다. 그 다음으로 레이건은 정부지출 통제와 감세를 통하여 3년 내에 균형예산을 달성할 것으로 예상했던 것이다. 이처럼 레이건의 경제정책은 구체적이고 실현 가능성이 충분히 있어서 계속되는 경제침체로 절망감에 빠져 있는 미국민들에게 새로운 희망을 줄만한 것이었다. 도전자인 레이건은 카터처럼 수많은 현란한 정책들을 내세우지 않고 단 몇 가지 정책만을 집중적이고 반복적으로 주장했다. 점차 현직 대통령 카터와 공화당 대통령 후보 레이건은 치열하게 격돌하며 선거의 절정을 향하고 있었다.

Ronald Wilson
Reagan

Chapter
05

제5장

대통령의 꿈을 이루다

역사적인 TV토론

1980년 10월 28일 레이건은 카터와 역사적인 TV토론을 가졌다. 이 토론은 대통령 선거운동의 절정을 이뤘다. 대통령 선거일이 일주일 후인 11월 4일이었기 때문에 치열한 선거 분위기는 최고조로 달아오르고 있었다. 자신감으로 질주하던 레이건이 제3의 후보자 앤더슨(공화당 출신)을 포함하여 카터에게 몇 번이나 TV토론을 제안하였으나 계속 카터는 거부했다. 이때 56세의 카터는 4년 동안 대통령을 하면서 많은 연설과 기자회견 및 TV대담 등을 경험했지만 역대 대통령 중에서 말을 제일 재미없고 지루하게 한다는 평을 듣고 있었다. 게다가 그는 연설할 때 날카롭고 차가운 인상을 풍겼다. 그리고 서툰 연설 솜씨에 음성도 약하여 TV토론을 거부했던 것이다. 그러나 레이건의 거듭된 오구에 앤더슨을 배제하자는 조건을 카터는 내세웠고 가까스로 레이건과 카터만의 TV토론이 결정된 것이다. 레이건은 스포츠방송 아나운서와 영화배우 및 제너럴 일렉트릭(GE)의 홍보대변인 등의 경험을 통하여 온화한 미소와 유창한 언변을 습득하고 있었다. 그의 말은 가볍고도 유려한 바리톤 음색으로 빠르고 경쾌하여 재미있고 설득력이 있었다. 게다가 마치 복숭아 솜털처럼 부드럽고 푹신한 느낌을 주는 아름답고 매력적인 목소리였다. TV토론은 여성유권자협회의 주최로 오하이오주 클리블랜드시 컨벤션센터에서 이루어졌다. 사회자는 ABC뉴스의 하워드 스미스였고 패널리스트로 참석한 사람들은 '크리스찬 사이언스지' 의 기자 해리 일리스, '유에스뉴스앤월드리포트' 의 편집장 마빈 스톤, '포트랜드오래건니안지' 의 부편집장 윌리엄 힐러드, 'ABC뉴스' 의 여기자 바바라 월터스였다. TV토론은 패널리스트들이 각 후보자들에게 같은 질문을 하면 후보자가 답변을 하고 그 답변에 대해 다시 보충질문이 있은 후에 후보자가 서로 상대방 후보에 대하여 반박하는 형식이었다. 먼저 마빈 스톤이 국가안보와 관련한 질문을 하였다. 카터는 선거기간 내내 레이건을 호전적인 전쟁광으로 비난했다. 그리하여 이런 카터의 비난에 대한 의견을 물었다. 레이건은 미국의 안보가 위협받는 경우에 한정하여 모든 방법이 실패로 돌아간 다음에 최후의 수단으로 군사력을 사용할 것이라고 답변했다. 그리고 미국은 세계 다른 나라에 대한 책임이 있기 때문에 군사력을 적정 수준으로 유지해야 한다고 강조했다.

이어서 스톤은 국방력 강화와 국가 예산의 절감을 어떻게 함께 이룰 수 있을 것인가를 물었다. 이에 레이건은 예산의 증액을 줄여서 국가 예산을 줄이는 것이므로 현재의 지출을 줄이는 것은 아니라고 주장했다. 스톤은 카터에게도 같은 질문을 던졌다. 카터는 자신의 임기 이전에 이미 국방비의 감소가 진행되어 왔다고 밝혔다. 오히려 그는 그의 임기 동안 국방력을 증강시켰다고 답변했다. 즉 그는 결코 유약한 지도자가 아니며 국방력을 감소시킨 대통령이 아니라는 뜻이었다. 단지 군사력 이외의 방법으로 국가의 안보를 지키려고 했다는 것이었다. 그러면서 이집트와 이스라엘 사이의 평화적 합의도 자신의 업적이라고 내세웠다. 그리고 페르시아 만의 안정과 안보가 미국의 이익과 직접 결부된다면 군사력을 사용할 수 있다고 답변했다. 그는 자신의 국방외교정책이 결코 나약하지 않다는 것은 증명하려는 듯 여러 가지로 현란한 주장을 펼쳤지만 1979년 11월 4일 이란 인질사건과 1979년 12월 27일 소련의 아프가니스탄 침략 등으로 이미 미국의 위신이 추락하여 많은 미국민들은 그에 대해 환멸을 느끼고 있었다. 또한 카터는 영화배우출신 레이건을 지적 능력이 모자라는 '얼간이' 처럼 과소평가하며 인종차별주의자이며 호전적인 전쟁광이라고 품위 없게 계속적으로 공격을 퍼부었다. 카터는 자신보다 13세나 많은 레이건에게 예의 없게 편협한 자세로 집요한 공세를 펼쳤다. 그러나 참고 견디면서 가시넝쿨 헤쳐가듯 힘든 인생을 살아온 레이건은 기독교적인 인간답게 온화한 미소와 겸손한 자세로서 카터의 비난을 은근히 묵살하며 피해 갔다. 그는 카터의 집요한 비난에 "또 그 이야기를 하시는구려!"라며 그의 공세를 피했던 것이다. 그러면서도 레이건은 다른 예산은 절감하더라도 국방비만은 증액하여 강력한 군사력을 바탕으로 '힘을 통한 평화' 정책으로 전쟁을 미리 방지하여 평화로운 세상을 만들겠다고 약속했다.

경제정책에 관련해서는 일리스 기자가 질문을 했다. 그는 카터 정부의 경제정책이 대부분 실패했다고 지적하며 여러 경제지표를 제시했다. 이에 대해 카터는 1979년 석유파동을 경제불황의 주요 요인이라고 핑계를 댔다. 하지만 그는 1980년에 들어서 9백 만 개의 새로운 일자리가 창출되었다고 주장했다. 카터의 이러한 주장에도 불구하고 카터의 임기 내내 미국은 극심한 인플레이션과 높은 실업률 그리고 고율의 이자 등으로 심각한 경제불황을 겪고 있었다. 초조해 진 카터는 세금을 줄이면서 동시에 국가의 세수를 늘리겠다는 레이건의 주장은 무당처럼 주술을 부려야 가능한 "주술경제"라고 꼬집었다. 공화당 전당대회에서 부시 후보가 레이건 후보의 경제정책을 "주술경제"라고 신랄하게 공격한 적이 있는데 바로 이러한 주장을 카터가 인용하여 레이건을 비난하고 나선 것이었다. 이에 대해 레이건은 캘리포니아 주지사 경험을 이야기 하며 세금을 줄여서 생산력을 늘리고 동시에 세수를 증대시켰고 또한 주 정부의 지출을 줄여 균형예산을 이룰 수 있었고 인플레이션도 줄일 수 있었다고 주장했다. 그리하여 연방정부가 지나치게 낭비되고 또 비대한 부분을 줄일 수 있다면 그의 정책은 성공할 수 있다고 주장했다. 실제로 복지비 지출 한 가지 분야에서만 수천 억 달러에 달하는 부정지출이 행해지고 있었던 것이다. 카터는 이러한 레이건의 경제정책을 인플레이션을 조장하는 정책이라고 격렬하게 비판하였으나 카터의 신뢰는 계속 추락하고 있었다. 카터 대통령 아래 보건복지부 장관을 역임한 한 분이 의료복지비 부분에 700억 달러의 부정과 낭비가 있었다고 증언하여 카터는 더욱 곤궁한 입장에 처하게 되었다.

그리고 범죄문제, 빈곤문제 및 인종문제 등 사회문제에 대한 질문과 답변이 있었다. 카터는 빈곤 등 사회문제를 해결하기 위하여 그가 민주당 소속 대통령으로 빈곤층에 대한 복지정책을 핵심정책으로 추진하고 있다고 강조했다. 그는 핵심정책으로 실업수당제도, 최저임금제, 복지제도 그리고 전국민 건강보험제도 등을 시행하고 있으며 이는 그의 민주당 정권의 업적이라고 내세우고 있었다. 그런데 공교롭게도 그의 동생 빌리 카터가 대형 범죄인 로비 스캔들에 관련되어 카터의 신뢰가 땅에 떨어지고 말았다. 카터가 복지에 관련된 현란한 여러 정책을 내세우며, 복지 정책을 대폭 축소하여 국민을 어려움에 빠뜨릴 것이라는 레이건을 맹렬하게 비난하였지만, 레이건은 일관된 목소리로 사회보장과 같은 핵심적인 복지정책은 유지하겠으나 그 외에는 대폭적으로 개혁하여 지출을 줄이겠다고 선언했다. 또한 카터는 레이건을 냉혹한 인종차별주의자로 비난하면서 남부 출신인 자신은 인종통합정책을 잘 실시하겠다고 강조했다. 이런 카터의 무리한 주장에 대해 레이건은 미국의 인종문제가 잘못되고 있다고 생각하지 않았기 때문에 심각하게 대응을 하지 않았다. 사회문제 다음으로 토론한 것은 국제테러문제였다. ABC의 여기자 바바라 월터스는 카터의 가장 아픈 부분인 이란이 미국인들을 억류한 사건에 대해 질문하며 파고들었다. 곤혹스런 카터는 테러에 대해 단호하게 대처하겠다고 원론적으로 대답하면서 이란에 대한 규제를 완화할 것을 암시하면서 은밀한 협상을 진행하고 있다는 인상을 풍겼다. 레이건은 카터 정부의 곤혹스런 이란 인질 사건에 대해 정면으로 질타하지는 않았다. 또한 레이건과 카터는 전략무기제한에 대하여 치열한 난타전을 벌였다. 레이건은 미소간에 이미 협상이 끝난 'SALT II'는 지나치게 소련에 유리하고 미국에 불리한 조약이므로 미국의 국방력을 다시 강화한 다음 소련을 압박하면서 재협상을 해야 한다고 주장했다. 이에 대해 카터는 레이건의 재협상 아이디어는 매우 위험한 발상이며 이는 미소간 군비경쟁을 격화시킬 뿐이라고 비판했다. 그러자 레이건은 점잖은 태도로 카터야말로 진짜 의사가 나타나 병을 치료하는 것을 시기하는 사이비 의사와 같다고 공격했다. 레이건에게 직격탄을 맞은 카터는 딸 에미와의 대화를 소개하며 핵무기의 가공할 위험성을 최대한 부각시키려 했다. 그의 어린 딸 에미가 미국의 가장 중요한 문제로 핵무기와 핵무기 통제라고 했다는 것이었다. 그런데 그의 어린 딸과 핵무기의 통제를 이야기했다는 사실이 엄청난 역효과를 가져왔다. 즉 핵무기와 같은 심각한 문제를 초등학생 딸과의 대화에서 답을 물어보는 아버지 카터를 언론들은 희극적인 인물로 묘사했던 것이다. 전체적으로 카터는 웃음과 유머가 없이 지나치게 공격적인 자세로 일관했다. 반면에 레이건은 자주 웃으면서 유머를 구사하여 공격의 예봉을 피했다. 카터는 목소리에 확신이 없었고 불안해 했으나 레이건은 목소리에 자신이 있었고 편안하고 여유가 있었다. 카터는 대통령으로서의 경험을 내세워 경험이 없는 레이건이 급진적인 개혁과 강력한 국방력으로 미국을 혼란과 위험에 빠뜨릴 것이라고 맹렬하게 공격했다. 카터는 자신의 계획과 정책을 내세우기보다는 레이건의 위험한 정책을 부각시켜 맹공을 퍼부었다. 그리하여 카터는 "이번 선거는 전쟁이냐 평화냐를 선택하는 것"이라는 선거구호를 전면에 내세웠다. 반면에 레이건은 "카터가 대통령이 된 이후로 여러분은 전보다 더 행복해졌다고 느끼십니까?"라는 부드러운 선거구호를 반복적으로 주장하면서 과연 카터를 재신임해도 좋을 지를 미국민들에게 물었다. 이는 미국민의 감성에 호소하여 카터에 대한 신임을 묻는 신임투표로 대선을 유도하려는 레이건 진영의 고도의 전략이었다. 미국민들은 카터 대통령 아래 계속 침체된 경제와 미국의 위신을 떨어뜨린 대외정책에 실망하고 있었기 때문에 그들이 신임할 수 있는 인물이 과연 누구일까를 다시 고민하기 시작한 것이다.

02

대통령에 당선되다

레이건과 카터의 역사적인 TV토론을 미국 전역에서 1억 2천만 명의 시청자가 흥미롭게 지켜보고 있었다. 토론의 마지막 인사에서 레이건은 쉬운 표현으로 청중을 설득했다. "다음 화요일은 선거일입니다. 투표소에 서서 결정을 하셔야 할 것입니다. 여러분이 그 결정을 하실 때 여러분은 스스로에게 질문해 보십시오. 4년 전보다 여러분의 살림이 나아졌는가? 4년 전보다 가게에 가서 물건을 사는 것이 쉬워졌는가? 4년 전보다 이 나라에 실업이 줄었는가? 과거에 그랬던 것처럼 미국은 지금 전세계적으로 존경을 받고 있는가? 우리 국가가 안전하다고 느끼는가? 우리는 4년 전만큼 강한 나라인가?······ 만약 여러분이 지난 4년 동안 우리가 걸어온 이 길을 앞으로 오는 4년 동안에도 우리가 따라 가는 것을 보고 싶다는 것에 동의할 수 없다면, 그 때 저는 여러분이 다른 선택을 할 것을 권하고 싶습니다!" 이 역사적인 TV토론이 끝나고 레이건이 카터보다 훨씬 우세하다고 판명되자 선거판세가 완전히 레이건 쪽에 유리하게 전개되었다. 이 대통령 선거에서 총 발행부수 1,900만 부인 444개 미국신문이 레이건을 공개적으로 지지하고 나섰고, 총 발행부수 780만 부인 129개 신문이 카터를 공개적으로 지지하고 나섰다. 미국 전역의 언론에서도 레이건이 압도적으로 우세했다. 드디어 1980년 11월 4일 대통령 선거가 실시되었다. 선거가 끝나기 몇 시간 전에 카터는 패배가 확실시된다는 소식을 참모들로부터 들었다. 선거 종료 1시간 전쯤 카터는 짤막하게 패배를 인정하는 선언을 하면서 그만 울음을 터뜨리고 말았다. 반면에 10퍼센트 정도 앞서간 레이건 진영은 승리의 분위기에 휩싸였다. 곧 이어 승리가 확정되자 레이건은 영원한 연인이자 정치동지인 낸시에게 뜨거운 키스를 퍼붓고 하염없이 흐르는 굵은 눈물을 손등으로 닦았다. 섬세하고 정이 많은 거인 레이건은 눈물이 많은 사람이었다. 낸시는 눈물을 글썽이며 그녀의 전부인 남편 레이건을 존경스럽게 우러러 보았다. 선거 결과는 레이건의 압승이었다. 레이건은 총투표수에서 50.7퍼센트를 얻었고 카터는 41퍼센트를 얻었다. 그리고 제3후보인 앤더슨이 기대 이상으로 선전하여 6.6퍼센트를 얻었다. 양당 구조의 미국 정치에서 제3후보는 아주 미미한 존재로 보통 1퍼센트 득표율도 기록하지 못한다. 그런데 미국 대선에서 제3후보 앤더슨이

운명적인 만남으로 재혼한 레이건과 낸시.

6.6퍼센트를 얻은 것은 획기적인 일로서 카터에게 실망한 민주당 이탈표가 몰렸기 때문이었다.

선거인단에서 레이건은 44개 주에서 승리하여 489명을 차지했고 카터는 6개 주에서 겨우 승리하여 49명을 차지했을 뿐이다. 그 6개 주는 그의 고향 조지아주(12명)을 비롯하여 하와이 주(4명), 메릴랜드 주(10명), 미네소타 주(10명), 로드아일랜드(4명), 웨스트버지니아 주(6명)와 워싱턴 시(3명)였다.

지미 카터는 닉슨의 부도덕한 워터게이트 사건과 포드의 부적절한 사면으로 실추된 도덕성을 회복해야 한다고 외치면서 근엄하고 도덕적인 지도자로서 혜성처럼 대통령에 오른 인물이었다. 하지만 경제가 극도로 침체되고 미국의 대외적 위신이 추락하는 시기에 단순히 도덕성의 회복을 외치는 것만으로는 부족했다. 실업률과 인플레이션이 높아만 가고 석유파동으로 많은 미국민들이 경제적 고통을 호소할 때 카터는 확실한 대책을 제시하여 이를 해결하지 못하고 '신뢰성의 위기'라는 모호한 말만 하면서 현실에 대한 어려움만을 알리려 하였다. 현실적으로 계속되는 인플레이션과 에너지 위기에 대한 정확한 해결방안을 미국민들은 원하고 있었고 또한 그 문제를 해결할 수 있다는 강한 믿음과 신뢰를 원하고 있었지만 카터는 그러한 해결방안을 제시하지도 못했고 그에 대한 신뢰가 나날이 떨어져만 갔던 것이다. 이러한 어려운 시대에 경제위기를 극복하고 추락한 국가위신을 다시 회복시킬 수 있다는 강한 자신감과 용기 그리고 추진력을 겸비한 인물인 레이건이 등장한 것이다. 어쩌면 그 시대가 레이건을 부르고 있었는지도 모른다. 레이건은 이러한 시대에 필요한 철저히 준비된 인물이었다. 레이건은 미국은 지난 역사를 통해 아무리 어려운 현실이 닥치더라도 이를 이겨낼 수 있는 나라라는 것을 알고 있었다. 독립 이후 위대한 국가를 건설해왔고, 대공황을 잘 이겨냈으며 또한 일본의 진주만 기습도 잘 극복했다. 그래서 레이건은 미국민들이 하겠다는 마음만 먹으면 무엇이든지 할 수 있고 모든 것이 좋아질 것이라는 낙관적인 신념을 항상 마음속에 품고 있었다. 그리하여 그는 이 어려운 시대에도 정부지출을 줄이고, 세금을 인하하고, 개인과 기업에 대한 규제를 줄여서 경제부흥을 이끌 자신이 있었고, 또한 강력한 국방력을 갖춰 힘을 통한 외교로 평화로운 세상을 만들어 갈 자신감이 있었던 것이다. 즉 어려운 경제문제도 해결하고 실추된 국가의 위신도 되찾을 것이라 확신하고 있었던 것이다. 카터는 레이건을 맹렬히 공격하며 그의 공약이 오직 마술이나 주술로만 가능할 것이라 빈정거렸지만 그는 꼭 성공할 수 있다는 낙관주의적 자신감을 가지고 있었던 것이다. 레이건의 낙관적 자신감은 어릴 때 가정에서부터 비롯된 것이었다. 어려운 환경에서도 항상 미래를 희망적으로 기대하는 아버지와 모든 것을 긍정적인 입장에서 삶을 바라보는 어머니의 교육이 직접 레이건에게 영향을 주었다. 그는 고향에 있는 딕슨고등학교를 졸업하면서 학교 교지에 "인생이란

멋지고 달콤한 노래와 같은 것이다. 자, 그러하니 그 음악을 시작하자!"라는 시를 남겼다. 그처럼 낙관주의자인 레이건은 열심히 노력하면 언젠가 좋은 결과가 나오리라는 믿음, 가난과 어려움에 실망을 하거나 비관하지 않고, 언제나 다른 사람의 장점만을 보고, 그리고 좋은 것을 더욱 좋은 것으로 생각하는 삶에 대한 긍정적인 태도는 레이건이 부모로부터 물려받은 값진 자산이었다. 이러한 레이건의 낙관주의는 항상 그에게 자신감과 도전할 용기를 주었으며 이러한 레이건으로부터 미국민들은 잃어버렸던 용기와 희망을 되찾았으며, 자신들이 미국인이라는 사실에 대해 그리고 레이건이 자신들의 대통령으로 선출된 것에 대해 자부심을 느끼게 했다. 낸시는 레이건의 지나친 낙관주의에 대해 "너무나 속수무책으로 낙관적인 남편과 산다는 것은 어려운 일이 아닐 수 없다. 나는 그가 적어도 약간이라도 걱정하길 바랐으나 그러질 않아서 종종 화를 내곤 했다. 그러나 남편은 전혀 걱정하는 기색이 없었다. 내가 우리 두 사람 몫의 걱정을 도맡아서 산 것 같다." 라고 불평을 털어 놓은 적이 있을 정도였다. 또한 레이건에게는 카터와 같은 근엄함과 냉랭함이 없다. 마치 마음씨 좋은 옆집 아저씨의 모습처럼 느껴진다. 따뜻하고 밝고 친절하고 개방적인 모습이다. 그리고 카터가 미국민들을 상대로 연설할 때 시선을 떨구고 작은 음성으로 불안한 자세를 취한 반면에 레이건은 자신 있게 정면을 똑바로 응시하고 확신에 찬 목소리로 연설을 하였다. 그리하여 카터의 연설은 그의 날카롭고 차가운 인상과 함께 지루하게 전개돼 미국민들에게 답답함과 실망감을 안겨주었다. 그러나 레이건의 연설은 온화한 미소와 함께 빠르고 재미있게 전개되어 미국민들의 호응이 높았다. 그는 대중을 즐겁게 하면서 설득하는 소통기술이 뛰어났던 것이다. 레이건은 연극배우가 꿈이었던 어머니에게서 어린 시절부터 다른 사람을 즐겁게 하고 설득하는 방법을 몸소 배웠던 것이다. 또한 영화배우 생활을 하면서 다른 사람의 입장에서 말하는 방법을 터득하기도 했다. 특히 제너럴일렉트릭(GE)에서 직접 수많은 사람들 앞에서 연설을 한 경험은 그를 뛰어난 대중 연설가로 성장하게 했다. 레이건은 어떤 연설을 할 때 무조건 외우기보다는 재미있는 이야기를 하듯이 그만의 언어로 만들어 사용했다. 실제로 레이건은 젊은 시절 방송일을 하면서 존경했던 루즈벨트의 연설을 따라 적으며 그 비결을 연구했다. 그리고 어느 순간 레이건은 그 대상이 누구든지 간에 그와 재미있게 이야기를 하듯이 말하는 루즈벨트의 그 비결을 알아냈던 것이다. 그 후 레이건은 라디오방송과 정치연설 등을 하는데 그 방법을 그대로 사용했다. 그 방법들이란 첫째로 문장을 충분히 확인한 다음 고개를 들고 그 문장을 마치 대화하듯이 말하는 것이고, 둘째로 절대 고개를 숙이고 원고만을 읽지 않고 반드시 고개를 들고 상대방을 응시하며 설득하듯이 말을 하는 것이다. 셋째로는 메모지를 내려다보고 무슨 내용인지 살펴보고, 고개를 들고 몇 초 동안 말을 멈추고 그 내용을 자신만의 언어로 풀어냈다. 넷째로는 연습을 많이 하는 것이다. 레이건은 루즈벨트의 비결과 또 다른 명연설가인 처칠의 비결을 파악하여 연설에 앞서 많은 연습을 했다. 다섯째로는 상대가 전혀 예상하지 못했던 촌철살인의 언어를 사용하여 그 효과를 배가시켰다. 이를테면 레이건은 카터와의 TV토론에서 상대의 의표를 찌르듯 "국민여러분! 지금의 생활이 4년 전보다 나아졌습니까?"라는 말로 분위기를 압도했던 것이다. 그리하여 후에 많은 사람들은 레이건이 프랭클린 루즈벨트 이상의 명연설가라고 평가해 주었다.

현직 대통령으로 대선에서 낙선한 카터는 실패한 대통령으로 회자되기 시작했다. 해군사관학교를 졸업하고 부모의 뒤를 이어 고향에서 땅콩농장을 운영하다가 주의원부터 시작해 단기간에 대통령에 오른 입지전적인 인물 카터는 임기 동안 개혁정책과 경제정책 그리고 외교정책 등에 실패하여 무능한 지도자로 임기를 끝마치게 되었다. 그러나 인생은 새옹지마라고 그는 대통령에서 물러난 후 마치 불사조처럼 화려하게 부활하기 시작했다. 퇴임한 그는 어렵고 힘든 세계를 위하여 분쟁해결사의 역할을 순교자처럼 헌신하고 다녔다. 세계평화를 위하여 분쟁이 있는 위험지역을 누비고 다니며 국제문제 중재자로서 많은 역할을 한 것이다. 또한 가난한 사람들을 위하여 '사랑의 집짓기' 운동을 전 세계적으로 전개해 세계적으로 존경 받는 인물로 부활했다. 게다가 그는 인권과 중재역할에 대한 공로를 인정받아서 노벨평화상을 받기까지 했다. 또한 카터는 우리나라를 방문하여 '사랑의 집짓기' 자원봉사자로 참여하여 아산, 파주, 진주, 대구/경산, 군산, 태백 등에 174세대의 집을 지어주기도 했다. 그는 특이하게도 퇴임 후 세계적으로 인권외교와 분쟁조정으로 국제적인 유명인사로 부활한 것이다. 참으로 인생이란 미래를 알 수 없는 반전의 드라마이기도 한 것이다.

레이건 시대 개막

드디어 레이건의 꿈은 이루어졌다. 1981년 1월 20일 레이건은 미국 제40대 대통령으로 취임하였다. 대통령 레이건의 등장은 여러 의미가 있지만 무엇보다 그것은 뉴딜 이후 거의 사라져간 미국의 전통적 가치 즉 보수주의의 부활을 의미했다. 미국민들은 카터의 현란한 진보주의에 환멸을 느꼈기 때문에 레이건의 보수주의 등장에 새로운 희망과 기대를 품고서 대통령 레이건을 열렬히 새로운 지도자로 맞이했다. 취임식은 혹독한 추위 속에서 세찬 겨울바람이 나부끼는 가운데 거행되었다. 연미복을 입은 대통령이 취임선서를 할 때 낸시는 곁에서 그의 남편을 존경심을 품고서 우러러보았다. 그녀는 영원한 연인이면서 정치동지인 대통령 레이건이 새삼 위대해 보였다. 낸시는 그의 남편 레이건과 지내온 날들이 한 편의 영화처럼 머리를 스쳐가자 불현듯 눈가가 촉촉해졌다. 그들의 변화무쌍한 도전적인 삶은 한 편의 감동적인 영화였던 것이다. 레이건은 대통령으로서 취임선서를 하고 그에 마지막으로 덧붙여 하나님께 도와 달라는 말을 나직이 중얼거렸다. 하나님께 도와 달라는 말은 선서문에는 없지만 대통령 취임식 때 반드시 관례적으로 하는 말이었다. 참으로 대통령의 자리는 영광의 자리이기도 했지만 힘들고 외로운 자리이기도 했다. 레이건은 취임사에서 먼저 미국이 경제적으로 어려움을 겪고 있음을 지적했다. 경기가 침체되고 인플레이션으로 고통을 받고 있는 현실의 원인으로 과세의 부담과 정부의 방만한 지출에 따른 고질적인 적자 예산을 지목했다. 그는 미국의 문제는 다른 곳에 있는 것이 아니라 바로 연방정부 자체에 있다고 강조했다. 즉 미국의 어려운 경제를 해결하기 위해서는 연방정부의 규모 축소와 연방정부의 업무를 각 주와 지방정부에 이관해야 한다는 것이었다. 레이건은 미국이 안고 있는 경제적 어려움의 핵심이 거대정부에 있다고 생각한 것이다. 뉴딜 이후 몇 십 년간 비대해진 거대정부는 국민들로 하여금 국가에 더욱 의존하도록 만들었다는 것이 레이건의 생각이었다. 이러한 거대정부가 거대한 재정적자를 낳아서 경제가 침체되었다고 레이건은 생각한 것이다. 그래서 레이건은 거대정부를 작은 정부로 만들고자 했고 그렇게 실천하기로 했다. 간섭보다는 자유에, 분배보다 성장에, 집단보다 개인에, 의존보다 자치에 집중하기로 했다. 이러한 것들은 레이건이 아버지와 어머니로부터 배운 가치였고 나아가 미국의 전통적 가치 즉 보수주의의 가치였다. 레이건은 이것이 미국과 미국인이 가야 할 생활방식이라 생각했다. 이것을 통하여 번영하는 미국을 다시 일으키겠다는 것이 레이건이 제시한 비전이었다. 한편 레이건은 국가위신이 추락한 원인에도 나약한 정부가 있음을 지적했다. 그는 미국이 그동안 냉전과 데탕트 시대를 지내면서 소련을 비롯한 적에게 너무나 유약하게 대처했다는 생각이었다. 나약한 정부는 냉전이든 데탕트(화해)든 소련을 너무 지나치게 큰 적으로 생각했다는 것이다. 그 결과 전혀 생산적이지 않은 데탕트를 위해 너무나 많은 것을 희생시켰다고 보았다. 레이건은 이것이 베트남전의 패배와 굴욕적인 이란 인질사건을 초래하게 한 원인으로 보았다. 그래서 레이건은 정부의 모든 예산은 줄이더라도 국방예산만은 증액하여 국방력을 더욱 강화해 강한 정부를 만들겠다고 천명했다. 그리하여 강한 정부를 통해 국가의 위신과 자존심을 회복하여 잃어버린 국가의 영광을 다시 찾겠다는 것이 레이건이 제시한 또 하나의 비전이었다. 먼저 그는 취임사에서 연방정부 자체에 문제가 있다고 강조하며 다음과 같이 주장했다. "정부가 바로 문제입니다. 때때로 우리는 사회가 너무나 복잡하기 때문에 자치적으로 운영될 수 없으며 엘리트 그룹에 의한 정부는 국민을 위한, 국민에 의한, 국민의 정부보다 더욱 우월하다고 믿어왔습니다. 누구도 거대정부를 스스로 관리할 수 없다면 우리 가운데 누가 나서서 그 정부를 관리해야 합니까? 연방정부 안에 있는 사람이나 지방 정부에 있는 사람이나 우리 모두 함께 짐을 나누어져야 합니다. 우리가 찾고 있는 해결책은 서로 공평하게 감당하는 것입니다. 누구도 더 큰 대가를 치르도록 해서는 안됩니다." 그러면서 레이건은 연방정부와 지방정부가 함께 어려운 경제문제를 해결해야 한다고 강조하면서 연방정부보다도 주정부가 먼저라는 주 우선주의 원칙을 주장했다. "우리 국민이 연방정부를 가지고 있는 국가이지 그 반대로 연방정부가 국민을 가지고 있는 것이 아닙니다. 이러한 사실은 지구상의 많은 나라들 중에서 우리를 특별한 나라로 만들어주는 것입니다. 우리 연방정부는 국민들에 의하여 수여된 권한 이외의 권한은 가지지 못합니다. 이제 연방정부의 비대화를 줄여서 작은 정부로 돌려놓아야 합니다. 비대한 연방정부는 지배 받는 국민의 승인을 넘어서서 비대해졌다는 표시인 것입니다……. 연방정부의 크기와 영향을 줄이고 연방정부에 부여된 권한과 주와 국민들에게 존속된 권한들을 잘 구별하겠다는 것이 제가 하고자 하는 것입니다. 우리 모두 연방정부가 주를 만들어낸 것이 아니라는 사실을 기억해야 합니다. 주들이 먼저 생겨나 연방정부를 창조해 냈던 것입니다." 레이건은 취임사 후반에서 연방정부의 규모가 커짐으로써 국가가 개인의 생활에 지나치게 개입하고 간섭하는 일이 생겼다는 점을 지적했다. 레이건은 정부의 간섭에서 벗어나 자유로운 삶을 영위하게 하는 미국적 향수를 자극하여 미국의 전통적 가치관을 되살려내게 하는 보수개혁을 추진하길 원했다. 그러면서 자유민들의 의지와 용기가 미국이 가진 최고의 무기라고 주장하며 미국민의 전통과 애국심을 살려내야 한다고 레이건은 강력히 호소하고 나섰다. 또한 레이건은 미국은 전통적으로 하나님을 믿는 국가이므로 대통령 취임식날을 '국가 기도의 날'로 지정하자고 주장했다.

한편 백악관을 떠나는 카터는 이란 내 미국 대사관에 억류된 미국인 인질 53명을 구출하려다 실패하는 등 곤혹을 치렀으나 끈질기고 힘든 협상을 통하여 가까스로 레이건의 취임식 날에 맞춰 인질들을 석방시키는데 성공했던 것이다. 그리하여 임기를 마치는 카터는 무거운 짐을 내려놓을 수 있었고 새로 취임하는 레이건은 인질 석방 소식으로 가벼운 마음으로 대통령에 취임할 수 있었다. 레이건은 취임식 날 저녁 기자들에게 인질석방소식을 알려주었다. 그리고 풀려난 억류자들과 가족들을 모두 백악관으로 초청하여 환영식을 마련했다. 레이건은 간단한 환영사를 하였고 다음과 같은 기도를 했다. "사랑하는 주님, 감사합니다. 당신이 하신 일로 당신께 감사를 드립니다. 하나님, 이렇게 돌아와 함께 할 수 있게 하시니 감사합니다. 이분들에게 필요한 이해심과 인내심을 주옵소서, 아멘." 상원과 하원은 1981년 1월 26일 '국가 감사의 날'로 지정하는 결의안을 통과시켰다. 그리고 대통령 레이건이 서명한 이 결의안은 법으로 공포되었다. 이는 단적으로 미국이 기독교 국가의 전통을 가지고 있는 나라라는 사실을 보여주고 있는 것이다.

　레이건은 취임식을 마치자 대통령으로서 직무를 시작했다. 몹시 추운 날씨 속에서도 대통령에 취임한 레이건은 새로운 역사를 창조하겠다는 기대로 흥분하고 설레면서도 무거운 책임감을 느끼지 않을 수 없었다. 그리하여 독실한 크리스천 레이건은 하나님께 도와 달라고 간구하고 또 간구했다. 대통령의 자리는 영예로운 자리이지만 외로운 고난의 자리이기도 했다. 최고 높은 자리이지만 엄청난 중압감을 느껴야 하는 최고 힘든 자리이기도 했다. 1945년 4월 루즈벨트 대통령이 서거하자 갑작스럽게 대통령 자리에 오르게 된 트루먼은 하늘의 달과 모든 별이 모두 자신의 어깨에 내려앉는것 같은 중압감을 느꼈다고 고백하기도 했다. 사실 70세에 대통령에 취임한 레이건의 몸 상태는 많은 면에서 정상이 아니었다. 다른 사람들의 기준으로 볼 때 레이건의 나이는 은퇴할 시기였다. 이런 나이에 대통령에 오른 레이건으로부터 미국민들은 잃어버렸던 용기와 희망을 되찾았다. 레이건의 삶은 낙관주의와 끊임없는 도전 그 자체였다. 그리하여 그는 새로운 도전에 직면하여 어떠한 어려움도 극복할 수 있고 해결할 수 있다는 강한 믿음이 있었다. 레이건이 젊은 시절 그의 영웅으로 추종했던 민주당 소속의 루즈벨트 대통령이 전통적인 미국의 가치에 반하여 적극적인 정부 간섭으로 대공황을 극복했다면, 이제 새 대통령으로 취임한 공화당의 레이건은 그와는 반대로 전통적인 미국의 가치를 살려내고 최대한 정부의 간섭을 줄여서 침체된 경제를 회복시키고 힘을 통한 외교로 미국의 위신을 세워야 하는 역사적 과제를 안고 출발해야 했다. 즉 신념이 강한 보수주의자 레이건은 업적이 많은 진보주의자 루즈벨트를 넘어서고 싶었다. 그리고 용기를 최고의 미덕으로 내세우며 개척정신을 부르짖은 현란한 진보주의자 존 F. 케네디를 넘어서기 위하여 보수혁명을 꼭 성공시키고 싶었다. 과연 레이건의 보수혁명은 성공할 수 있을 것인가? 그리하여 그들만큼 위대한 업적을 남길 것인가? 이제 막 대통령으로 취임한 레이건은 반드시 경제적 부흥과 평화로운 세상을 실현하여 미국의 영광을 회복하고 미국민들에게 위대한 유산을 물려주기로 다짐하고 또 다짐했다.

지역적 탕평을 고려한 인사정책

공화당 소속의 링컨 대통령은 철저히 정치적 탕평을 고려한 인사를 단행했다. 즉 연방정부 장관의 절반은 공화당 소속의 인사들로 채웠고 나머지 절반은 민주당 출신의 인사들로 채웠다. 그리고 고향 출신 인사들은 가급적 배제하고 전국적으로 공평하게 인재들을 등용하여 충분히 지역적 탕평도 고려했다. 우리나라에서는 부강한 문화국가를 이룬 18세기의 위대한 지도자 정조가 철저히 정치적 탕평과 사상적 탕평을 추진한 지도자였다. 사상적 탕평이란 미국에는 없는 것이었지만 우리는 주자학, 북학, 실학, 서학(천주학) 등이 서로 충돌하여 사회적 혼란을 야기시킬 위험이 있어서 교파적 지도자인 정조가 사상의 융합을 꾀한 정책이다. 레이건은 특히 지역적 탕평을 고려한 인사정책을 단행했다. 그리고 충성도와 능력을 충분히 고려한 인사정책을 추진했다. 미국은 철저한 엽관제를 전통적으로 시행하여 대통령 선거에서 승리하면 시골 지역의 우체국장까지도 대대적으로 승리한 당의 인사로 교체했다. 적어도 수십만 자리가 한꺼번에 교체되었다. 이를테면 공화당 소속의 청년 링컨이 일자리가 없어서 방황할 때 집권한 민주당이 시골 면 단위의 기관장인 우체국장까지도 민주당 인사가 차지하기로 되어 있었다. 그런데 민주당 소속 인사들이 시시한 우체국장(당시 월급이 거의 없었음)을 서로 포기하여 한 푼이라도 아쉬운 독신 총각 링컨이 가까스로 그 자리를 차지한 적이 있었다. 그만큼 미국은 전통적으로 철저한 엽관제를 시행하여 왔던 것이다. 미국의 전임 대통령들은 직접 나서서 주로 충성도를 고려하여 장관 등 고위 관료만을 전통적으로 임명해왔다. 그러나 레이건은 직접 중간간부들까지 나름의 인사기준을 세워서 임명했고 이를 통하여 전면적인 정책변화를 꾀했다. 참모들의 충성도와 봉사기간을 통하여 인사정책을 수립해 획기적인 정책변화를 추진한 대통령은 레이건이 최초였다. 레이건에게 헌신하고 봉사한 참모들은 스스로를 미국 신보수주의 운동의 선봉이라고 자처하며 미 연방정부 임명직 인사에 전권을 행사했다. 인사에 막강한 권한을 행사한 이들은 '캘리포니아 마피아' 혹은 '캘리포니아 사단' 으로 불렸다. 이들은 주로 레이건의 캘리포니아 주지사 시절에 형성된 참모들이었다. 레이건의 참모들은 충성도나 결속력이 무척 뛰어나서 '마피아' 혹은 '사단' 으로 불리어졌던 것이다. 레이건도 참모들을 전적으로 신뢰해 주었고 특별한 실수가 없는 한 그들에게 관대한 편이었다. 레이건 사단은 그들을 대표하는 수뇌참모들이 나서서 연방정부 임명직 후보에 대한 자격 기준을 4등급으로 분류했다. 1등급은 1964년(공화당 대통령 후보 골드워터 지원시기) 이전부터 레이건을 위해 일한 사람, 2등급은 1967년부터 1975년까지 레이건의 캘리포니아 주지사 시절에 일한 사람, 3등급은 1976년 공화당 대통령 후보 도전 때부터 일한 사람, 4등급은 1980년 대통령 선거 때 일한 사람이었다. 레이건은 이러한 기준을 정한 수뇌참모들의 의견을 받아들여 각 부의 장관들을 임명했다. 물론 인물을 제대로 검증하고 권력분립의 원칙에서 대통령이 임명한 장관후보들은 상원이 인준하도록 해놓고 있었다. 각 해당 분과위원회에서 청문회를 통하여 임명된 장관의 자질과 능력을 철저히 검증해 상원 본회의에서 최종적으로 인준을 결의하게 되어 있었다. 미국에서 대통령에 의해 임명된 장관은 보통 대통령과 임기를 같이 하는 경우가 많다. 말단 행정부서의 작은 실수로도 장관이 수시로 바뀌는 우리나라의 현실과는 많이 다르다. 안정되고 책임 있는 행정을 위하여 부정부패 등 특별한 혐의를 받지 않는 한 장관은 교체되지 않는다. 레이건은 능력과 충성도를 기준으로 하여 해당 분야에서 오랜 경험을 쌓은 전문가들을 각 부 장관으로 임명했다. 당연히 인사들의 출신지역이 특정 지역에 절대 편중되지 않도록 지역적 탕평을 고려했다. 그가 임명한 장관들은 다음과 같았다. 헤이그 국무장관(60세, 코네티커트), 리건 재무장관(63세, 뉴저지), 와인버거 국방장관(64세, 캘리포니아), 스미스 법무장관(64세, 캘리포니아), 와트 국토부 장관(43세, 콜로라도), 블록 농무장관(46세, 일리노이), 발드리지 상무장관(59세, 코네티커트), 도노반 노동부장관(51세, 뉴저지), 스웨커 보건복지부 장관(55세, 펜실베니아), 피어스 주택도시개발부장관(59세, 뉴욕), 루이스 교통부 장관(50세, 펜실베니아), 에드워즈 자원부 장관(54세, 사우스캐롤라이나), 벨 교육부 장관(49세, 유타)이었다. 장관 임명 중 가장 관심을 끄는 것은 국무장관 임명이었다. 미국 헌법상 대통령 유고시 부통령, 하원의장 그리고 국무장관의 순서로 대통령직을 승계하게 되어 있었다. 승계 서열 4위로 주요 국정 운영에 대한 실무 경험을 쌓는 자리였다. 미국 대통령들 중에는 국무장관 출신이 많았다. 그만큼 중요한 정치적인 자리로 차기 대통령으로도 진출할 수 있는 자리이기도 했다. 국무장관으로 임명된 헤이그는 육군사관학교를 졸업한 군 출신으로 하급 장교 시절에 한국전쟁에 참전하여 인천상륙작전과 개마고원 전투에 참여했다. 그리고 그 후 베트남 전쟁에도 참전한 후 1969년 닉슨 대통령 시절 키신저 안보보좌관의 군방보좌관으로 국가 안보 문제에 직접 참여하기 시작했다. 또한 1973년 닉슨 대통령 임기 말기 백악관 비서실장을 맡기도 했다. 그리고 그 후 나토 사령관을 역임한 후 레이건 정부에 참여한 것이었다. 국방장관으로 임명된 와인버거는 1967년부터 레이건과 정치적 인연을 맺었다. 레이건은 캘리포니아 주지사 시절 와인버거를 주행정개혁위원회 위원장으로 임명했다. 그 후 와인버거는 닉슨 정부에 참여하여 보건복지부 장관 등을 하며 3년여 간을 보내기도 했다. 특히 예산처장을 하며 불필요한 예산을 가차없이 삭감하여 '면도날 캐스퍼'라는 별명을 얻기도 했다. 그 후 캐스퍼 와인버거는 벡텔사 회장으로 갔다가 레이건의 부름을 받고 다시 국방장관으로 참여한 것이다. 와인버거는 레이건의 국방정책을 전적으로 동의하고 있었다. 또한 레이건은 중요한 경제개혁을 총괄할 인물로 실물경제에 밝은 도널드 리건을 임명했다. 그는 뉴욕 증권가의 영향력 있는 인물로 증권회사 메릴린치에 입사해서 사장까지 오른 인물이었다. 리건은 처음으로 정부 관리가 되어 레이건의 경제개혁 책임자로서 재무장관이라는 총대를 짊어졌다. 장관들의 출신 지역은 전국적으로 고루 분포되어 있었는데 동부 출신이 6명, 서부출신이 4명 그리고 남부 출신이 1명이었다. 공화당의 주요기반이 남부 지역이어서 일부러 1명만 고용한 것이었다. 링컨도 주요지지 기반이었던 일리노이 등 지역에서 일부러 장관을 임명하지 않았었다. 그리고 미국사회에서 여전히 동부의 영향력이 컸기 때문에 하버드대, 예일대, 코넬대 등 소위 아이비리그 대학 출신의 장관들을 많이 임명했다. 그리고 임명된 장관들은 대부분 현역으로 군복무를 마친 인물들이었다. 또한 레이건은 그의 그림자로서 정치권과 긴밀히 소통하고 대통령의 뜻을 행정부에 비공식적으로 전하는 역할 등의 업무를 총괄하는 비서실장으로 제임스 베이커를 임명했다. 사실 베이커는 1980년 대통령 후보 예비선거 때 부시의 선거대책본부장 역할을 하였었다. 그 당시 부시는 보수 온건파를 대표하는 인물로 보수 강경파의 기수 레이건을 허황된 '주술경제'를 선동하는 인물이라고 강하게 공격하며 맞선 인물이었다. 부시의 그런 주장을 후에 카터가 도용하여 대선전에서 레이건에게 '주술경제'로 미국민들을 혹세무민하고 있다고 혹독한 비난을 퍼부은 적이 있었다. 그러나 온화하고 대범한 지도자 레이건은 부시를 부통령으로 그의 참모장인 베이커를 비서실장으로 임명한 것이다. 레이건은 앞으로 보수개혁을 성공시키기 위해 공화당의 단합이 필요했던 것이다. 이것은 포용력을 겸비한 지도자 레이건의 정치적 탕평책이기도 하였다. 연방정부의 규모가 작았던 19세기에는 대통령을 돕던 백악관 비서는 고작 2명 정도였다. 남북전쟁을 힘들게 치르던 링컨 대통령에게도 비서는 존 니콜라이와 존헤이 2명이 전부였다. 20세기 초까지도 거의 변화가 없었으나 경제공황이 닥치고 연방정부의 규모가 확대되면서 백악관 비서진이 급격히 늘어났다. 루즈벨트 대통령 시절 약 50명의 백악관 참모들이 생겨났다. 이런 백악관의 규모가 점차 자라나 지금은 수백 명으로 확대되었다. 백악관 규모가 엄청나게 커지자 총괄할 책임자가 필요했고 이 백악관 업무를 총괄하는 자리가 대통령 비서실장이다. 비록 헌법에는 없는 자리이지만 대통령의 최측근으로서 막강한 권력 실세인 것이다. 그러한 자리에 전격적으로 임명된 베이커는 텍사스 휴스턴 출신이었고 프린스턴 대학을 졸업했다. 그리고 텍사스 대학교 법학대학원을 나온 다음 텍사스에서 변호사로 일했다. 그러다가 1960년대 말 조지 부시를 만나 정치에 입문했다. 그 후 베이커는 부시와 밀접한 정치적 관계를 유지하며 그의 최측근으로 승승장구했던 것이다. 레이건에 의해 전격적으로 비서실장에 임명된 베이커는 그 후 백악관 참모로 임명된 에드 미즈와 비서실 차장 마이클 디버와 함께 소위 백악관 3인방을 구성하여 레이건 개혁의 실질적인 추진자 역할을 한다. 이들 3인방은 레이건의 보수개혁 정책을 강력히 뒷받침해 실질적 성공을 이끌어 낸 숨은 공로자로 평가받게 된다. 이들 3인방은 야당인 민주당 출신 하원의장 오닐이 칭찬할 정도로 출중한 핵심 참모들이었다. 이제 대통령 레이건은 새로 임명한 인재들과 함께 경제부흥과 평화로운 세상이라는 목표를 향하여 힘찬 항해를 시작했다.

Ronald Wilson
Reagan
Chapter
06

제6장

백악관 시절

01

보수개혁을 외치다

레이건은 본격적으로 자신의 선거공약인 보수개혁을 실천하기 시작했다. 보수개혁정책의 핵심은 정부지출을 삭감하고, 세금을 인하하고, 정부규제를 완화하고, 긴축통화정책을 펼쳐 인플레이션을 잡는 것이었다. 1930년대 대공황기에 프랭클린 루즈벨트 대통령은 침체된 경제를 해결하는 방법으로 케인즈 이론을 선택했다. 영국의 경제학자 케인즈는 경제가 어려워지면 소비자의 수요가 없어지고 상품을 구입하지 않게 되면 생산자는 상품을 만들지 않을 것이고 그러면 노동자도 고용하지 않고 이익을 내지 못한다고 보았다. 케인즈는 이런 사악한 경제순환을 타파하기 위하여 투자와 소비를 늘려 유효수요를 늘려야 한다고 보았다. 이를 위해 정부는 지출을 과감하게 확대하여 대규모 공공사업을 일으켜 일자리를 만들고, 농업을 지원하고, 기업에 대부를 해주고, 실업수당을 주고, 사회복지정책을 대대적으로 확대하여 더 많은 수요를 창출해야 한다고 생각했다. 루즈벨트 대통령은 케인즈를 신뢰했고 그의 이론에 의하여 뉴딜정책이 시행되었다. 처음에 케인즈는 금리를 인하하고 세금을 삭감하여 더 많은 돈이 유통되면 더 많은 유효수요가 늘어나 경제가 빠르게 회복될 줄 알았다. 케인즈의 이론대로 경기가 회복되고 경제적 번영이 도래했지만 한편으로 연방정부는 소비자의 수요를 창출하기 위해 발행했던 국채 때문에 엄청난 빚을 해결해야 했다. 적자재정을 해결하기 위해서는 세금을 올려야 했다. 이미 확대되어 있는 경제규모를 줄이기란 쉬운 일이 아니었다. 정부지출이 늘면 늘수록 정부규제와 간섭도 늘어났다. 더불어 국가 빚은 커져갔고 인플레이션이 확대되었다. 즉 경기침체가 계속되는 속에서도 물가가 상승하는 현상인 스태그플레이션이 일어났다. 이러한 현상에서는 실업률, 인플레이션 비율 등이 하늘 높은 줄을 모르고 올랐다. 이런 상황에서 높은 세금을 내야 하는 개인과 기업은 위축된 경제활동을 할 수밖에 없었다. 높은 세금과 높은 물가 때문에 국민들은 일할 의욕도 저하되었고 일할 의미도 사라져갔다.

보수주의자 레이건은 미국에서 개인이나 기업이 정부의 규제나 간섭에서 벗어나 자유롭고 즐겁게 경제활동을 하기를 원했다. 즉 레이건은 비록 가난하지만 그의 어머니처럼 다른 사람의 도움 없이 자유스런 가운데 근면하고 자조하는 생활을 해야 한다고 생각했다,. 이러한 생각이 그를 보수주의자로 만들었고 공화당을 선택하게 만들었던 것이다. 1970년대에 오일쇼크로 심화된 경기침체와 높은 인플레이션은 케인즈 이론과는 전혀 다른 목소리를 형성시켰다. 유효수요 창출보다는 공급측면을 더 중시한 이러한 이론가들은 시카고 대학 경제학자 아서 래퍼, 월스트리트 저널 기자인 주드 와니스키, 뉴욕주 연방 하원의원 잭 캠프 등이었다. 이들은 지금까지의 케인즈 이론과는 전혀 다른 새로운 이론을 내놓았다. 래퍼는 세율(소득세율)이 올라가면 정부는 세금으로 인한 수입이 오히려 줄어드는 기현상을 래퍼곡선으로 설명하고 나섰다. 그에 의하면 세금이 적정 비율로 내려갈 때 국민들은 더 많이 일을 하고 더 많은 생산을 하여 결국에 가서는 정부는 더 많은 수입이 생긴다는 논리였다. 그리하여 공급측면을 중시한 경제학자들은 경제활동이란 개인이 스스로 일을 하고, 저축하고, 생산하고, 소비하는 일을 선택할 때 잘 진행된다고 주장했다. 그래서 경제적 번영은 모든 개인과 기업의 선택의 결과로 보았다. 그들은 정부가 할 수 있는 가장 중요한 일은 세금을 줄이는 일이라고 주장했다. 만약 사람들이 그들의 수입 중 많은 부분이 세금으로 나간다면 그들은 일을 하거나 저축할 동기를 잃게 될 것이고, 반대로 세금을 적게 내면 사람들이 경제활동에 활발하게 참여하여 경제가 성장하게 된다고 주장했다. 평소에 레이건은 세금이란 도둑과 같은 것으로 한 사람의 생존의 문제에 위협을 가하는 것이라고 생각하고 있었다. 그는 영화배우로 벌어들인 돈의

90퍼센트 정도가 세금으로 빠져나간 경험과 일 년에 두세 편의 영화를 찍고 나서 자신과 다른 배우들이 자신들의 수입을 정부에 세금으로 거의 다 빼앗기기보다 차라리 일을 하지 않으려고 했다는 말을 여러 차례 했었다. 레이건은 사람들은 만약 자신이 번 돈의 대부분을 저축할 수 있다면 더욱 열심히 일할 것이며 반대로 세금으로 많은 부분이 없어지면 일에 대한 모든 동기를 상실할 것이라고 말하기도 했다. 그리하여 그는 세금이 줄어들면 사람들은 더 많은 상품을 만들어내고 더 많은 돈을 소비하게 되므로 보다 많은 일자리가 창출되고 폭넓은 번영을 이루게 될 것이라고 확신했다. 이를 통해 결과적으로 정부의 세금수입도 늘어나 예산적자도 줄어들 것이라고 보았다. 따라서 레이건은 자신의 생각과 동일한 주장을 하는 공급측면을 중시한 경제학자들에게 크게 의존하게 되었다. 취임 3일째 되는 1월 22일, 먼저 레이건은 연방예산 지출을 줄이기 위한 조치를 발표했다. 그는 우선적으로 정부 출장비, 정부자문 및 고액계약 연구비용, 정부 조달비, 연방정부 공무원 사무실 집기비의 감축을 명령했다. 이와 동시에 레이건은 정부규제를 철폐하기 위해 백악관 직속으로 규제폐지전담반(테스크포스)을 구성한다고 발표했다. 기업활동에 대한 정부의 규제는 생산성을 떨어뜨리고 경제침체의 주된 요인이라고 그는 주장해왔다. 규제폐지전담반은 모든 정부규제에 대해 조사하고 평가한 후에 적절한 대체법안을 의회에 제출하기로 되어 있었다. 레이건은 그 위상과 중요성을 감안하여 부통령 조지 부시를 위원장으로 임명하여 막강한 테스크포스팀의 전권을 부여했다. 레이건은 첫번째로 석유에 대해 규제를 철폐하기로 했다. 1973년 석유파동으로 연방정부가 원유와 정유에 대한 가격과 분배를 규제하는 법을 만들었다. 레이건은 1981년 1월 28일 석유산업에 대한 규제를 전격 철폐했다. 레이건은 1904년과 1949년 두 번에 거쳐 수정되면서 지켜오던 임금과 가격에 대한 정부규제법을 행정명령을 통하여 임금과 가격에 대한 모든 규제를 철폐했다. 이어 1월 29일 의회에 임금과 가격안정화를 위하여 지급되도록 편성된 예산 1백 50만 달러를 삭감해 달라는 메시지를 발표했다. 동시에 레이건은 각 부처에 계류 중인 각종 규제의 실시를 전면 중단하고 재검토하라는 명령을 내렸다. 레이건은 용기 있고 과감하게 결단하며 신속히 추진해 나갔다. 또한 레이건은 감세에 대해서도 목표를 정했다. 세금이 늘어나면 그만큼 실질소득이 감소하기 때문에 저축이나 투자할 여력이 없어질 수밖에 없었다. 1980년에는 거의 3분의 1의 납세자가 25퍼센트 이상의 세금을 납부하는 고액 납세자들이었다. 투자 없이는 경제회복이 불가능했다. 투자를 유도하기 위한 인센티브를 강화시켜야 하는 것이 필요했다. 따라서 레이건은 이에 대한 방법을 감세정책과 함께 투자에 대한 인센티브를 보다 많이 제공하기로 결정했다. 장기간 사용한 설비와 시설을 교체할 때 10년간 면세조치를 실시하며, 설비시설 이외의 기계와 장비에 대한 투자의 경우 5년간 면세조치, 자동차와 트럭 그리고 연구

개발비 투자에 대해 3년간 면세조치를 구상했다. 또한 기타 부동산의 감가상각비에 대해서도 회계증명회복기간을 설정하고 기타 비거주용 빌딩과 저소득자 주택에 대해서도 15년 면세, 그리고 기타 임대 주거 건축물에 대해 18년 면세를 실시한다는 것도 포함시켰다.

레이건이 대통령으로 취임할 당시 미국 경제는 대공황 이후 최악의 상태였다. 이러한 미국 경제의 심각성을 알리기 위해 레이건은 1981년 2월 5일 미국 경제 현황에 대한 연설을 방송으로 내보냈다. 미 연방정부의 적자는 눈덩이처럼 커지고 있었다. 1981년 당시 미국 정부 부채액은 9,340억 달러로 이자만도 연간 800억 달러에 달했다. 의회가 국가부채의 총액을 4,000억 달러가 넘지 못하도록 동결하였지만 아무런 효과가 없었다. 또한 높은 인플레이션이 미국 경제의 목을 조였다. 1981년 레이건이 카터로부터 물려받은 경제 실상 중 최악의 것은 3년간 지속된 두 자리 숫자의 인플레이션이었다. 1979년에 13.3퍼센트, 1980년에 12.4퍼센트의 인플레이션을 기록했다. 이렇게 물가가 두 자리 숫자로 올라간 경우는 1차 대전 이후 처음이었다. 대출이율도 15.4퍼센트로 1960년 6퍼센트에 비교하면 거의 공황수준이었다. 실업자는 7백만 명으로 한 줄로 세울 경우 미국 동부 메인에서 캘리포니아에 이를 수 있었다. 한 때 세계경제의 40퍼센트를 차지하던 미국의 경제적 위상은 1981년 19퍼센트로 줄었다. 경제는 어려웠지만 연방정부의 규모는 엄청나게 비대해졌다. 연방정부 소속 공무원에게 지불되는 임금이 1960년 1,300억 달러에서 1981년에는 7,500억 달러로 증가했다. 20년간 공무원의 수는 23.3퍼센트 증가했다. 임금 예산은 523퍼센트 증가했다. 정부의 규모가 커지는 만큼 정부 규제나 세금도 늘어났다. 한 예로 자동차 한 대에 붙는 정부세금이 666달러였다. 정부규제로 발생하는 경제적 부담은 연간 1,000억 달러였다. 그 중 정부의 공문서 작성으로 생기는 경제적 부담이 200억 달러에 달했다. 따라서 레이건에게 무엇보다 급한 것은 경제회복이었다. 국민들은 무엇인가 새로운 정부의 대책을 기대하고 있었다. 이러한 급박한 경제상황에서 레이건은 새로운 경제회복정책으로 그만의 독특한 신경제정책인 '레이거노믹스'를 주창하고 나섰다.

02

레이거노믹스를
주창하다

레이건은 2월 18일 백악관에서 새로운 경제회복정책을 발표했다. 이러한 레이건의 새로운 경제개혁정책을 '레이거노믹스(Reaganonics)'라고 불렀다. 레이건은 극심하게 침체된 경제를 회복시키기 위하여 국민들에게 야심적으로 이 '레이거노믹스'를 주창하고 나선 것이다.

이러한 레이건의 새로운 경제개혁 프로그램은 정부간섭을 주장한 케인즈에서 자유방임을 내세운 래퍼로의 선회였다. 그것은 프랭클린 루즈벨트와 케네디의 진보주의에서 벗어나 보수주의로의 선회였다. 그리고 레이건의 선회 방향은 무엇보다도 명확하게 제시되어 있었다. 핵심 목표는 경제적 번영이었다. 이를 위해 레이건은 정부지출을 삭감하고, 감세정책을 실시하고, 정부규제를 완화하고, 긴축통화정책을 실시하자는 것이었다. 레이건은 이러한 정책이 올바른 정책이라고 확신했고 꼭 성공할 수 있다는 낙관주의적 신념으로 강력하게 추진해 나갔다.

레이건은 미국 경제의 최대 문제점을 인플레이션으로 보았다. 그런데 그 인플레이션을 일으키는 주범이 연방정부 자체라는 결론을 얻었다. 즉 거대정부를 유지하기 위하여 무거운 세금을 요구했고 이로 인하여 개인과 기업은 투자를 방해받고 경제가 침체되지 않을 수 없다고 보았다. 거두어진 많은 세금은 정부의 확대된 지출을 충당하는 데 사용되었다고 레이건은 생각했다. 이로 인하여 결국 확장된 통화는 높은 인플레이션을 가져오게 했다고 생각한 것이다. 따라서 이러한 문제를 해결하기 위하여 거대정부의 지출규모를 감축하기로 했다. 즉 정부지출을 최대한 줄여 적자 예산문제를 해결하고 동시에 감세정책으로 국민들의 실질소득을 보전해 줌으로써 소비와 투자를 촉진한다는 것이었다. 또한 정부는 투자가 쉽게 이루어지도록 투자를 방해하는 모든 규제를 철폐하는 것이 필요했다. 그리하여 유연한 금융시장을 위하여 금융정책에도 정부의 개입을 차단하라고 주문했다. 레이거노믹스의 정책들은 공급측면을 중시한 그 시대 경제학자들의 주장을 레이건이 적극적으로 수용한 것들로 사실 무엇이 좀 더 중요하고 무엇이 중요하지 않은가에 대한 구분을 둘 수 없었다. 지출삭감, 세금인하, 규제완화, 긴축통화 등이 서로 맞물려 작용하는 성질의 것이었기 때문이었다. 그렇지만 레이건이 볼 때 인플레이션을 일으키는 근본적인 원인은 거대정부에 있다고 생각했다. 그리하여 레이건은 거대정부의 지출을 먼저 감소시킴으로써 경제성장을 시킬 수 있다고 확신하고 있었다.

카터처럼 진보주의 지도자는 추상적인 정책을 내세워 국민을 현혹하다가 실패하였지만 보수주의 지도자 레이건은 구체적인 방법을 내세워 반드시 경제부흥으로 이룩하겠다는 일념으로 임했다. 따라서 레이건은 높은 인플레이션과 경기침체를 해결하기 위하여 구체적인 방법을 제시했다. 첫째는 정부지출을 최대한 줄이자는 것이었다. 레이건은 미국사회 전체가 지출을 줄이는 정책에 협조해 줄 것을 요구했다. 지출을 줄이기 위해 9개 세부항목을 제시했다. '사회안전망'을 유지할 것, 부수적으로 발생한 혜택을 삭감하는 방법을 강구할 것, 상류층과 중산층에 대한 지원금은 감축할 것, 기타 국가 수익정책에 대한 재정적 제약을 적용할 것, 사용자에게 명백하게 귀속할 수 있는 비용을 회복시킬 것, 공공부분 자본투자정책을 재조정할 것, 연방정부의 초과비용과 인건비를 줄일 것, 보상정책에 대한 적정한 경제적 기준을 적용할 것, 항목별로 구분되어 있는 복지비 정책을 그룹지급방식으로 바꿀 것이란 9개 항목이었다. 그리고 레이건은 연도별 목표치도 정해 제시하였다. 그리하여 정부지출이 전체 경제(GNP) 규모에서 차지하는 비중을 점차적으로 줄일 계획이었다. 또한 연도별 정부 적자예산 감축목표도 정했다. 이렇게 하여 레이건은 정부지출을 대폭 줄여 경제회복이 이루어지면 예산 적자도 줄어둘 것이고 높은 인플레이션도 잡힐 것으로 생각한 것이다. 둘째는 세금을 줄이자는 것이었다. 높은 세금은 개인과 기업의 경제활동을 위축되게 했다. 또한 근로의욕을 심각하게 상실하게 했다. 세금이 대폭 줄어야 국민들은 저축을 하고 투자를 하여 근로의욕이 충천하게 되어 결과적으로 경제성장이 이루어질 것으로 레이건은 생각했다. 레이건은 감세에 대해서도 목표치를 정했다. 개인 세금 부담이 1965년 9.2퍼센트였는데 1980년 11.6퍼센트로 증가했다. 물론 1980년에도 납세자의 3분의 1에 해당하는 고율 납세자는 25퍼센트 이상을 납부하고 있었다. 세금이 늘면 그만큼 실질소득이 감소하기 때문에 저축이나 투자할 여력이 없어질 수 밖에 없었다. 그리하여 레이건은 세금을 3년 동안 매년 10퍼센트씩 삭감하여 총 30퍼센트에 해당하는 소득세를 삭감하기로 했다.

셋째로는 금융정책을 바꾸자는 것이었다. 레이건은 금융을 완전히 시장에 맡기는 금융자유화를 선언했다. 정부의 간섭을 최소화하기 위하여 연방준비금위원회에 금융정책에 대한 전권을 주기로 했다. 레이건 취임 전까지 미국의 금융정책은 이자율을 조정하는 방식에 집중했다. 그러나 이런 방식으로는 금융이 제대로 통제되지 않았다. 경제전망에 대한 정부 예측이 자주 빗나가면서 정부 금융정책에 대한 신뢰가 무너졌다,. 그리하여 연방준비금위원회에 전권을 주어 필요한 통화량의 확대와 조화를 이룰 수 있게 준비금의 확대를 꾀하는 정책을 집중적으로 추진하기로 했다. 경기가 단기적으로 요동치면 정부정책도 함께 흔들리므로 장기적인 정책을 펼치기로 한 것이다. 따라서 장기적이고 점차적으로 통화량 증가를 둔화시켜 인플레이션을 잡기로 한 것이다. 그리하여 인플레이션이 잡히고 이자율이 하락하면 금융시장이 안정될 것이고 투자심리가 살아날 것으로 보았다. 그러면 결국 투자심리가 살아나 투자가 활성화되어 경제를 회복시킬 것으로 판단한 것이다.

레이건은 경제주체가 자유롭게 활동하도록 경제활동의 자유를 보장하는 것이 국가가 할 수 있는 최선의 정책이라고 믿었다. 안정된 경제환경이 마련되면 경제활동은 당연히 정상적으로 이루어 질 수 있다고 본 것이다. 따라서 레이건은 경제가 살아날 수 있는 경제환경을 조성하는 안정적인 금융정책이 무엇보다도 필요하다고 보았다. 레이건은 위와 같은 정책을 실시한다면 빠르게 경제가 회복될 것으로 전망했다. 그리하여 곧 경제불황을 탈피하여 1986년까지 적어도 연 평균 5퍼센트 정도의 경제성장이 가능하다고 판단했다. 게다가 1981년 당시 10퍼센트 이상 되는 인플레이션 비율도 1986년까지는 5퍼센트 이하로 떨어질 것으로 믿었다. 그 결과로 미국의 국가생산량은 1981년 29,200억 달러에서 1986년 49,180억 달러로 증가할 것으로 예상했다.

1981년 2월 18일 레이건은 백악관에서 발표한 '경제회복정책' 즉 '레이거노믹스'를 상·하원 합동회의에 나가 집중적이고 상세하게 설명했다. 레이건의 의회 연설은 텔레비전과 라디오로 생중계되고 있었다. 레이건은 최근 60년 역사에서 처음으로 2년 연속 두 자리 이상의 인플레이션을 경험하고 있는 심각한 미국의 경제불황을 경고하고 나섰다. 이자율은 20퍼센트까지 높아지고 있으며 실업자도 8백만 명에 이르고 있다고 지적했다. 또한 국가부채도 1조 달러에 육박하고 있다고 경고했다. 레이건은 1조 달러가 얼마나 많은 액수인지 실감나게 설명하기 위하여 비유를 들면서, 1천 달러짜리 지폐를 쌓아 1조 달러가 되려면 67마일이나 높이 쌓을 수 있다고 설명했다. 그러면서 1981년 회계연도에만 정부가 안고 있는 1조 달러 부채에 대해 이자만 900억 달러를 지불해야 하는 부담도 자세히 설명했다. 그리고는 레이건은 위기에 빠진 미국경제를 회복하기 위해 네 가지의 경제개혁을 단행하겠다고 강조했다. 첫째로는 1982년도 연방예산에서 414억 달러를 삭감하겠다고 했다. 삭감의 주 대상은 뉴딜과 위대한 사회건설로 인하여 그동안 확대되어 온 사회복지 프로그램이었다. 빈민을 위한 도심지역 지원, 노인의료지원, 빈민의료지원, 무료식품교환권, 근로빈민을 위한 생활보조비 지급, 아동무료급식 등에 대한 예산을 대폭 삭감 했으며 수혜를 받을 수 있는 자격조건을 강화하였다. 이에 따라 사회복지를 위한 지역개발청과 같은 기구들을 폐지하였다. 또한 연방정부의 모든 부처에 예산삭감을 추진했다. 그러나 국방예산은 더 늘리기로 했다. 그 동안 국방보다 복지에 정부의 힘을 집중한 결과 국방능력이 소련에 비해 현저하게 떨어졌다. 1970년 이후 소련은 미국보다 3,000억 달러의 국방비를 더 지출하고 있었다. 레이건은 미,소 군사적 불균형을 바로 잡겠다고 밝혔다.

둘째로는 세금을 향후 3년간 매년 10퍼센트씩 삭감하여 총 30퍼센트에 해당되는 소득세를 삭감하겠다고 밝혔다. 레이건은 이를 통해 기업에 투자공제와 감가삭감비용을 허용하여 더 많은 자유를 주어 투자를 활성화하겠다고 밝혔다. 후에 의회는 별다른 의견 없이 미국 역사상 최대의 세금 삭감을 승인했다. 구체적인 내용은 3년간 소득세를 25퍼센트 인하하고 기업에 투자공제와 감가상각비를 공제해주는 것이 포함되었다.

셋째로는 정부규제를 없애거나 개혁하겠다고 밝혔다. 레이건은 각종 정부규제가 기업의 이윤을 축소시켜 경제성장을 둔화시키고 있다고 판단하고 규제완화정책을 실시하여 기업 활동의 자유를 주고자 했다. 특히 환경, 보건, 안전에 대한 연방규제를 완화하였는데 레이건 행정부는 자원의 보전보다는 개발을 중시하였다. 실제로 레이건 행정부는 석유, 천연가스, 케이블 TV, 장거리 전화, 주간 버스서비스, 해양선적 등에 대한 가격통제를 완화 내지 제거하였다. 또한 은행들도 투자할 수 있는 범위가 광범위하게 확대되었고 공정거래법의 범위도 축소되었다. 뿐만 아니라 건강, 안전, 환경 등이 관련된 규제가 완화되어 기업활동이 크게 자유로워졌다. 넷째로는 통화 공급의 성장을 늦춤으로써 인플레이션을 억제하고 금리를 안정시키겠다고 밝혔다. 그리고 레이건은 통화증가율의 감소정책과 금리안정을 위한 조치를 적극적으로 실시했다. 레이건이 대통령에 취임한 1981년 초에 인플레이션이 12.4퍼센트였는데 일 년 후에는 무려 7퍼센트로 떨어졌다. 또한 21.5 퍼센트까지 육박했던 은행 금리도 2년 후에는 10.5퍼센트로 하락하여 경제성장을 위한 발판을 마련했다.

03

소통의 리더십을
발휘하다

레이건은 1981년 2월 18일 상·하원 합동회의에서 '레이거노믹스'를 열정적으로 자세히 설명하였으나 민주당 의원들의 반응은 시큰둥했다. 물론 공화당 의원들은 레이건의 경제개혁안에 열렬히 환호하였지만 개혁안이 의회를 통과하기 위해서는 진통이 불가피해 보였다. 그것은 뉴딜정책 이후 상식이 된 경제이론을 뒤집어야 하는 어려운 문제였기 때문이다. 경제를 살리겠다는 목표에 대하여 이의를 제기할 의원은 없었지만, 경제를 살리기 위하여 재정지출을 늘리는 것이 아니라 오히려 재정지출을 축소하겠다는 것은 기존의 재정원리와 정반대여서 의원들과의 충돌은 불가피해 보였다. 또한 긴축재정으로 공공사업이나 국책사업이 준다면 상원과 하원 의원들의 지역구에 당장 정부자금이 줄어들 판이었다. 특히 레이건 예산감축안에 대해 정치권이나 언론에서 가장 예민한 반응을 보이고 있는 분야는 복지예산이었다. 레이건의 복지개혁에 대한 반대여론은 이미 뜨겁게 달아올라 있었다. 레이건 또한 복지개혁에 대한 반발을 충분히 알고 있었다. 그리하여 그는 복지정책을 개혁하되 꼭 필요한 복지비는 개혁하지 않겠다고 거듭 밝혔다. 미국은 전통적으로 가난하고 어려운 이웃을 도왔다고 하면서 그는 장애인이나 노인에 대한 복지비는 절대로 줄이지 않겠다고 약속했다. 3천 1백만 은퇴자들에게 지급되는 사회보장비인 소셜시큐리티(연금)와 의료비인 메디케어(노인의료비)도 건드리지 않을 것을 약속했다. 다만 과다하게 지급되는 복지비에 대해 과감한 수술을 하겠다고 밝혔다. 한 사람이 수십 명의 이름으로 복지비를 타는 복지비 부정에 대한 구체적인 예도 언급하며 복지정책을 개혁하겠다고 밝혔다. 레이건은 자신의 경제개혁 정책에 반대하는 사람들에게 단순히 반대만 하지 말고 대안을 내놓으라고 요구했다. 자신의 개혁을 대통령 한 사람의 개혁이나 공화당의 개혁으로만 보지 말고 미국인 모두를 위한 개혁으로 생각하고 지지해 달라고 부탁했다. 레이건은 의회 연설 다음날인 2월 19일, 재무장관 리건과 예산처장 데이빗 스톡맨과 함께 백악관에서 기자들과 함께 조찬간담회를 가졌다. 정치적인 설득과 소통을 기자들과 할 필요가 있어서 새로 만든 모임이었다. 그들은 모두 함께 조찬을 하며 부드러운 분위기 속에서 대화를 이어갔다. 재무장관과 참석자들에게 기자들은 솔직한 질문과 비판을 격의 없이 하였다. 이에 재무장관 리건이 레이건 행정부의 경제개혁은 "창의적이며, 새롭고, 과거와의 단절"이라며 레이건 경제개혁안의 성격을 설명했다. 또한 예산처장 스톡맨은 대통령의 개혁안은 바로 국가가 시급하게 필요한 정책이라고 강조했다. 그는 젊은 나이에 예산처장으로 임명되어 센세이션을 일으켰었다. 그리고 경제자문위원장 웨이든바운도 개혁정책이 가져 올 결과와 영향에 대해 설명했다. 그는 경제개혁안이 실시되면 인플레이션은 반으로 줄고, 모든 납세자들의 세금이 줄 것이며, 1986년까지 3백만 개의 새로운 일자리가 만들어 질 것이라고 설명했다. 대통령 레이건도 직접 가세해 부드럽고 친절한 목소리로 기자들을 설득했다. 레이건은 기자들에게도 의원들과 마찬가지로 존경과 품위로 대했다. 레이건에게는 닉슨과 같이 내 편과 네 편이 없었다. 그는 카터처럼 냉랭하지 않았다. 레이건은 누구에게나 부드럽고 친절했다. 민주당의 테드 케네디조차 자신을 존경과 품위로 대하는 레이건을 인간적으로 좋아했다. 그러한 레이건이 기자들에게 캘리포니아 주지사 시절에 실시하였던 복지개혁에 대해 길게 설명했다. 그는 지루하지 않게 빠르고 경쾌한 목소리로 재미있게 설명했다. 그는 "우리가 만든 모든 저축, 모든 경제는 복지에 의해 잡아 먹혔습니다. 이것은 호경기냐 불경기냐 하는 것과 관계가 없었습니다."라며 말문을 열었다. 그가 캘리포니아 주지사 재임 시 한 달에 4만 명씩 복지비를 새로 신청했다고 밝혔다. 곧 엄청난 재정부담을 초래할 수밖에 없었다. 그리하여 그는 캘리포니아의 복지정책에 대수술을 단행했다고 설명했다. 그런데 연방정부 역시 비슷한 위기에 처했다는 것이 레이건의 설명이었다. 연방정부에서 일하는 사람 중 누구도 얼마나 많은 사람들이 복지비를 타고 있는지 모른다고 했다. 그는 시카고의 한 여인이 127개의 다른 이름으로 복지비를 탄 예와 캘리포니아 파세데나에 사는 큰 저택을 가진 여인이 복지비를 30만 달러나 불법으로 탄 사례를 증거로 제시하기도 했다. 또 레이건은 샌프란시스코의 한 신문기자가 복지비를 하루에도 4번이나 다른 이름으로 탈 수 있었던 문제점을 지적하기도 했다. 레이건은 기자들에게 성심껏 솔직하게 설명했다. 레이건은 기자들뿐만 아니라 의원들에게도 부드럽고 친절하게 대하면서 솔직하게 소통하려는 협력적 리더십을 발휘하였다. 기자들과의 간담회가 끝나자 레이건은 그들을 비행기에 태우고 그의 거칠고 황량한 캘리포니아 목장으로 날아갔다. 기자들은 비행기 안에서도 계속 질문을 던졌다. 경제개혁안 중에서 의회를 통과하는데 가장 어려운 항목이 무엇이냐고 물었다. 레이건은 감세정책이라고 답변했다. 그도 감세안이 몰고 올 파장을 잘 알고 있었다. 그는 기존의 경제이론과 달리 세금을 줄이면서 세수를 늘리겠다는 자신의 정책을 의회에서 쉽게 받아들일 것인지를 그들에게 되물었다. 민주당의 반대를 의식한 듯 기자들에게 레이건은 자신의 경제정책을 개혁정책 대신 경제회복정책이라는 말로 불러줄 것을 부탁했다. 레이건은 어려운 일을 앞두고 있거나 휴식이 필요할 때면 험하면서도 황량한 그의 캘리포니아 목장에서 말을 타고 질주하면서 운동과 사색을 하며 시간을 보냈다. 레이건은 그의 경제개혁안을 의회에서 통과시키기 위하여 할 수 있는 일은 반대하는 의원들과 소통하여 협조를 얻는 길 밖에 없었다. 레이건은 3월 16일 여성 상원의원과 하원의원을 모두 백악관으로 초청해 점심을 대접했다. 레이건은 부드러운 분위기 속에서 서로 질문하고 답변하는 소통의 자리를 만들었다. 의원들이 자유롭게 돌아가면서 문제를 제기하거나 개혁안에 대해 대통령에게 답변을 요구하면서 분위기는 점점 뜨거워졌다. 참석자들은 거침없이 자신들의 의견을 쏟아냈다. 그들의 가장 큰 관심은 재정지출의 축소였다. 그들은 예산이 축소됨으로써 자신의 지역구나 지역주민에 닥쳐올 정부 지원액의 축소를 염려하고 있었다. 여성 의원들은 예산이 축소되면 우선적으로 사회적 약자인 여성들과 어린이가 피해를 입을 것이라 주장했다. 그리고 예산감축으로 인해 국책사업이 줄어들면 지역경제에 타격이 클 것도 걱정했다. 이들에게 레이건은 섬세하고 세련된 매너로 대접하면서 경쾌하고 매력적인 목소리로 설득했다. 그의 온화한 미소와 함께 확신에 찬 목소리는 여성 의원들에게 미래의 걱정을 잠시나마 잊게 해주었다. 그런 우호적이고 부드러운 분위기 속에서 레이건은 국책사업보다도 민간경제를 일으켜 경제를 회복해야 한다는 점을 열정적으로 설득했다. 설득의 리더십을 최대한 발휘한 것이다. 그리고 3월 17일 아침 8시, 레이건은 경제개혁안 통과를 위하여 직접 의회를 방문했다. 전례가 없었던 파격적인 행동이었다. 레이건은 공화당 원내 지도자들과 조찬을 함께 하며 경제개혁안에 대한 지지를 호소했다. 비록 미국이 격식에 매이지 않는 나라이고 민주주의가 잘 발달된 나라라고는 하지만 대통령이 직접 의회를 찾아가 의회 지도자들과 국정을 의논한다는 것은 쉬운 일이 아니었다. 대통령이 가지고 있는 권위나 정치적인 힘은 대단한 것이어서 대통령이 어떤 의원을 보자고 전화를 하면 그 의원은 하던 일을 멈추고 바로 백악관으로 달려갈 정도였다. 그러나 새로 취임한 대통령 레이건은 대통령의 권위를 누릴 여유가 없었다. 경제개혁안을 통과시키기 위해서는 당장 의회의 협조가 필요했다. 그는 개혁에 대한 진정성을 보여주기 위해 격식을 무시하고 직접 의원들을 설득하기 위해 의회로 달려갔던 것이다. 레이건이 의회를 설득하는데 있어 가장 중요한 상대는 하원의장 팁 오닐이었다. 오닐은 메사추세츠 출신으로 하원에서 수십 년을 보낸 막강한 영향력을 가진 인물이었다. 오닐은 구름처럼 백발이 뒤덮고 있어서 나이가 레이건보다 더 들어보였지만 사실 레이건이 한살 위였다. 레이건은 취임식 때 하원의장 오닐을 처음으로 만났다. 오닐 또한 그 전에 레이건을 만난 적이 없었고, 영화배우 시절부터 영화와 TV를 통하여 그를 보아왔다. 특히 오닐은 일요일 밤에 방영되던 GE영화 시리즈를 즐겨 보아왔다. 그리하여 오랜 정치가 오닐은 레이건을 영화배우로 알아왔던 것이다. 의회에서 오닐은 거대한 산과 같은 존재로 레이건의 경제개혁안에 반대하며 민주당 내 반대여론을 주도하고 있었다. 곧바로 레이건은 오닐을 설득하기 위하여 오닐 의장 부부를 백악관에 초청했다. 마침 백악관은 화려하게 실내장식을 교체한 직후였다. 도시 출신인 낸시는 주위의 시선이 따가울지라도 백악관의 내부를 화려하게 치장했다. 링컨 부인 또한 주위의 비난 속에서도 백악관의 실내장식을 화려하게 꾸며 남북전쟁을 치르는 국민들로부터 질타를 받았었다. 두 여인의 성장환경이 비슷했기 때문으로 생각된다. 남편들은 가난하고 검소한 가정에서 성장했지만 두 여인은 도시의 부유한 집안에서 성장했던 것이다. 오닐 부부는 새로 단장한 백악관 내부를 둘러보고 고급스런 실내장식에 대한 낸시의 심미안을 칭찬했다. 화기애애한 분위기 속에서 레이건 부부와 오닐 부부는 함께 식사를 했다. 레이건과 오닐은 모두 아일랜드계였다. 레이건과 오닐은 아일랜드 전통에 대한 이야기를 재미있게 하면서 서로 가까워지려고 노력했다. 그리하여 오랜 친구처럼 서로 다정하게 식사를 즐겼다. 레이건은 오닐과 충분히 친해졌다고 느꼈다. 이제 제출할 개혁안에 대해 오닐이 지지하지는 못해도 적어도 극단적인 반대는 안 할 것으로 레이건은 기대했다. 레이건은 노련한 정치가 오닐에 대해 잘 파악하지 못하고 있었다. 곧 레이건의 기대와는 정반대로 오닐이 레이건의 개혁안을 신랄하게 비판하는 기사가 신문에 대문짝만하게 실린 것이다. 이에 레이건은 오닐에게 배신감을 느꼈다. 흥분한 레이건은 직접 오닐에게 전화를 걸어 따져 물었다. 능청스런 오닐은 정색을 하고 완전히 사무적인 목소리로 답변했다. "이봐요, 대통령! 그런 것이 바로 정치가 아니오? 6시 이후에는 우리는 서로 친구가 될 수 있소. 하지만 6시 전까지는 정치를 해야 하는 것이 아니오?" 레이건은 오닐에게 크게 한 방을 먹고 답변할 말을 잊었다. 레이건은 무척 화가 났지만 상대는 어떻게든 설득해야 하는 하원의장이었다. 정치가는 공적인 것과 사적인 것이 다르다는 오닐의 주장을 레이건은 애써 이해하기로 했다. 그 후 오닐과 마주치는 일이 있을 때면 레이건은 정색을 하며 "이봐요, 하원의장! 내 시계를 고쳤소. 지금 6시요!"라며 농담을 건네곤 했다.

레이건은 연설을 하던 대화를 하던 마치 옆 사람과 재미있는 이야기를 하듯이 했다. 그래서 레이건은 역대 대통령들 중 그 누구보다도 언론과 협조적이었다. 집요한 기자들에 대해 닉슨은 잔뜩 의구심을 가지고 대했다. 카터는 근엄한 자세로 그들을 대했다. 하지만 레이건은 기자들을 존경으로 대했다. 레이건은 루즈벨트처럼 자주 그리고 정기적으로 기자간담회를 열었고 기자들의 질문에 솔직하고 친절하게 대답했다. 또한 레이건은 기자간담회에 늘 참모들을 동반했고 기자들이 참모들에게도 직접 질문할 수 있도록 해주었다. 같은 민주당 소속이면서 카터 대통령에게서 실망을 금치 못했던 오닐 하원의장은 "레이건은 루즈벨트 이래 언론을 잘 다루었던 지도자로서 당대의 존 F.케네디보다도 훨씬 더 나았다."라고 말했다. 또한 「워싱턴포스트」의 편집국장인 브래들리는 "우리는 어느 대통령보다 레이건에 대해 호의적이었다."고 고백하기도 했다. 그리고 레이건은 주지사 시절에 얻은 교훈을 바탕으로 의회와의 협력을 중시하였다. 레이건은 취임 후 첫 100일동안 49회의 만남을 통해 467명의 의원들을 만났다. 그 때문에 의원들 중에는 카터 정권 4년간 받았던 것 이상의 대접을 레이건 정부 4개월 동안에 다 받았다고 말했을 정도였다. 레이건은 의회와 언론과 소통을 강화하여 그의 경제개혁안을 반드시 통과시켜야 하는 운명에 처해 있었다. 낙관적인 신념과 위대한 소통능력을 겸비한 지도자 레이건은 다수당인 민주당의 반대 장벽을 넘어서기 위해 불굴의 투혼을 발휘하기 시작했다.

총에 맞다

갑자기 대통령 레이건이 총에 맞는 사고가 발생했다. 돌발적인 저격사건이었다. 취임 초인 1981년 3월 30일 오후 2시 25분, 범인이 쏜 흉탄 1발이 대통령 레이건의 왼쪽 폐를 관통한 것이다. 다행히 심장에서 1인치 떨어진 곳이었다. 대통령 레이건 외에도 현장에 있던 공보비서 브래디, 경호원 맥카시, 워싱턴 시 소속 경찰관 델라한티도 총에 맞았다. 레이건은 워싱턴 힐튼호텔에서 열리고 있던 미국 양대 노총(AFL-CIO) 건설노조의 연례회의에 참석해 연설을 하고 나오는 길이었다. 레이건은 짧은 거리에 있는 전용차로 향하고 있었다. 길옆에 진을 치고 있는 기자들을 지나 전용차에 타려는 순간, 그의 왼쪽 편에서 천둥소리 비슷한 굉음이 연달아 나는 것을 들었다. 그 순간 사람들의 비명소리와 함께 현장은 아수라장이 되었다.

순간 경호팀장 제리는 레이건을 감싸 안고 전용차 뒷자석으로 밀고 들어갔다. 뒷자석에 엎어진 대통령의 몸 위로 경호팀장이 덮쳤다. 그 순간 레이건은 등 뒤쪽에 심한 통증을 느꼈다. 레이건은 경호팀장 제리가 자신을 덮쳤기 때문에 갈비뼈가 부러졌다고 생각했다. "제리, 비켜주게. 자네가 내 갈비뼈를 부러뜨렸어!"라고 소리쳤다. 제리는 기사에게 "백악관으로!"라고 외쳤다. 레이건은 아직 자신이 총에 맞은 사실을 모르고 있었다. 그는 몸을 일으켜 의자에 앉으려고 했다. 통증이 너무 심해 전신이 마비될 지경이었다. 자리에 겨우 앉자 심한 기침이 나와 손으로 막았다. 그러자 손바닥에 검붉은 핏덩어리가 쏟아졌다. 레이건은 몹시 놀라 "자네, 내 갈비뼈만 부러뜨린 것이 아니라 그 갈비뼈가 내 폐까지 찌른 것 같구먼!"하며 경호원을 나무랐다. 경호원도 레이건 손바닥의 핏덩어리를 보았다. 경호원은 전용차 기사에게 백악관 대신 조지 워싱턴 대학병원으로 가라고 지시했다. 레이건은 손수건을 꺼내 손을 닦았다. 손수건이 피로 흠뻑 젖었다. 경호원의 손수건까지 받아 피를 닦았다. 레이건은 차츰 정신이 혼미해지고 숨쉬기가 어려워졌다. 곧 레이건은 몹시 춥다는 생각이 들었고 공포감이 한꺼번에 밀려왔다. 그리고 정신이 몽롱해지며 혼수상태로 빠져들었다. 저격현장에서 병원까지 걸린 시간은 채 4분이 되지 않았다. 병원은 긴급연락을 받고 수술준비에 들어간 상태였다. 레이건이 병원에 도착하자마자 긴급히 수술실로 옮겨졌다. 조용한 워싱턴 대학병원이 갑자기 소란스러워졌다. 곧 총에 맞은 경호원 맥카시와 공보비서 브래디가 워싱턴 대학병원으로 실려 왔기 때문이다. 워싱턴 시 소속 경찰관은 혼자 워싱턴 병원센터로 실려갔다. 경호원 맥카시는 저격범이 대통령에게 총을 쏘는 것을 몸을 던져서 막았다. 총알은 대통령 대신 그의 가슴에 박혔다. 레이건은 총구에서 직접 발사된 총알에 바로 맞은 것은 아니었다. 레이건이 차로 들어가려는 순간 발사된 총알은 먼저 차체에 맞은 후 튕겨 나와 왼쪽 팔 아래 겨드랑이를 뚫고 갈비뼈 사이를 지나 허파를 관통했던 것이다. 수술대 위에 눕혀진 레이건에게 산소마스크가 씌워지고 수술 준비에 들어갔다. 피격 직후 백악관은 대통령에게는 아무 일도 생기지 않았다고 발표했다. 그러나 3시 37분, 백악관은 발표를 번복했다. 백악관도 당황하여 혼란 속에 빠져들었다. 다시 공보비서관 데이빗 거건이 대통령이 저격당한 사실을 공식적으로 발표했다. 대통령이 힐튼호텔을 나오다가 왼쪽 어깨에 총을 맞아 조지 워싱턴 대학병원에 있으나 건강 상태는 안정적이라고 발표했다. 백악관은 즉시 부시 부통령에게 알렸고 그는 곧 텍사스에서 워싱턴을 향해 출발했다. 국가안보담당보좌관 앨런은 상황을 잘 파악하지 못하고 성급하게 공보비서 짐 브래디가 사망했다고 발표했다가 곧 번복했다. 헤이그 국무장관은 땀을 뻘뻘 흘리고 허둥대다가 "지금 현재로는 내가 여기 백악관을 장악하고 있다!"라는 실언을 했다. 대통령의 안위에 이상이 있을 시 대통령직 대행 순위는 부통령이자 상원의장인 부시가 1위였고, 하원의장이 2위, 상원부의장이 3위, 국무장관이 4위였던 것이다. 더 나아가 허둥대던 헤이그 국무장관은 백악관 지휘권을 내세우며 "군 경계태세 강화는 없을 것"이라고 공식적으로 발표했다. 그런데 와인버거 국방 장관은 소련 잠수함들이 동해에 많이 접근해 있다는 이유를 들어 "전략공군사령부(SAC)에 비상령을 선포하라"는 단안을 내렸다. 그리하여 헌법을 내세우는 헤이그와 군지휘권을 내세우는 와인버거는 격돌하는 일이 발생했다. 백악관 지휘권을 내세운 헤이그의 명령을 군지휘권을 앞세운 와인버거가 위반한 꼴이 되었을 뿐만 아니라 헤이그는 또한 거 짓말한 꼴이 되었다. 이런 상황은 국가가 위기에 직면했을 때 지도자 들의 판단이 얼마나 중요한 것인가를 말해주고 있었다. 레이건은 의식 이 몽롱한 가운데 수술대 위에 누워 수술을 기다리고 있었다. 수술을 준비하기 위해 간호사들이 정신없이 흐르는 피를 지혈하기 위해 레이 건의 몸에 손을 대자 그는 정색을 하며 "우리 낸시에게 허락을 받았 나?"하고 농담을 던졌다. 또한 곧 수술을 하려는 의사들을 바라보며 "선생님들은 공화당원이지요?"라고 말했다. 그러자 그들은 "대통령 님, 오늘 우리는 모두 공화당원입니다."라고 대답했다. 그런데 대답을 한 지오다노란 이름의 의사는 사실 오랫동안 민주당원이었던 것이다. 레이건은 위험한 수술을 앞두고도 주위 사람들에게 유머를 던지며 여 유와 담대함을 나타냈던 인물이었다. 수술을 기다리고 있는 동안 레이 건은 피격되기 일주일전에 포드극장에 갔던 일이 생각났다. 그곳에서 링컨이 총에 맞은 극장 좌석을 보면서 생각했던 것들이 떠올랐다. 오직 국가와 국민을 바라보며 자기 한 몸을 희생한다는 것이 얼마나 숭고하고 명예로운 일인가를 새삼 깨달았던 것이다. 그러한 위대한 지도자 링컨의 희생에 뜨거운 눈물이 왈칵 쏟아졌던 것이다. 레이건은 낙관주의적 신념으로 무장한 인물이었지만 한편으로는 감정이 풍부하고 섬세한 예술인이면서 유난히도 눈물이 많은 감상적 낭만주의자였다. 레이건은 링컨의 숭고한 죽음을 생각하며 계속 꿈 속에서 벗어나지 못하고 허우적거렸다. 그리고 곧 꿈에서 깨어났다. 수술 후 마취에서 깨어났을 때 낸시는 눈물을 글썽이며 레이건을 안타깝게 바라보고 있었다. 이때 레이건은 오히려 낸시를 위로할 겸 농담을 건네고 싶었다. 마침 권투선수 진 뎀프시의 말이 생각났다. 레이건은 낸시에게 "여보, 내가 피한다는 것을 잊었소."라고 말했다. 이 말은 권투선수 뎀프시가 헤비급 챔피언 타이틀 전에서 지고서 그의 아내에게 한 말이었다. 이 말을 들은 낸시는 오히려 웃음보다는 눈물이 더 쏟아졌다. 레이건은 링컨과 처칠과 같이 유머에 뛰어났다. 사람들은 딱딱함보다 부드러움을 더욱 좋아한다는 사실을 레이건은 알고 있었고 이를 틈틈이 활용했다. 레이건은 다른 사람과의 관계를 성공적으로 이끌기 위해서는 부드러운 유머가 효과적이라는 사실을 알고 늘 유머를 구사했던 것이다. 수술에서 깨어나 부인 낸시의 얼굴을 다시 본 레이건은 너무나 기뻤다. 그는 낸시와 결혼하게 해준 하나님께 깊이 감사하며 낸시가 없는 날은 하루도 없게 해달라고 기도했다. 백악관 공보비서관 거건은 기자들에게 국무장관, 재무장관, 국방장관 그리고 법무장관과 대통령 비서진이 모여 대책을 협의 중이라고 발표했다. 텍사스에서 부시 부통령이 비행기로 오후 6시 30분에 앤드류 공군기지에 도착했다. 그리고 부시는 오후 7시에 백악관 상황실에서 장관들과 백악관 비서진을 만나 비상대책을 논의했다. 이어 저녁 8시 20분 부시 부통령은 백악관 회견실에서 준비된 내용을 발표했다. "저는 매우 간단한 발표문을 읽도록 하겠습니다. 저는 대통령의 상태에 대한 오리어리 박사의 보고로 마음이 많이 놓입니다. 대통령은 많은 경험과 항상 낙관적인 생각을 가지고 있기 때문에 완전히 회복할 것입니다. 저는 이 나라와 우리를 지켜보는 세계에 우리 미국정부는 완전히 효과적으로 작동하고 있음을 재확인하는 바입니다. 우리는 종일 충분하고도 완전하게 소통하고 있으며 연방정부의 모든 공무원들은 최선의 노력으로 자신의 직무에 충실히 임하고 있습니다. 저는 대통령과 대통령 가족을 대신하여 그분들의 말씀을 전합니다. 우리는 전국 각지에서 이와 같은 폭력에 대해 걱정을 해주신 많은 국민들에게 깊이 감사합니다. 그리고 마지막으로 두 분은 대통령을 보호했던 두 명의 용감한 경찰관과 그리고 우리 모두의 친구이고 헌신적인 공무원인 짐 브레디에 대해서도 심심한 감사의 말씀을 전한다는 것을 알려드립니다. 우리는 이제 기도와 희망으로 이들의 회복을 기원합니다. 감사합니다." 부시 부통령의 발표가 나오기 직전 조지 워싱턴 의과대학의 데니스 오리어리 학장이 대통령과 공보비서 브래디 그리고 경호원 맥카시의 상태에 대하여 기자들에게 간단히 설명했다. 대통령은 왼쪽 허파를 총알이 관통했으나 수술 후 의식을 회복하여 안정적인 상태라고 했다. 이마에 총을 맞은 공보비서 브레디는 수술 중이며 위험한 상태라고 했다. 경호원 맥카시는 총알이 그의 오른쪽 가슴에 박혔으나 수술의 경과가 좋아서 회복 중이라고 했다. 다행히 사망자는 없었다. 대통령 레이건에게 총을 쏜 범인은 25살의 청년 존 힝클리였다. 그는 콜로라도 주 에버그린 출신이었다. 힝클리는 마틴 스콜세지 감독의 영화 「택시드라이버(1976년)」라는 영화에 나오는 여배우 조디 포스터에 매료되어 그 영화를 열 다섯 번이나 관람했다. 그리고 여배우 조디 포스터를 쫓아다니며 만나줄 것을 요청했다. 그러나 계속 거절당하자 누군가를 죽여 그녀에게 인정받고 싶은 마음이 충동적으로 생겨났다. 그리하여 힝클리는 카터 대통령을 저격하려고 계속 따라 다녔으나 기회를 잡지 못했던 것이었다. 힝클리는 재판에 회부되었고 배심원들은 그의 범죄 원인을 밝히기 위하여 그 영화를 관람하기까지 했다. 그렇지만 힝클리의 범죄 동기가 허무맹랑하였고 진술이 횡설수설하는 등 하여 결국 그는 정신병자로 판단되어 무죄로 방면되고 말았다. 레이건은 총을 맞은 지 13일째 되는 4월 11일 병원에서 퇴원했다. 총을 맞았을 때 레이건은 70세의 노인이었지만 그의 빠른 회복 때문에 그는 '영웅'이며 '철의 사나이'로 언론에 회자되고 있었다. 입원기간 동안 전국적으로 그의 빠른 쾌유를 기원하는 국민적인 성원이 병원에 쇄도했고 일군의 군중들은 대통령의 회복을 기원하는 대형 군중 사진을 병원에 보내기도 했다. 레이건은 그 나이에 몇 시간 동안이라도 도끼로 장작을 팰 수 있을 정도의 근력이 있었다. 하원의장 오닐이 대통령 레이건의 팔을 만져보고 놀란 적이 있었다. 레이건은 그의 단단한 근력의 원천이 도끼로 장작을 패는 것이라고 오닐에게 말해 주었다. 그러자 오닐은 도끼를 사서 장작패기를 시도해 보았다. 그러나 오닐은 금방 힘에 겨워 장작패기를 그만두었다. 어쩌면 레이건은 단련된 체력 덕분에 가슴 총상에서도 쉽게 회복될 수 있었는지도 모른다.

퇴원하여 백악관으로 돌아온 레이건은 하나님께 감사했다. 독실한 기독교 신자인 레이건은 "무슨 일이 일어나든 나의 생명은 하나님께 맡긴다. 내가 하는 모든 일에서 그분을 섬기기 위해 노력하겠다."라고 일기에 적었다. 죽음의 문턱까지 갔던 저격사건은 레이건의 신앙과 인생관에 커다란 영향을 미쳤다. 앞으로 자신보다 국가를 위해 더 헌신하기로 결심하며 삶의 목적에 대해 더 깊은 생각을 하게 되었다. 어쩌면 하나님이 그를 살려둔 것은 더 쓸 곳이 있을 것이라는 그의 어머니의 말씀이 새삼 떠오르는 것이었다. 레이건은 아직 할 일이 많다는 사실을 떠올리고 하나님께 감사했다.

Ronald Wilson
Reagan

Chapter
07

제7장

보수혁명을 실현하다

의회와의 전쟁

병원에서 퇴원한 레이건은 다시 경제개혁안 통과를 위하여 의회와 전면전을 펼쳐야 했다. 하원의장인 오닐과 민주당 의원들은 레이건의 경제개혁안에 결사적으로 반대하고 있었다. 개혁안의 운명을 건 공화당과 민주당 양당 간 일전이 불가피한 상태였다. 민주당이 다수당으로서 하원을 장악하고 있었기 때문에 레이건은 수적으로 불리한 상태였다. 그러나 레이건은 대통령 선거에서 절대 다수의 국민적 지지를 얻고 있었다. 국민이 개혁을 선택했고 여론이 레이건을 돕고 있어서 민주당은 하원의원 수가 많다고 무조건 반대할 수만 없었다. 쌍방 모두 강점과 약점을 함께 가지고 있었다. 그래서 서로 양보할 수 없는 어려운 싸움을 해야 하는 입장이었다.

민주당은 뉴딜 이래 민주당이 구축해놓은 경제와 복지의 기본 틀을 레이건이 완전히 무너뜨리는 것으로 이해했다. 이른바 민주당의 핵심 가치와 공화당의 핵심가치가 세금이나 복지정책 등에서 정면충돌을 하고 있었기 때문에 서로 한 치도 양보할 수 없었던 것이다. 민주당은 레이건의 개혁은 부자를 위한 감세정책이라고 공격했다. 그리고 정부의 지출을 줄인다는 것도 결국은 복지비 수혜자인 빈곤층의 복지예산을 줄이는 것이라고 비판했다. 그리하여 민주당은 레이건의 경제개혁안에 담겨 있는 복지개혁안을 수용할 수 없었던 것이다. 1981년 4월 15일 레이건은 재무장관 리건을 시켜 감세안에 대한 대통령의 성명을 발표했다. 레이건은 병원에서 퇴원한지 5일 밖에 되지 않아서 기자들을 직접 만날 수 있을 정도는 아니었다. 백악관 회의에 참석해서 1시간 정도만 지나면 숨이 차서 급히 산소마스크를 착용해야 했다. 영웅이자 철의 사나이로 명명된 레이건은 이러한 모습을 언론을 통해 국민들에게 보여줄 수는 없는 노릇이었다. 그리하여 개혁에 대해 마음이 급했던 그는 재무장관 리건을 내세워 대통령의 성명을 발표하게 하고 그로하여금 기자들을 만나 시급한 감세안을 설명하도록 했다. 레이건은 취임 초에 이를 해결하지 않으면 개혁은 영원히 불가능하리라 생각하고 있었다. 재무장관 리건은 감세안에 대한 성명서 발표를 위해 백악관으로 지방신문 기자, 편집인 그리고 방송국장들을 초청했다. 그리고 재무장관 리건은 연방 소득세 감액에 대한 대통령의 주장을 자세히 밝혔다. 미국인들이 정부에 지나치게 많은 소득세를 납부하고 있다는 사실과 납세자의 3분의 1이 소득의 25퍼센트를 세금으로 납부하고 있다고 설명했다. 게다가 4인 가족의 평균 연방 소득세는 17퍼센트에서 24퍼센트로 증가했다고 밝혔다. 그런 추세라면 1984년에는 32퍼센트가 될 것이라고 설명했다. 그렇지만 재무장관 리건은 레이건의 경제 개혁안에 따르면 1984년까지 과세 증가폭이 23퍼센트로 줄어든다고 밝혔다. 그리고 감세액의 4분의 3이 중산층에게 돌아갈 것이라고 설명했다. 그리고 그는 국민들이 힘들게 번 돈을 정부의 이름으로 빼앗는 것은 정의롭지 못한 일이라고 주장했다. 예산을 효율적으로 지출하는 것을 레이건은 중시했던 것이다. 즉 세금만 많이 거두어 모든 국가 문제를 해결하려고 하는 것을 레이건은 낡은 생각이라고 비판했다. 레이건은 되도록 수입을 소득자들의 손에 맡기는 것이 경제를 활성화시키는 최선의 방법이라고 생각하고 있었다. 따라서 획기적인 감세정책으로 개인과 기업이 자유롭고 즐겁게 투자하고 생산하는 경제활동이 제일 중요하다고 생각한 것이다.

레이건 정부는 4월 16일 연방공무원에 대한 설문조사를 실시했는데 예산낭비가 심각한 수준이라는 결론이 나왔다. 설문조사에 응답한 공무원 중 17퍼센트가 과거 12개월 동안 연방재산이 횡령되고 있다고 대답했다. 또한 11퍼센트는 복지비 수혜 부적격자가 복지비를 횡령하거나 정부물건이나 서비스를 받고 있는 사실을 개인적으로 알고 있다고 답했다. 9퍼센트는 십만 달러 이상의 연방 예산이나 운용이 달려 있는 구체적인 연방정부 사업이 잘못 운용되고 있다는 것을 알고 있다고 답했다. 결론적으로 정부의 비대화 때문에 정부예산이 효율적으로 사용되지 못하고 마구 낭비되고 있었던 것이다. 이는 레이건의 주장이 제대로 입증된 셈이었다. 해당 기관은 정부예산 확대에만 신경 썼지 그 예산을 어떻게 효율적으로 사용할 지 관심을 두지 않았다. 그리하여 레이건 정부는 잘못된 예산지출을 시정하기 위해 각 부서에 예산낭비나 횡령과 관련된 신고를 할 수 있게 신고용 직통전화를 설치했다. 레이건의 예측대로 조사보고서는 정부예산 지출에 대한 문제점을 강도 높게 지적했던 것이다. 경제개혁에 대한 국민적 공감대를 형성하기 위하여 레이건은 국민들에게 전화번호를 공개하여 신고해 줄 것을 당부했다. 그리고 레이건은 국민들에게 정부 스스로 정부를 개혁하고 예산을 줄일 것을 약속했다. 총상을 딛고 일어선 철의 사나이 레이건은 상원과 하원 합동회의에 경제개혁을 다시 설명하기 위하여 4월 28일 의회로 찾아갔다. 저격사건에서 살아난 대통령이 국민 앞에 다시 정정한 모습으로 나타나 마치 그의 모습은 국민적인 영웅이요 불사조처럼 보였다. 그의 표정은 밝았으며 여느 때처럼 유머와 웃음을 잃지 않고 있었다. 그러나 그는 예전보다 특별히 달라 보였다. 마치 숭고한 신념의 소유자 링컨처럼 무엇이고 해낼 것 같은 위대한 지도자처럼 보였다. 총상도 이겨낸 레이건은 국민의 뜨거운 성원을 바탕으로 의회를 압도할 기세였다. 의회도 박수를 치며 열렬히 대통령 레이건을 환영했다. 어쩌면 레이건과 국민과 의회가 잘 소통될 것처럼 보였다. 하원에서 차츰 개혁안에 대해 찬성하는 의원이 늘어났다. 텍사스 출신 하원의원 필 그램과 오하이오 출신 델 라타는 공동으로 레이건의 개혁안을 토대로 초당적인 '그램-라타 예산동의안'을 제출했다. 당시 그램은 민주당 출신이었다. 후에 그램은 공화당으로 당적을 옮긴다. 그리고 공화당 후보로 텍사스에서 상원의원이 되고 공화당 경제개혁의 핵심 브레인이 된다. 그의 부인은 하와이 1세대 한인 이주자의 후손이었다. 그램과 부인 모두 텍사스 대학의 경제학 교수였다. '그램-라타 예산동의안' 이외에 민주당 중심의 하원 예산위원회가 내놓은 동의안이 하나 더 있었다. 레이건이 의회연설에서 민주당 동의안에 대하여 정면으로 반대했다. 대신 초당파안인 '그램-라타 예산동의안'에 찬성 입장을 밝혔다. 나름 민주당 동의안에도 정부지출 축소와 세금감액에 대한 내용이 포함되어 있었다. 그런데 민주당 동의안은 1984년에 1981년보다 훨씬 많은 세금을 부담하게 되어 있었다. 레이건은 민주당 동의안이 단기적 임시처방에 불과하다고 비판했다. 민주당 동의안은 처음 3년은 정부지출 감소의 효과가 있을 것이나 결국은 연 12퍼센트의 연방세금 인상을 초래할 것이라고 주장했다. 따라서 레이건이 문제점이 많은 민주당 동의안을 받아들일 수 없다고 반대하고 나선 것이다. 이러한 레이건의 열정적인 의회연설에 대한 국민적 반응은 가히 폭발적이었다. 레이건은 경제적 위기에 빠진 미국을 구하려는 영웅으로 비쳤다. 트집 잡는 민주당은 개혁안을 반대하는 정상배로 매도되기 시작했다. 레이건은 서부에서 나타난 정의의 사나이였고, 민주당은 착한 마을사람들로부터 부당한 세금을 뜯는 악당과 같이 비췄다. 여론은 레이건을 적극적으로 지지하고 나섰다. 또한 국민들도 하원의원과 오닐 하원의장에게 많은 편지를 보냈다. 오닐 하원의장은 하루에 5만 통의 편지를 받은 적도 있었다. 하원의장에게 대통령에 대한 반대를 그만두라는 내용들이었다. 오닐 하원의장의 수십 년 정치생활의 기반이 되어준 메사추세츠 주 지역구에서도 같은 내용의 편지가 왔다. 게다가 대통령을 반대하는 오닐 하원의장을 죽이겠다는 협박 전화가 있어 경찰이 자택에 대한 경비를 강화해야했다. 공항이나 거리에서도 오닐 하원의장에게 대통령을 괴롭히지 말라고 항의하는 사람들이 많이 나타났다. 미국 전역에서 레이건을 지지하는 함성이 의회에도 들리는 듯 하였다. 레이건의 온화한 미소와 함께 신념에 찬 연설에 의원들은 마치 홀린 듯 계속해서 큰 박수를 쳤다. 그리고 레이건의 연설에 동의해 주었다. 순간 레이건은 이러한 민주당 의원들의 기립에 전율을 느꼈다. 점차 레이건은 자신의 경제개혁안이 통과될 수 있다는 강한 느낌을 받았다. 큰 산처럼 막고 선 오닐 하원의장과 민주당 하원의원들의 장벽을 레이건은 넘어설 것 같은 자신감이 생겨났다.

자유롭고 소탈한
초청 로비

미국 대통령들은 정부에서 요청한 중
요한 법안이 의회에서 쟁점이 되고 있을 때 의원들을 자주 백악관에
초청했다. 이러한 방법은 대통령의 의지를 확실하게 전달하는 효과적
인 방법이었다. 루즈벨트 대통령이 특히 이러한 초청 로비를 잘했다.
그는 참석한 의원들에게 직접 핫도그를 구워 대접했다. 그러면 서로
스스럼없이 인간적으로 가까워졌다. 또한 백악관 수영장을 의원들에
게 개방하여 서로 허물없이 수영복 차림으로 시간을 보내며 친근감을
표현했다. 대통령의 이러한 대접과 친근한 태도는 반대파인 의원들의
마음을 누그러뜨렸던 것이다. 레이건 또한 루즈벨트처럼 특유의 친화
력을 가지고 백악관 초청 로비에 열중했다. 레이건은 자유롭고 소탈한
초청 로비를 좋아했다. 레이건과 그 부인 낸시가 직접 나서서 그러한

분위기를 조성했다. 레이건은 이런 모임에서 국가 최고 지도자인 대통령으로서가 아니라 음식을 함께 나누는 소탈한 친구로서 의원들을 대했다. 권위를 벗고 의원들과 자연스런 친구가 되어 그들의 마음을 얻으려고 애를 썼다. 민주정치는 권위의 정치문화 속에서 꽃필 수가 없는 것이다. 특히 우리나라가 선진국의 민주정치를 따라가려면 권위의 정치문화를 청산해야 한다. 이는 우리 앞에 놓여있는 시급한 정치적 과제이다. 5월 11일 레이건은 하원의원들을 모두 백악관으로 초대했다. 그리고 백악관 비서진과 부처 장관들도 모두 함께 식사하는 자리를 마련했다. 레이건은 이들과 즐겁게 어울려 함께 식사하며 감세안을 꼭 통과시켜 달라고 부드럽게 요청했다. 그러면서 국민들의 세금을 줄여 그들이 스스로 투자하고 생산하여 꿈과 희망을 갖고 경제활동에 나서도록 하자고 호소했다. 또한 5월 14일에는 상원의원들을 백악관에 초청했다. 역시 상원의원들에게도 레이건은 그들과 즐겁게 식사하는 가운데 경제를 회복시킬 수 있는 감세안을 통과시켜 달라고 간곡히 호소했다. 그리고 6월 11일에는 사업가들을 백악관으로 초청했다. 이들은 레이건의 경제개혁에 관심이 많은 사람들이었다. 레이건은 이들 사업가들을 설득하여 개혁을 지지하는 우군으로 삼고자 했다. 반면에 노총은 레이건의 개혁에 반대하고 나섰다. 다행히 노총과 입장이 다른 사업가들은 레이건의 경제개혁을 지지했다. 이들에게 레이건은 의회에서 논쟁이 되고 있는 초당파 동의안의 장점과 민주당 동의안의 문제점에 대해서 자세히 설명했다. 레이건은 도표를 작성해 가지고 나와 비교하며 개혁의 당위성을 주장했다. 분배에 초점을 두고 그것을 어떻게 나누어 먹을 것이냐 고민하기 보다는 전체를 위한 파이를 키우는 것이 더 중요하다고 주장했다. 복지보다는 성장을 중시한 레이건의 주장을 사업가들은 열렬히 지지하고 나섰다. 사업가들은 당시 어려운 경제상황에서 복지에 신경 쓸 여유가 없어지기 때문이기도 했다. 그리고 레이건은 6월 19일 기자들을 백악관으로 초청했다. 레이건은 루즈벨트 대통령만큼 수시로 기자들을 만나고 자주 기자회견을 했다. 또한 레이건은 기자들을 존경과 예의를 갖춰 대했고 그들을 적으로 대하지 않고 가까운 동지로 여겼다. 그리하여 많은 기자들도 레이건을 인간적으로 좋아하며 가까지 지내려고 노력할 정도였다. 레이건은 그들에게 민주당 동의안의 문제점을 지적하며 반대의 입장을 분명히 밝혔다. 그들은 레이건에게 개혁안이 의회를 통과하도록 어떻게 노력할 것이냐고 질문했다. 레이건은 의원들을 이성에 호소해 설득하겠다고 답했다. 투표에 이길 수 있느냐는 질문에 대해서는 레이건은 겸손하게 "잘 모르겠다"고 답변했다. 사실 누구도 결과를 장담할 수 없는 팽팽한 대결 국면이 전개되고 있었다. 그렇지만 낙관적인 신념의 소유자 레이건은 반드시 이길 수 있다는 확신을 이미 마음속에 품고 있었다. 기자들의 가장 큰 관심거리는 레이건과 하원의장 오닐의 관계였다. 오닐은 계속 레이건의 개혁안을 철저하게 반대하고 있었다. 그렇지만 레이건의 정치적 적수 오닐은 레이건의 설득력이 대단하다는 점을 인정하지 않을 수 없었다. 거대한 산처럼 레이건을 막고 선 거물 정치인 오닐도 이미 마음속으로 허물어지고 있었다. 레이건에게 다가가서 오닐 하원의장에게 할 말이 없냐고 한 기자가 질문했다. 그러자 레이건은 온화한 미소와 여유 있는 태도로 그에게 "행운을 빌겠다"라고 답하자 기자들은 폭소를 터뜨렸다. 이제 불사조처럼 다시 살아난 철의 사나이 레이건은 노련한 정치가 오닐 하원의장보다 한 수 위였다. 사실 후에 레이건은 사사건건 심하게 반대한 오닐을 좋은 지도자로 평가하지 않았다. 그렇지만 당시 레이건은 기자 회견 중 절대로 하원의장 오닐을 비난하는 말을 한마디도 하지 않았다. 저마다 각자의 입장에서 국익을 위하여 일하고 있다고 믿었다. 정치철학이 다르다고 비난할 일은 아니라고 서로 생각했다. 오히려 사석에서 둘은 허물없이 이야기를 나누었다. 레이건은 초당적인 '그램-라타 예산동의안'에 대해 찬성의 입장을 밝히는 성명서를 발표했다. 레이건은 6월 23일 민주당 의원들만 백악관으로 초청하여 조찬을 나누었다. 그 자리에서 레이건은 초당파적으로 발의된 '그램-라타 예산동의안'을 적극적으로 지지해 줄 것을 부탁했다. 그리고 민주당 의원들과의 대화와 소통을 강조하며 그들을 설득하기 위하여 혼신의 노력을 기울였다. 같은 날 저녁에는 우군인 공화당 하원의원들을 모두 백악관으로 초청했다. 레이건은 이들과 화기애애하게 저녁식사를 하며 개혁안 통과를 위한 지지를 부탁했다. 아침과

미국은 특별한 신의 계시를 부여받은 나라라고 믿고 있는 대통령 레이건과 그의 부인 낸시
가 교황과 환담하는 모습.

저녁으로 레이건은 개혁안을 통과시키기 위해 열정적인 노력을 기울였다. '쇠가 달구어졌을 때 두드려야한다'는 속담처럼 레이건은 국민적 지지와 기대가 제일 높은 이 취임 초 시기에 개혁안을 통과시켜야 한다는 것을 너무나 잘 알고 있었기 때문이다. 그런 가운데 개혁안 통과를 위한 하원과 상원에 대한 설득작업은 7월에도 가열차게 계속되었다. 레이건은 7월 내에 개혁안을 통과시키기로 마음먹었다. 레이건의 복지비 삭감계획에 하원의원들은 해당 지역구 주민의 정부 혜택이 줄어들 것을 염려하여 반발이 심했다. 그리하여 레이건은 하원의원들에게 어느 정도 양보하기로 하고 7월 18일 이런 내용을 의회 지도자들에게 서신으로 발송했다. 가급적 수급자들의 혜택을 줄이지 않고 사회보장제도를 개선하겠다는 것이었다. 이는 의회의 양보를 얻기 위한 일종의 타협이기도 했다. 그리고 7월 22일 레이건은 워싱턴 이외의 지역의 신문 편집인과 방송기자들을 백악관으로 초청하여 오찬을 함께 했다. 레이건은 참석한 언론인들과 즐겁게 식사를 나누면서 개혁안에 대해 상세히 설명했다. 7월 23일에는 주 의회 지도자들과 주 정부 주요 관리들을 백악관으로 초청하여 함께 식사를 하면서 연방 개혁정책에 대해 설명했다. 정부지출 감소와 감세에 대해 상세히 설명했다. 주정부는 지출감소로 인하여 연방정부의 지원금이 줄 것을 염려하고 있었다. 레이건은 감세는 연방정부가 가져온 지방정부의 권한을 돌려주는 것이라고 설명했다. 연방정부가 지방의 일에 관여하는 것보다 지방정부가 관련 업무를 담당하고 해결하는 것이 더 합리적이라고 주장했다. 미국은 뉴딜정책 이후 연방정부의 규모가 커지면서 주 정부에 대한 연방예산의 지출이 많아졌다. 레이건의 개혁안이 실시되면 연방정부의 주 정부에 대한 지출이 줄 것이 예상되고 있었다. 따라서 주 정부로서는 레이건의 개혁안을 환영할 수 없었던 것이다. 그리하여 레이건은 주 정부의 여론을 무마하기 위해 주 지도자들을 백악관으로 초청해 자세히 설명하고 그들을 설득했던 것이다. 또한 레이건은 최후의 승리를 위한 단결을 호소하기 위하여 다음 날인 7월 24일 다시 하원을 방문했다. 오전에 레이건은 의원사무처에서 공화당 하원들을 만났다. 그리고 레이건은 하원 지도자들을 만나 개혁안에 대한 적극적인 지지를 부탁했다. 특히 하원에서 영향력이 있던 딕 체니, 누트 깅그리치, 스탠 패리스, 바버 콘나블 의원에게 간곡히 부탁했다. 딕 체니는 후에 국방장관이 되고, 누트 깅그리치는 하원의장으로 승승장구하게 된다. 레이건은 개혁안 통과를 위한 마지막 노력으로 7월 27일 직접 국민들에게 호소하고 나섰다. 그리고 이른 아침부터 레이건은 의원들에게 전화를 걸거나 의원들을 직접 만나 지지를 호소했다. 저녁 7시 3분까지 종일 한시도 쉬지 않고 레이건은 동분서주했다. 저녁 8시 레이건은 백악관 집무실에서 텔레비전 카메라 앞에 섰다. 국민들을 향하여 개혁안에 대한 적극적 지지를 호소했다. 감세안을 통과시켜 경제부흥을 이루자고 간곡히 호소했다. 레이건은 도표까지 동원해 개혁안을 자세히 설명했다. 열정적인 레이건은 국민들이 직접 나서서 해당지역 출신 의원들에게 전화를 걸어 감세안을 통과시키도록 압력을 넣으라고 요청했다. 그는 경제개혁에 대한 일관된 주장을 반복하면서 경제를 회복시키기 위해서는 감세안 통과가 꼭 필요하다고 주장했다. 그리고 연방정부의 규모가 축소되고 정부규제가 줄어들면 국민은 더 큰 자유를 누릴 수 있다고 주장했다. 또한 레이건은 미국의 애국주의 감성에 호소하면서 개혁안에 대한 국민적 지지를 간절하게 호소했다. 즉 레이건은 루즈벨트와 케네디 그리고 카터의 진보주의와는 완전히 다른 미국의 전통적 가치 즉 보수주의의 실현을 부르짖고 나선 것이다. 결국 레이건은 보수주의 경제정책으로 경제적 번영을 이루겠다고 호소하고 나선 것이었다.

미국 정치와 경제의
대변혁

드디어 7월 29일 레이건의 개혁안이 의회를 통과했다. 즉시 오닐 하원의장은 레이건 대통령에게 전화로 개혁안 통과를 축하해 주었다. 이날 오후 늦게 상원과 하원에서 각각 표결이 실시되었다. 상원에서는 찬성이 89표이고 반대가 11표였다. 하원에서는 찬성이 238표였고 반대가 195표였다. 민주당이 다수당인 하원에서 개혁안을 통과시킬수 수 있었던 것은 남부출신 민주당 의원들이 조직적으로 레이건의 개혁안을 지지해 준 덕분이었다. 이들은 전부터 레이건에게 우호적이었다. 민주당 당론은 레이건의 개혁안에 반대하는 것이었다. 그러나 남부지역 민주당 의원 48명이 당론을 거부하고 레이건의 개혁안을 지지했던 것이다. 마침내 레이건의 개혁안이 법으로 탄생된 것이었다. 레이건의 개혁안 통과는 경제뿐만 아니라 정치의 대변혁이기도 했다. 정치적으로는 1920년대 풍요롭던 보수주의 시대의 부활을 의미하고 있기도 했다. 레이건은 그 풍요롭고 팽창주의적인 시대처럼 다시 경제적 부흥과 힘을 통한 평화로운 세상을 꿈꾸고 있었던 것이다. 미국은 뉴딜정책 이후 케인즈 이론을 신봉하여 유효수요 창출에 노력해 왔다. 그러나 레이건은 정반대의 해결방법을 제시하고 나섰던 것이다. 경제를 살리기 위해서는 경제의 공급 측면을 살려야 한다는 것이었다. 공급이 살아나기 위해서는 세금을 감면해 투자심리를 살려야 한다는 것이었다. 최종적으로 감세법은 잭 캠프 하원의원과 윌리엄 로스 2세 상원의원이 합의하여 만들었고 이들의 이름을 따서 '캠프-로스법' 혹은 '경제회복세금법'이라고 불렀다. 레이건 대통령은 개혁안이 통과된 직후 기자회견을 가졌다. 레이건은 개혁안의 통과는 취임 후 최대의 성과라고 평가를 내렸다. 레이건은 개혁안 통과에 즈음한 간단한 성명서를 발표한 후 기자들의 질문에 답변했다. 기자들은 개혁의 영향을 언제쯤 느낄 수 있냐고 질문했다. 이에 레이건은 10월까지는 기다려야 할 것이라고 답변했다. 그렇지만 감세의 심리적 효과는 즉시 나타날 것 같다고 했다. 레이건은 캘리포니아의 험준한 산악지대에 위치한 그의 목장에서 휴가를 보내다가 1981년 8월 13일 '경제회복세금법'과 '종합예산조정법'의 법안을 그곳으로 가져오게 해 법안 사인식을 하기로 했다. 그 황량한 목장까지 사인식을 취재하러 많은 기자들이 몰려들었다. 별장 밖에 사인할 임시장소를 마련했다. 높은 지역이어서 시야가 확 트이고 멀리 다른 산봉우리를 볼 수 있었다. 그런데 그날은 안개가 잔뜩 끼어있었다.

　시작되기 전에 한 기자가 레이건에게 "전형적인 캘리포니아 날씨인가?"라고 질문했다. 레이건은 자신이 목장으로 이사한 이후에 "이런 날씨는 처음"이라고 답했다. 그러면서 레이건은 분위기를 부드럽게 하려는 듯 "기자들 때문에 날씨가 나빠졌다고 말하지는 않겠다"고 유머를 던졌다. 이에 참석자 모두는 레이건을 바라보며 웃음을 터뜨렸다. 이제 레이건은 여유로운 마음을 참석자들에게 보여주고 싶었던 것이다. 초조감과 긴박감은 사라졌고 이곳에서 레이건은 최대한 자유롭고 여유있는 모습을 보여주려고 애쓰는 듯 했다. 실제로 그는 험준한 산을 넘은 승리자였다. 가까스로 총을 맞아 죽음의 문턱까지 갔다가 살아나고, 큰 산처럼 자신을 막고 선 오닐 하원의장과 다수당인 민주당을 넘어선 레이건은 마치 정의와 평화를 실현하기 위해 황량한 서부의 결투에서 당당히 승리한 서부의 영웅처럼 자신이 느껴지기도 했다. 정치적인 승리자인 레이건은 그의 목장에서 그의 영원한 연인 낸시와 함께 그 승리의 기쁨을 잠시라도 만끽하고 싶었다. 레이건은 벅찬 마음으로 통과한 법안의 역사적 의미에 대해 밝혔다. 그는 "반세기 이상 미국이 걸어온 길을 되돌리는 것이며 정부관료, 정부지출, 정부과세의 비대 성장에 종지부를 찍는 것"이라고 강조했다. 그리고 "향후 3년 동안 1,300억 달러의 저축 효과가 있을 것이며 또한 향후 5년 동안 7,500억 달러의 감세가 이루어 질 것"이라고 밝혔다. 그러면서 레이건은 "경제회복이야말로 최우선 정책목표"라고 강조했다. 드디어 레이건은 역사적인 법안에 사인을 하기 위해 자리에 앉았다. 양복 대신 상하 모두 편안한 블루진을 입었다. 책상 위에는 여러 개의 펜이 놓여 있었다. 그는 설레는 마음으로 법안에 '로널드 레이건'이라는 이름을 천천히 써 넣었다. 사인을 위해 준비된 펜은 모두 사용되었다. 이렇게 여러 개의 펜을 사용한 이유는 사인한 펜을 법안 통과를 위해 애쓴 관련자들에게 기념품으로 선물하는 전통 때문이었다. 역사적인 법안 사인식을 마친 후 레이건은 참석한 기자들의 질문에 답했다. 대통령의 예측과는 달리 재정수입이 적어서 불황으로 가지 않겠느냐는 질문이 나왔다. 이에 대해 대통령 레이건은 몇 달 동안 어려운 경제가 지속되겠지만 정부의 감소된 지출이 효과를 발휘하는 10월경부터 국민들이 직접 수입이 느는 것을 체감할 때 경제회복의 효과가 나타날 것이라고 밝혔다. 이제 주사위는 던져졌다. 레이건은 경제회복정책을 강력히 실천하여 훌륭한 성과를 내야했다. 오랫동안 계속된 경제불황을 극복하기 위하여 용기·결단력 및 추진력을 겸비한 지도자 레이건은 그의 위대한 꿈을 실현하기 위하여 힘차게 미래로 나아갔다. 그러나 곧 레이건의 앞에 커다란 장애물이 나타났다. 경제개혁안이 통과되는 순간 대통령 레이건에게 또 다른 위기가 기다리고 있었다. 항공대란의 위기가 발생해 미국 전역을 긴장시키는 큰 사건이 발생한 것이다. 항공관제사노조가 1981년 8월 3일 파업을 선언하고 나선 것이다. 항공관제사들의 파업은 미국 전역의 공항에서 민간 항공기의 착륙과 이륙을 일시에 중단시켜야 하는 엄청난 사건이었다. 항공관제사들은 준 공무원의 신분으로 파업이 불법적인 행위였다. 그들은 기간산업 종사자들로서 공공의 안녕과 삶을 위협하는 불법적인 파업에 가담하면 처벌하게 되어 있었다. 그런데 항공관제사노조는 1980년 대선에서 레이건 후보를 지지했었다. 노조가 공화당 후보를 지지하는 경우는 매우 드문 일이었다. 그리하여 레이건에게는 더욱 소중한 지지 세력이었다. 그러나 대통령 레이건은 "법은 법이다"라는 원칙을 견지하고 있었다. 누구든 법을 어기는 것은 용서할 수 없었다. 그는 법을 어긴 항공관제사노조와 협상을 거부했다. 법치국가에서 법을 어긴 노조와의 협상은 원천적으로 의미가 없다고 생각했다. 악법이라도 지키는 것이 법치국가의 법 정신이라고 그는 판단했다. 레이건은 예외를 인정하면 선례가 되고 법치는 무너질 수밖에 없다고 생각했다. 그리하여 레이건은 마음은 아팠지만 항공관제사들에게 파업을 풀고 48시간 안에 업무에 복귀할 것을 명령했다. 만약 그 때까지 복귀하지 않는 노조원은 모두 파면하겠다고 밝혔다. 이처럼 레이건은 불법적인 파업에 단호히 맞섰다. 레이건은 잃어버린 미국의 영광을 재현하기위해서는 정의로운 법 집행이 무엇보다도 필요하다고 보았다. 그리해야 차질 없이 보수혁명을 이룰 수 있다고 믿었다. 따라서 불법적인 파업은 레이건에게는 개혁 대상이었다. 레이건 정부의 큰 위기를 초래한 항공관제사노조의 불법적인 파업은 그의 개혁정책의 성공을 위하여 과감히 극복해야할 일이었다. 이러한 레이건의 단호한 조치로 인하여 48시간 내에 노조원 38퍼센트가 업무에 복귀했다. 레이건은 복귀를 하지 않은 나머지 파업자에 대해서는 즉시 파면조치를 단행했다. 그리고 빈자리는 군 관제사들을 동원하여 메웠다. 복귀한 노조원은 900명이었고 해고된 노조원은 1만 1,300여 명이었다. 이런 레이건의 조치에 미국 국민의 3분의 2이상이 지지를 해 주었다. 거대한 파업의 물결이 지나간 후 항공기 운항은 다시 정상으로 돌아갈 수 있었다. 결국 손해를 본 측은 노조였다. 너무 많은 노조원들이 소중한 일자리를 잃어버린 것이다. 비록 그들은 근무시간 단축, 임금인상, 안전조건 개선들을 요구하며 실정법을 무시하고 좀 과감하게 파업에 나섰지만 불법파업을 인정하지 않는 대다수 미국인들의 엄격한 법감정을 잘 파악하지 못했던 것이다. 레이건은 이러한 미국민의 법 감정에 호응하여 법치국가의 기본원칙을 수호한 대통령이 됨으로써 그의 정치적 위상이 크게 올라갔다. 그리하여 국가적 위기에도 절대 흔들리지 않는 강력한 지도자라는 인상을 미국민들에게 심어주었다. 미국의 좌파 진보주의자들은 미리 레이건과 함께 우파 보수주의자들이 치밀한 계략을 세워 파업을 무리하게 저지했다고 비난했지만 이들의 주장은 대다수 미국민들에게 설득력이 없는 것이었다. 따라서 미국민들의 전폭적인 지지를 바탕으로 레이건의 보수혁명은 가열차게 전개되어 나갔다.

국방개혁에 나서다

레이건은 미국이 그동안 냉전과 데탕트 시대를 지내면서 소련을 비롯한 적에게 너무나 유약하게 대처하여 베트남 전쟁의 패배와 이란 인질사건의 치욕을 초래했다고 보았다. 특히 카터 대통령 때 발생한 이란 인질사건은 베트남과 아프가니스탄을 이은 치욕적인 사건으로 미국의 국제적 위신을 추락시키고 말았다. 그리하여 레이건은 미국이 힘이 있어야만 국제적 위신과 자존심을 세우고 가장 큰 적인 소련을 굴복시켜 안정되고 평화로운 세상을 만들 수 있다고 보았다. 즉 소련이 따라오지 못할 만큼의 국방력을 강화하는 것이 소련의 위협을 물리치고 미국이 유리한 조건에서 협상을 주도할 수 있는 길이라고 믿었다. 실제로 강력한 반공주의자 레이건은 정치를 시작하면서 공산주의는 없어져야 할 세력으로 보았다. 따라서 강력한 힘을 구축하여 세계평화를 위협하는 공산주의 국가 소련을 제거하는 것이 레이건의 궁극적인 목표였다. 레이건에게 경제회복 다음으로 중요한 정책목표가 국방력 강화였다. 힘을 통한 외교를 주장하는 레이건에게 국가의 힘은 곧 국방력을 의미했다. 1945년 이후로 냉전과 데탕트가 계속되면서 미국은 소련의 음모에 휘둘려 왔다고 레이건은 생각했다. 레이건은 자유, 민주주의, 세계평화 등을 주도해야 할 미국이 우유부단하여 그동안 베트남전, 소련의 아프가니스탄 침공, 이란 인질 사건 등을 겪으며 미국의 권위와 체면이 손상되었다고 보았다. 레이건은 닉슨 등의 전임 대통령들과 키신저 등의 데탕트 정책이 잘못되었다고 보았다. 레이건은 이 정책이 미국과 소련의 핵무기 경쟁에 따른 상호 간의 취약점을 숨기기 위한 임시적인 미봉책으로써 근본적으로 잘못되었다고 보았다. 레이건은 그 동안 소련이 너무 과대포장되었다고 생각하고 있었다. 그리하여 레이건은 경제력에 바탕을 둔 막강한 군사력 증강으로 충분히 소련의 과대포장을 벗길 수 있다고 생각했다. 그런데 그동안 미국은 유약하게 데탕트 정책을 내세워 소련과 힘이 동등한 것처럼 불안한 평화를 고착시켜 왔던 것이다. 이렇게 되면 미국은 적인 소련의 적법성을 인정하는 꼴이 되고 결국 세계평화에 대한 우월성을 주장할 수 없게 되는 것이었다. 그리고 소련을 동등한 자격으로 인정해 불안한 평화를 계속 유지해 나가야 했다. 그리하여 레이건은 일부러 역사적 결단을 내려 유명한 연설에서 소련을 "악의 제국"으로 부르게 되는 것이다. 즉 공산주의 소련을 없애야 할 적으로 규정하게 되는 것이다. 그것이야말로 자유 민주주의 국가 미국이 공산주의 국가 소련을 제거해야 할 도덕적 명분이 되는 것이었다. 그러한 레이건에게 카터는 대통령 선거 때 위험한 호전주의자이며 전쟁광이라고 공격하였지만 반면에 레이건은 카터에게 물렁한 협상자라고 반격했던 것이다. 이때 레이건은 국민들에게 미국은 국방력을 더욱 강화하여 평화를 위협하는 세력에 단호한 대처를 하고 궁극적으로 이들을 제거할 것이라고 천명했었다. 그리하여 레이건은 경제개혁안이 성공적으로 의회를 통과하자 곧 국방력강화에 적극적으로 임했다. 그런데 정부지출을 삭감하고 세금을 인하하면서 국방비를 증액한다는 것이 얼핏 모순되어 보여서 국민들에게 혼란을 야기시킬 수도 있었다. 국방비 증가와 정부지출의 감축을 적절히 조율시켜야 했다. 레이건의 오래된 정치적 동지 와인버거 국방부장관의 국방력 강화목표와 젊고 패기가 있는 예산처장의 정부지출 감축을 둘러싼 공방전이 시작되었다. 레이건과 처음 일하는 예산처장 스톡맨은 균형예산을 위해 임명된 사람이었다. 힘을 통한 외교를 주장하는 레이건에게 국무부보다 더 중요한 것은 국방부였다. 국가의 힘은 곧 국방력이었다. 와인버거 국방부장관은 거세게 국방비의 증액을 요구했다. 그러나 국방비는 국가 전체 예산과 균형이 필요했다. 레이건은 예산이 감축되는 상황에서도 국방비는 감축하지 않는 것이 자신의 정책임을 밝혔다. 미국은 지난 수십 년간 군대와 국방비를 감축해 왔지만 소련은 반대로 국방력을 강화시켜 왔다. 실제로 소련은 병력면에서 미국의 두 배였고, 소련의 탱크 숫자가 50,000여 대에 이르는 반면 미국은 11,000여 대에 불과했다. 그동안 소련은 국방비를 2배 증액했으나 미국은 오히려 3분의 1이 감소했다. 또한 전통적인 육상세력인 소련은 해군력을 해안방위군 수준에서 대양군 수준으로 증강시켰으나 오히려 해양세력인 미국은 함대수를 절반 감축했다. 그리고 나토 국가에는 중거리 핵미사일이 없었다. 미국이 나토 국가에서 1,000개의 핵탄두 미사일을 철수시키는 동안 소련은 새로운 SS-20미사일에만 750개의 핵탄두를 더 실전 배치했다. 레이건은 이런 소련에 대항해 향후 5년 동안 미국은 과거의 약세를 극복하고 안보상의 균형을 맞추도록 노력할 계획이었다. 이러한 상황에서 와인버거 국방장관은 국방비를 대폭 늘려야했고 예산처장 스톡맨은 최대한 정부지출을 줄여 균형 예산을 이뤄내야 했다. 그리하여 두 사람은 여러 번의 뜨거운 논쟁 끝에 마침내 9월 국방비 증액에 대한 합의를 이뤄냈다. 그리고 레이건 대통령과 와인버거 국방장관, 스톡맨 예산처장은 캠프 데이비드에 모여 수차례 회의를 거듭하고서 국방비 증액에 대한 정부의 입장을 밝혔다. 또한 10월 2일 레이건은 기자들을 백악관으로 불러놓고 미국 국방의 근간은 핵무기임을 강조하면서 새로운 전략무기증강안을 발표했다. 레이건은 소련과의 진정한 무기감축을 이끌어내기 위한 방편으로 군비증강을 추진하기로 했다. 먼저 미국은 육상미사일, 해상미사일 그리고 폭격기를 강화하고 현대화하기로 했다. 또한 통신과 통제 시스템도 향상시킬 계획이었다. 레이건은 다음과 같은 세 가지 목표를 달성하기 위하여 전략무기의 증강을 추진했다. 첫째로는 미국에 대한 소련의 모든 도발에 대한 억지력을 높이고, 둘째로는 소련의 무력증강에 적절한 시간 안에 합리적인 비용을 들여 대비하고, 셋째로는 전략무기의 균형을 이뤄낸다는 것이었다. 그리고 레이건은 전략무기 개발을 위한 투자비는 국방비 전체의 15퍼센트에 불과하여 미국이 충분히 감당할 수 있다고 했다. 1960년대 미국의 전략무기 증강비가 20퍼센트였던 점을 고려하면 대단히 적은 액수라는 주장이었다. 또한 레이건은 전략무기 증강계획에 대한 세부적인 내용도 밝혔다. 이는 레이건이 와인버거 국방장관에게 직접 지시한 내용이었다. 먼저 100대의 B-1폭격기를 가능한 빠른 시일 안에 제조하도록 했다. 또한 당시 배치되어 있는 폭격기에는 유도미사일(크루즈미사일)을 장착하도록 했다. 1990년까지 스텔스형의 신형 폭격기를 개발하기로 했다. 해상 기지병력의 증강도 착수했다. 가능한 빠른 시일 안에 트리렌트 잠수함을 건조하도록 했다. 더 크고 정교한 해상용 다탄두미사일을 개발하도록 했다. 또한 미국이 등한시 했던 전략무기에 대한 무관심을 청산하고 캐나다와 함께 북미 대륙의 대공정찰과 대공능력을 강화하도록 했다. 이러한 레이건의 가열찬 전략무기 증강계획은 소련과 전략무기 감축협상을 유리하게 끌고 가기 위한 것이기도 했다. 레이건은 소련이 중거리 핵미사일을 서유럽에 계속 배치하는 것에 대하여 경계심을 가졌다. 소련은 SS-20, SS-4 그리고 SS-5 미사일을 가지고 있으며 이들은 모두 서유럽 어디든 도달할 수 있는 사정거리를 가지고 있었다. 그렇지만 레이건은 아직 소련의 위협에 대항하여 미국은 이에 상응하는 억지수단을 가지고 있지 못하다고 밝혔다. 1979년 소련의 미사일 배치에 대해 유럽이 마련한 방안이 크루즈미사일과 함께 퍼싱미사일이었다. 이 미사일은 소련의 모든 지역에 도달할 수 있는 사정거리를 가지고 있었다. 그런데 이 미사일들은 서유럽의 한정된 도시에만 배치되어 있었고 소련의 거대한 미사일 공격망에 대항하기에는 역부족이었다. 나토는 새로운 미사일 방어망이 필요했다. 그러나 레이건은 소련이 유럽으로부터 미사일을 철수한다면 미국도 그에 상응한 조치를 취할 것임을 밝혔다. 소련이 SS-20, 22-4, 그리고 SS-5 미사일을 폐기한다면 미국도 퍼싱 II 미사일의 유럽배치를 취소하겠다고 제안했다. 레이건은 소련 서기장 브레즈네프에게 전략무기 감축에 대한 협상을 이듬해부터 시작하겠다고 제안했다. 그때까지 미국과 소련은 '제한' 이라는 용어를 쓰고 있었는데 앞으로 '감축' 이라는 용어로 대신하자고 했다. 그러면서 레이건은 소련의 반대에도 불구하고 전략무기를 실질적으로 '감축' 하자고 계속 소련을 설득했다. 레이건은 소련에게 '전략무기제한협상' 대신 '전략무기감축협상' 을 끈질기게 제안하고 나섰다. 또한 유럽에 있는 재래식 군사력을 양측이 서로 균형을 이루는 최소한의 수준에서 유지할 것을 제안했다. 그러나 레이건은 소련이 함께 하지 않는다면 미국이 먼저 군사력을 일방적으로 감축하지는 않을 것임을 확실히 밝혔다. 이에 거대한 곰처럼 속내를 드러내지 않는 소련은 적극적인 레이건의 주장을 무시하는 듯 일축하였지만 레이건은 위대한 소통과 설득의 리더십을 발휘하며 계속적으로 소련에게 전략무기 감축에 대한 협상을 제안하고 나섰다. 레이건은 궁극적으로 공산주의 국가 소련을 해체하기 위하여 열정과 사명감을 가지고 길고 험난한 여정에 나섰다. 그것은 전쟁이 없는 안정되고 평화로운 세상을 만들기 위한 용기 있고 위대한 여정이었다.

Ronald Wilson
Reagan
Chapter
08

제8장

끊임없는 도전과
위대한 유산

01

힘든 개혁의 길

레이건의 새로운 경제개혁정책이 효과
를 나타내는 데는 좀 더 많은 시간이 필요했다. 취임 후 한 해가 저무
는데도 계속 실업률이 높아가고 있었고 경제는 불황을 벗어나지 못하
고 있었다. 이에 성급한 기자들은 언제 감세정책을 포기하고 세금을
올릴 것이냐고 거듭 레이건에게 캐물었다. 또한 실업률이 10퍼센트를
넘으면 경제정책을 바꿀 것이냐고 기자들은 비판적인 질문을 던졌다.
1980년 실업이 7.4퍼센트였고 1981년 실업률이 8.1퍼센트로 계속
치솟고 있었다. 그러나 레이건은 자신의 경제개혁정책에 대한 확고한
신념으로 이러한 비판에 절대로 흔들리지 않았다. 그리고 계속되는 불
황의 짙은 그늘 속에서도 핵심 개혁이라 할 수 있는 복지개혁을 레이
건은 과감히 추진했다. 복지를 개혁하지 않고서는 경제개혁이 불가능

했다. 한 해가 저물 무렵에 복지개혁에 나선 것이다. 뉴딜정책이 실시된 이후 미국은 복지국가가 되면서 새로운 나라가 되고 있었다. 점차 복지비에 의존하여 살아가는 사람들이 늘어났다. 특히 존슨 행정부가 가난과의 전쟁을 선포한 이후 복지비는 천문학적 숫자로 늘어났다. 그리하여 재정적자는 엄청나게 쌓여갔다. 레이건은 여기에 칼을 대 과감하게 썩은 곳을 도려내길 원했다. 레이건은 캘리포니아 주지사 시절 방만하게 운영되던 복지정책을 과감하게 개혁하여 성공시킨 적이 있었다. 엄청난 복지비 부정수급을 척결하고 꼭 필요한 사람들에게만 복지비를 지급하도록 했다. 레이건은 캘리포니아 주지사 시절 복지개혁 3년 후 복지수급자를 무려 85만 명이나 줄였다. 또한 가족복지비의 수혜자도 30만 명 이상 줄였다. 미국 역사상 복지비 분야에 지출이 줄어든 것은 이것이 처음이었다. 따라서 레이건 복지개혁의 핵심은 빈곤한 사람들에게 복지비를 높여주는 것이 아니라 되도록 일할 기회를 확대하여 복지비를 타는 사람을 줄이겠다는 것이었다. 그리하여 레이건은 1981년 12월 16일 사회보장제도를 획기적으로 개혁하기 위하여 개혁심의위원회를 구성했다. 위원회는 15인의 위원으로 구성하되 대통령이 5명을 임명하고 하원의장이 5명 그리고 상원 다수당 대표가 5명을 임명하는 방식을 취했다. 위원장은 대통령이 임명하도록 했다. 행정부와 입법부의 의견을 조율하여 합리적인 방안을 마련한다는 취지였다. 위원회는 1년간 존속하기로 했고 주된 업무는 여당과 야당 그리고 행정부가 합의하여 현실적이고 장기적인 개혁안을 마련하는 것이었다. 레이건은 개혁위원회의 위원장으로 알렌 그린스펀을 임명했다. 그린스펀은 이론경제 뿐만 아니라 실무경제에도 경험이 많았다. 후에 그는 연방준비금위원장이 된다. 그는 기본적으로 정부의 시장개입을 자제하는 금융정책을 썼다. 레이건 대통령은 알렌 그린스펀, 로버트 벡, 메리 플러, 알렉산더 트로우브리지, 조 웨고너 2세를 임명했다. 이들은 모두 금융업이나 보험업 관련 전문경제인들이었다. 하원의장 오닐이 임명한 5명의 위원은 윌리암 아처(텍사스 출신 공화당 하원의원), 로버트 볼(전직 사회보장청장), 바버 코나블(뉴욕출신 공화당 하원의원), 마타 키즈(전직 보건복지부 차관보), 클라우드 페퍼(플로리다 출신 민주당 하원의원)였다. 오닐은 민주당 소속 하원의장으로 레이건의 정책에 반대하는 정적이었지만 민주당 의원 1명과 공화당 의원 2명 그리고 전직 관료출신이거나 의원출신의 사회복지문제 전문가를 임명했다. 오닐은 일에 대한 전문성을 고려하여 민주당보다 공화당 의원을 더 많이 임명했다. 당파를 초월하는 이들의 선진적이고 실용적인 자세를 우리나라 정부나 국회의 지도자들은 반드시 배워야 할 것이다. 그리해야 우리나라도 후진적 정치에서 벗어날 수가 있는 것이다. 또한 상원 다수당 원내대표 하워드 베이커(공화당 소속)도 5명을 임명했다. 윌리엄 암스트롱(콜로라도 출신 공화당 상원의원), 로버트 돌(캔자스 출신 공화당 상원의원), 존 헤인즈(펜실베니아 출신 공화당 상원의원), 레인 커크랜드(미국 노총, AFL-CIO위원장), 데니얼 모니핸(뉴욕출신 민주당 상원의원)이 그들이었다. 베이커 또한 능력과 전문성을 고려하여 3명의 공화당 의원과 1명의 민주당 의원 그리고 민주당 성향의 노총 위원장을 임명한 것이다. 이 또한 당파를 초월한 인사로 우리나라 정치인들이 배워야 할 인사였다. 미국은 자유 민주주의 역사가 200여 년이 되어서 선진적이고 실용적으로 운영되고 있지만 우리나라는 아직 자유 민주주의 역사가 70여 년밖에 안 되어서 후진적이고 당파적으로 운영되고 있어서 비효율적인 면이 많다. 앞으로 자유 민주주의 체제의 선진적이고 실용적인 운영이 우리의 절실한 과제이기도 하다. 1981년 12월 29일 의회는 레이건이 9월에 요청한 사회보장제도의 일부 개혁안을 통과시켰다. 사회보장제도 개혁위원회가 제도개혁을 위한 방안을 연구하기 시작한 지 얼마 되지 않은 시점이었다. 전 민주당 정부에서는 일을 하는 저소득층의 부족한 소득을 보전하는 방식을 택했었다. 그러나 레이건 공화당 정부에서는 일을 하고 소득이 있으면서 복지비를 수령하는 이중 혜택을 반대했다. 이러한 차이점이 주된 변화였다. 근로능력이 없는 빈곤층은 필히 복지비를 수령할 수 있으나 근로능력이 있는 사람들은 되도록 일을 하라는 것이었다. 부족한 소득은 개인의 책임이지 그것까지 정부가 채워주어야 하는 것은 아니라는 것이었다. 그리하여 레이건 정부는 사람들이 단순히 복지비를 수령하는 대신 지역공익사업에 참여하도록 유도했다. 연방의회가 각 주에 복지비를 지원하면서 선택의 여지를 주었고 많은 주들은 이러한 방식의 복지 프로그램을 실시했다. 또한 개혁된 법은 근로능력이 없거나 실업자가 된 경우에 복지비를 신청할 수 있는 조건을 완화시켰다. 복지정책이 개혁된 이후 복지비 수혜자는 먼저 4개월의 복지비를 수령한 후에는 소득을 얻는 만큼 복지비를 받는 혜택이 줄어들었다. 그 결과 1983년 초까지 정부로부터 직접 현금으로 복지비를 받는 복지비 수혜자의 숫자가 14퍼센트 줄어들었다. 또한 1980년 미국 50개 주 중 42개 주가 두 자녀를 둔 빈곤 여성에게 복지비를 직접 지급하였다. 그러나 레이건의 복지개혁으로 인하여 1984년에는 이런 성격의 복지비를 지급하는 주는 7개 주로 줄어들었다. 한편 레이건의 이런 복지정책도 민주당과 사회적 약자를 돕는 단체 등에게서 몰인정하고 차가운 정책이라고 거세게 비난받기도 했다. 어린 학생들의 도시락을 냉혹하게 빼앗아간 정책이라고 공격받기도 했다. 차라리 적은 임금을 받고 일하느니 실업을 택하여 복지비를 수령하겠다고 비아냥거리기도 했다. 실제 정부지출의 삭감으로 꼭 필요로 하는 일부 복지 수혜자들이 혜택을 받지 못하는 경우가 발생하기도 했다. 복지비를 축소하여 재정 적자를 줄이겠다는 레이건의 복지개혁은 결코 쉬운 일이 아니었지만 레이건은 낙관적인 신념을 가지고 과단성 있게 어려운 이 개혁을 추진해 나갔다. 그렇지만 취임 1년이 지나가도 인플레이션과 실업률이 계속 올라가자 공화당 내에서조차 레이건의 새로운 과세정책을 불신하는 분위기가 늘어났다. 즉 인플레이션 상황에서 세금을 줄이는 레이건의 과세 정책은 기존의 경제원리에 역행한다는 것이다. 급기야 초조해 진 백악관 참모들조차 세금을 올려야 한다는 주장이 나오고 있는 형편이었다. 기자들조차 새로운 경제정책 아래 인플레이션과 실업률이 높아가고 있는 상황을 지적하며 언제 신경제정책의 실패를 인정하고 정책을 바꿀 의향이 없냐고 묻곤 했다. 이에 레이건은 국민들의 세금을 줄여주면 사경제영역이 살아나서 경제가 회복될 것이라고 일관되게 답변했다. 그러면서 레이건은 자신의 캘리포니아 주지사 시절의 경험을 소개했다. 납세자들에게 세금환급을 하였을 때 마치 보너스를 주는 것과 같은 효과를 보았다고 했다. 그리고 실업률과 인플레이션 수준이 전국 평균보다 높았던 캘리포니아의 경제사정이 감세정책이 실시된 이후 호전되었다고 주장했다.

그렇지만 레이건이 자신의 경제정책에 대한 확고한 신념을 강조했음에도 불구하고 좀처럼 경제가 불황을 벗어나지 못하고 있었다. 1982년 취임 2년째가 되었지만 불황은 더욱 심화되었다. 실업자는 9백만 명으로 더욱 늘었다. 연두기자회견에서 기자들은 레이건의 경제정책에 제일 많은 관심을 보였다. 기자들은 실업률이 계속 올라가는 것을 질타하면서 불황으로 타격을 입고 있는 저소득층을 위하여 어떤 정책을 실시할 것이냐고 물었다. 이에 레이건은 이자율이 낮아졌고 인플레율도 낮아진 점을 강조했다. 또한 실업률을 줄이는 정책이 실시되고 있기 때문에 곧 효과가 나타날 것이라고 주장하였다. 빗발치는 비판에도 레이건은 흔들리지 않았다. 날카로운 질문에도 화를 내지 않았다. 그럴수록 질문에 웃음으로 답변해 나갔다. 불황이라는 현실을 부정하지 않았지만 자신이 옳다는 믿음도 확고했다. 그리고 1월 20일 대통령 취임 1주년 기념 연설에서 지금 자신의 정부는 미국 역사의 분수령에 해당한다고 주장했다. 그리고 레이건은 미국의 정신이 자유와 자치임을 강조하면서 그의 공화당 정부가 이런 미국의 전통을 다시 회생시키고 있다고 강조했다. 그러면서 미국의 위대한 점은 물질이 아니라 도덕심이라고 주장했다. 그렇지만 경제가 바닥을 치자 레이건의 인기도 함께 떨어졌다. 게다가 의회의 비난은 더욱 날카로워졌다. 1982년 6월 레이건은 급기야 자신의 조세정책을 한 발 뒤로 물리는 조치를 취했다. 새로운 조세법을 통과시켰다. 이 법은 1981년도 통과된 경제회복세금법의 근간을 유지했지만 사업자들에 대한 조세감면조치를 약 3분의 1정도 취소하는 법이었다. 그러던 중 1982년 7월 오클라호마에서 펜 스퀘어 은행이 도산했다. 여파로 전국적인 줄도산의 가능성이 높아졌다. 연방 재정적자의 폭은 더욱 늘어났다. 의회 예산국에서는 2,000억 달러의 재정적자가 날 것으로 예측했다. 그리하여 레이건의 경제개혁에 대한 불평이 터져 나왔다. 1982년 10월 인플레이션이 5퍼센트대로 떨어졌다. 그동안 인플레이션을 해결하기 위하여 연방준비금위원회 위원장 볼커가 시중 통화량을 축소해왔던 것이다. 그런데 통화량이 줄고 경기가 바닥으로 내려앉자 볼커는 이자율을 낮추었다. 기업이 좀 더 낮은 금리로 대출을 받도록 하기 위한 조처였다. 또한 레이건은 신용대출을 좀 더 자유롭게 하는 금융자유화정책을 채택했다. 대출이 방만해지는 위험부담을 감수하고 주택에 대한 담보대출뿐만이 아니라 투기형 부동산 투자에 대해서도 융자를 해줄 수 있게 했다. 10월 15일 경제를 살리기 위해 신용대출에 대한 연방정부의 규제를 완전히 없애는 법인 간-세인트 저메인법에 레이건은 사인했다. 그는 이것은 '50년 역사에서 가장 중요한 금융정책'이라고 평가했다. 이런 획기적인 금융개혁을 추진했지만 아직 경제는 살아나지 않고 있었다. 불황이 계속되는 가운데 1982년 11월 중간선거를 치렀다. 선거 전 레이건에 대한 지지도는 41퍼센트였다. 민주당이 공화당보다 하원의 의석을 26석이나 더 차지했다. 공화당이 참패한 것이다. 레이건은 정치적으로 더욱 곤경에 처했다. 민주당은 1983년 1월 새 의회가 구성되기 전부터 거세게 반격을 시작했다. 민주당은 레이건의 개발 중심의 환경정책을 비난하며 국유지에 대한 지하자원 개발과 벌목 등에 강력히 반대하며 나섰다. 또한 민주당은 레이건의 국방력 강화에도 협조를 거부하고 나섰다. 당시 레이건 정부는 지대지 다탄두 핵미사일(MX)의 개발을 국방력 강화의 핵심사업으로 추진 중이었다. 그런데 1982년 12월 의회에서 민주당은 MX가 비현실적이라는 이유를 내세워 지원을 거부한 것이다. 이런 민주당의 반대는 당시의 사회적 상황과도 무관하지 않았다. 당시 미국과 유럽에서 반핵운동이 광범위하게 확산되고 있었다.

미국민들 중 70퍼센트가 반핵운동을 지지하고 있었던 것이다. 그리고 민주당은 레이건의 대외정책에도 반대하고 나섰다. 레이건 정부는 니카라과의 반미적인 산디니스타 공산정권을 붕괴시키기 위하여 비밀리에 반군인 콘트라를 지원하고 있었다. 민주당은 의회에서 미국의 반군 지원에 대한 법적 정당성을 문제 삼아 볼랜드 수정법을 통과시켰다. 이후 니카라과 반군에 대한 모든 지원을 불법으로 규정하였다. 따라서 시급한 현안 문제였던 니카라과에 대한 미국의 지원이 근본적으로 불가능하게 되었다. 사사건건 민주당의 거센 반대 속에 레이건 정부의 개혁정책은 위기를 맞고 있었다. 여론의 지지도는 날로 떨어졌다. 임기 3년째가 시작되는 1983년 1월 레이건의 여론 지지도는 35퍼센트까지 떨어졌다. 그리고 1982년에 9.6퍼센트였던 실업률이 1983년에는 9.7퍼센트까지 치솟았다. 재정적자도 1983년에는 무려 2,360억 달러에까지 달해 미국 역사상 가장 큰 규모의 적자로 기록되었다. 그러나 낙관적 신념의 소유자 레이건은 걱정하지도 않고 흔들리지도 않았다. 그는 개혁을 꾸준히 계속해 나가면 반드시 좋은 결과가 나올 것이라 믿었다. 담대한 용기와 단호한 결단력 그리고 과감한 추진력을 겸비한 지도자 레이건은 경제개혁과 국방개혁 모두 절체절명의 위기를 맞고 있었지만 한 치의 흔들림이 없이 개혁의 성공을 위해 끊임없는 도전을 계속해 나갔다.

경제부흥을 이루다

레이건은 일관되고 지속적인 경제개혁을 추진하며 참고 기다리면 좋은 결과가 꼭 나오리라는 믿음을 가지고 있었다. 집권 3년째인 1983년이 되자 드디어 실업률이 점점 하락하기 시작했다. 1981년 레이건이 집권할 당시 미국 실업률은 7.6퍼센트에 달했고 그 후 1981년에서 1982년까지의 실업률은 9.7퍼센트까지 치솟았다. 1983년부터 실업률이 줄어들기 시작한 것은 개인과 기업에 대한 레이건의 세금인하 정책으로 경기부양이 이루어지고 곧 그것이 고용증대로 이어졌기 때문이다. 그리고 물가도 내려가고 월스트리트의 주가가 수년 만에 처음 상승하기 시작했다. 이때부터 미국 경제가 살아나기 시작한 것이다. 동시에 레이건의 인기도 다시 올라가기 시작했다. 레이건은 자신의 개혁정책에 대한 평가를 국민들에게서 받기 위하여 1984년 대통령 선거에 출마하기로 결심했다. 국민들의 재신임을 받고 보다 강력하게 개혁정책을 추진하고 싶었다. 그리고 국방력 강화에도 박차를 가할 생각이었다. 예비선거를 준비했다. 예비선거에서 현직 대통령이 지는 경우는 거의 없었다. 트루먼이나 존슨 대통령처럼 인기가 없어 재선 출마를 포기한 경우는 있었다. 1984년 공화당 예비선거는 싱겁게 끝났다. 레이건에게 2명의 도전자가 있었으나 그들은 레이건의 상대는 아니었다. 단골 공화당 대통령 예비후보인 스타센은 미네소타 주지사 출신으로 1950년대부터 쉬지 않고 대통령 지명전에 도전한 인물이었다. 그 외 히스패닉계 페르난데스가 있었다. 레이건은 공화당 지명전에서 98.78퍼센트의 득표율을 기록했다. 스타센이나 페르난데스가 획득한 표는 각각 1퍼센트가 되지 못했다. 러닝메이트로 부시를 다시 지명하였다. 레이건과 부시를 다시 대통령 후보와 부통령 후보로 지명하는 전당대회는 부시의 정치적 고향인 텍사스 주 달라스에서 개최되었다. 민주당에서는 많은 후보들이 출마하여 치열한 각축전이 전개되었다. 예상하기 힘든 싸움이 벌어지고 있었다. 예비선거 과정에서 전직 부통령 월터 먼데일, 콜로라도 출신 상원의원 게리 하트, 일리노이 출신 목사 제시 잭슨, 오하이오 출신 상원의원 존 글렌, 사우스 다코타 출신 조지 맥거번, 캘리포니아 출신 상원의원 알랜 크랜스톤, 사우스 캐롤라이나 출신 상원의원 어니스트 홀링스가 서로 치열하게 경쟁을 벌였다. 가장 강력한 예상후보였던 에드워드 케네디 상원의원은 출마를 포기했다. 그리하여 먼데일이 가장 강력한 후보로 부상했다. 초기에 하트는 뉴햄프셔에서 이겼다. 또한 그는 오하이오와 캘리포니아 같은 서부지역에서도 선전했다. 상승세를 타던 하트는 먼데일을 누르고 승리하는 것 같았다. 그러나 먼데일은 중서부 산업주에서 하트를 압도했다. 잭슨은 흑인 인권운동 경력을 가진 흑인 후보로 버지니아, 사우스 캐롤라이나, 루이지애나에서 승리했다. 잭슨이 얻은 대의원 표는 8퍼센트에 불과했다. 흑인 대통령 후보가 얻은 지지율로는 적은 수가 아니었다. 그러나 그 당시 미국에서 흑인 대통령을 상상하기는 어려운 상황이었다. 1984년 6월 캘리포니아에서 실시된 예비선거가 하트의 승리로 끝나면서 하트와 먼데일의 양자 대결로 압축되었다. 그 후 7월 16일 샌프란시스코에서 개최된 민주당 전당대회에서 먼데일이 대통령 후보로 지명되었다. 먼데일은 부통령 후보로 뉴욕 출신의 하원의원 젤라딘 페라로를 선택했다. 페라로는 최초의 여성 부통령 후보였다. 여성표를 의식한 전략적 포석이었다. 또한 페라로는 북동부 출신에다 가톨릭이면서 이태리계 미국인으로 먼데일의 정치적 취약점을 보완할 수 있는 인물이었다. 레이건과 먼데일의 선거전은 처음부터 레이건의 승리가 확실시 되었으나 레이건의 최대의 약점은 그의 나이였다. 그는 73세로 역대 대통령 중 최고령이었다. 갑자기 나이 문제가 선거이슈로 급부상했다. 1989년 레이건이 퇴임할 때가 되면, 79세가 될 것이었다. 실제 대통령 후보 토론회에서 기억과 인지능력에 문제점을 드러내기도 했다. 민주당 진영은 두 번째 토론회에서 레이건의 나이를 문제 삼고 공격할 준비를 했다. 전국적으로 방영되고 있는 TV토론에서 토론자로 나온 「볼티모어 선」의 헨리 트레이트가 레이건의 고령에 대해 걱정하며 국가가 위기상황에 닥쳤을 때 이를 타개하기가 어렵지 않겠는가라는 질문을 했다. 이에 레이건은 "나는 나이를 이번 선거의 이슈로 만들지 않겠습니다. 나는 나의 상대 먼데일이 나이가 젊고 경험이 부족하다는 것을 정치적 목적에 이용하지 않겠습니다."라고 선수를 친 것이다. 이러한 촌철살인의 조크에 긴장감이 흐르던 토론회장은 삽시간에 웃음바다가 되었다. 그 후 누구도 레이건의 나이를 문제 삼지 않았다. 순간적으로 레이건은 그의 뛰어난 유머실력을 발휘한 것이었다. 레이건은 결정적인 순간에 유머를 구사하여 위기를 반전시켰던 것이다. 링컨이나 처칠만큼이나 레이건 또한 유머에 뛰어났던 것이다. 선거전에서 지성적이고 진보적인 민주당 대통령 후보 먼데일은 대학생, 노조 및 소수 민족 등 다양한 세력의 지원을 받으면서 100여 가지 이상의 공약을 현란하게 구사하며 레이건을 공격하고 나섰다. 그러나 레이건은 단 몇 개의 주요정책만을 일관되게 주장하며 진보적인 대학생들의 계란세례 등을 받으면서도 용기 있게 정치적 소신을 주장하며 선거운동을 전개했다. 결국 1984년 11월 6일에 치러진 대선에서 레이건은 예측하던 대로 압승을 거두었다. 레이건은 선거인단 538표 중 525표를 얻었다. 먼데일은 13표만을 얻었다. 그는 자신의 출신 주인 미네소타와 수도 워싱턴에서 얻은 것이 전부였다. 결국 미국민들은 경제부흥과 안정되고 평화로운 세상을 이루려는 레이건의 가열찬 보수개혁정책을 다시 전폭적으로 지지하고 나선 것이었다. 1985년 1월 20일 몹시 추운 겨울 날씨 때문에 레이건 대통령의 제2기 취임식은 의사당 실내에서 매우 간단하게 거행되었다. 레이건은 취임사에서 미국의 단합을 강조했다. 공화당과 민주당이 당파를 넘어 하나되는 미국을 역설했다. 의회는 여전히 민주당이 우세한 여소야대의 상태를 유지하고 있었지만 레이건은 국가 전체의 이익을 위한 초당파적인 정치를 하고 싶었던 것이다. 제2차 임기를 시작했지만 임기 1기 때와 다른 점이 거의 없었다. 국내적으로는 계속해서 연방지출과 적자재정을 줄이며, 세금개혁을 실행하고, 또한 국방력을 강화하는 것이었다. 대외적으로 소련과의 무기감축에 대해 합의하며, 중남미 지역의 공산화를 방지하고, 복잡한 중동문제를 해결하는 것이었다. 특히 레이건은 경제개혁을 강력하고 지속적으로 추진해 나갔다. 마침내 취임 3년째인 1983년부터 경제정책의 성과가 곳곳에서 서서히 나타나기 시작했다. 먼저 인플레이션 비율이 하락하고 있었고 이자율도 떨어지고 있었다. 1981년 레이건이 카터로부터 물려받은 경제실상 중 최악의 것은 3년간 지속된 두 자리 숫자의 인플레이션이었다. 1980년에 소비자물가지수는 무려 13.5퍼센트까지 상승했으나 레이건 정부의 꾸준한 통화긴축정책으로 레이건 집권 2기에 들어서 인플레이션 비율이 거의 두 배 이상 하락하여 6.2퍼센트가 되고 임기 마지막 해인 1988년에는 4.1퍼센트로 안정되었다. 또한 1981년에 무려 18.9퍼센트에 달하던 이 자율 역시 레이건의 지속적인 개혁정책으로 인해 점점 하락하여 1987년에는 8.7퍼센트까지 떨어졌다. 그리고 세금인하 정책으로 경기부양이 이루어지고 그것이 고용증대를 가져왔다. 레이건 집권 초기인 1982년까지 실업률이 무려 9.7퍼센트에 달했으나 그 후부터 실업률은 점점 하락하여 레이건이 임기를 마칠 때에는 5.5퍼센트로 안정되었다. 레이건은 해마다 200만 개의 새로운 일자리를 만들어 냈고 그가 은퇴하는 1989년까지 총 1,700만개의 새로운 일자리를 만들어냈다. 또한 레이건 정부는 여러 면에서 개인과 기업이 자유롭게 경제활동을 하도록 독려하여 1981년부터 1989년까지 실질국내총생산(GDP) 연평균 성장률이 3.2퍼센트로 1974년부터 1981년까지의 2.8퍼센트와 레이건 이후 1989년부터 1995년까지 2.1퍼센트보다 훨씬 높은 비율로 성장했다. 이 3.2퍼센트는 카터 정부의 영향을 받고 있었던 1981년과 1982년이 포함된 비율이다. 만약 이 시기를 뺀다면 레이건 집권기 경제성장률은 연평균 3.8퍼센트에 달하였다. 또한 레이건 집권기 내내 중산층 가정의 수입 역시 증가하였다. 1981년에 3만 7,868달러였던 것이 1989년에는 4만 2,049달러로 무려 4,000달러나 증가하였다. 그리고 실질임금이 상승함에 따라 시간당 노동생산성이 상승하였다. 사실 레이건 이전의 30년 동안은 연평균 생산성 증가가 0.3퍼센트로 거의 제자리이거나 장기하락 경향에 있었다. 그러나 레이건이 집권하고 나서부터 정부의 법인세 인하 등에 힘입어 연평균 생산성 증가는 1.5 퍼센트에 달했다. 이처럼 레이건의 경제개혁정책은 거의 모든 면에서 좋은 성과를 냈지만 그가 약속한 균형예산만은 제대로 이루어지지 않았다. 1983년에는 무려 2,360억 달러까지 예산적자를 기록했지만 레이건이 물러나는 1989년에는 1,410억 달러로 예산적자를 줄였다. 레이건이 예산적자를 제대로 줄이지 못한 것은 두 가지 이유가 있었다. 먼저 공산주의 국가 소련과의 치열한 군비경쟁 때문에 막대한 국방비 지출이 균형예산을 맞추는 데 다소의 어려움을 주었다. 또 하나의 큰 문제는 다수당인 민주당 중심의 의회가 만들어 놓은 거대한 연방예산의 규모를 마음대로 삭감할 수가 없었다는 점이다. 그리하여 레이건은 균형예산문제에 대해 큰 힘을 쓸 수 없었다. 게다가 균형예산은 레이건이 대통령으로서 달성하고자 한 목표의 우선순위에서 아래에 있는 것이었다. 그렇지만 레이건은 다양한 보수개혁정책을 통해 경제부흥을 이끌고자 노력했고 충분히 그 목표를 달성했다. 그로 인해 위대한 보수주의자 레이건은 불황으로 허덕이던 카터 시대 이후 장기간 미국에게 경제적 번영을 안겨주었다.

안정되고 평화로운
세상을 만들다

레이건은 국내적으로는 풍요로운 경제 부흥을 이루고 대외적으로는 강력한 힘을 통하여 안정되고 평화로운 세상을 만들고자 했다. 이것이 레이건의 고결한 정치적 목표였다. 레이건은 그동안 평화로운 세상이 되지 못한 이유로 주저없이 소련을 지적했다. 힘을 통해서 가장 큰 장애물인 소련을 제거해야 평화로운 세상이 보장될 수 있을 것이라 생각했다. 그리하여 대통령 레이건은 강력한 군비증강정책을 추진했다. 그러면서 레이건은 핵전쟁을 피하기 위하여 소련 공산당 서기장 브레즈네프를 만나기 위해 몇 번이나 노력했다. 1964년부터 소련을 이끌어 온 브레즈네프는 공산국가 소련을 핵무기 강국으로 성장시킨 장본인이었다. 그런데 1982년 11월 11일 브레즈네프가 갑자기 사망한 것이다. 결국 레이건은 브레즈네프를 만나지 못했다. 안드로포프가 새 서기장으로 그의 뒤를 이었다. 브레즈네프와 마찬가지로 KGB 책임자 출신 안드로포프도 모두 같은 종류의 공산당 지도자로 생각한 레이건은 강력한 대소냉전정책을 밀고 나갔다. 그러면서 1983년 소련을 향하여 세 개의 중요한 연설을 했다. 1983년 3월 8일 레이건은 플로리다 주에서 모인 기독교 복음주의자들의 모임에서 "우리는 하나님의 뜻을 받들어 혼신의 힘을 다해 악과 싸워야 한다"고 주장하며 아예 작정하고 적국 소련을 "악의 제국"이라고 공격하고 나섰다. 이런 강력한 발언에 참석한 사람들뿐만 아니라 언론의 보도를 접한 모든 사람들은 깜짝 놀랐다. 그때까지 외교상대인 소련을 "악의 제국"이라고 직접 공격한 미국 대통령은 아무도 없었던 것이다. 그리고 3월 11일 '중미(中美)연설'에서는 소련이 쿠바, 그레나다, 니카라과 등을 미국 침략의 근거지로 만들고 있다고 공격하면서 레이건은 소련의 이러한 적화야욕이 중미와 카리브해에서 일어나고 있는 여러 가지 분쟁의 원인이 되고 있다고 강력히 경고하고 나섰다. 레이건은 또한 3월 23일 '별들의 전쟁(Star Wars)' 연설에서는 "악마의 핵미사일이 우리의 땅과 우리 동맹국들의 땅에 떨어지기 전에 우주에서 레이저광선을 발사해 파괴하겠다!"라고 하는 '전략방위계획(SDI)'을 발표했다. 그리하여 미국을 난공불락의 요새로 만들겠다는 이 새로운 우주전략계획을 발표한 이 연설은 미국민들에게 가장 각광을 받은 대표연설이 될 정도였다. 그리고 레이건은 다시 '악의 제국'이 팽창하는 것을 막아야 한다고 주장하고 나섰다. 이러한 레이건의 단호한 연설은 미국민들의 감정을 뭉클하게 하여 그들의 애국심을 고취시키기에 충분한 것이었다. 이제 레이건이 '강력한 미국'을 호소하는 연설은 그의 정치적 상징이 되었다. 세 연설 직후 레이건의 인기는 급상승했다. 다시 국민들의 열렬한 지지를 확인한 레이건은 "미국을 뒤덮었던 검은 구름이 걷히고 있다"고 기뻐했다. 3월 30일 이때 칼럼니스트 제임스 레스턴은 「뉴욕타임스」에 기고한 글에서 "레이건 대통령 부부가 그토록 행복해 하는 모습을 본 적이 없다"고 썼을 정도였다. 국내 경기는 아직 침체를 벗어나지 못하고 있었지만 새로운 전략방위계획(SDI)을 발표하고 국민들의 뜨거운 지지를 재확인하면서 레이건은 승승장구했다. 그러나 호사다마라고 강경한 '악의 제국' 소련은 마치 악마처럼 레이건과 자유세계에 보복하듯이 잔인하게 대한항공(KAL)의 007기를 격추시켰다. 1983년 8월 31일 발생한 일이었다. 이 대한항공기는 뉴욕을 출발하여 알래스카 앵커리지에서 급유를 하고 서울로 향하던 중 항로 계기판의 고장으로 소련 영공으로 들어갔던 것이다. 이런 대한항공기가 고의적으로 간첩행위를 하기 위해 소련 영공을 침입한 것으로 간주한 소련은 전투기로 하여금 미사일을 발사하게 했던 것이다. 그리하여 269명의 승객은 모두 사망했다. 사망자 가운데에는 미국 하원의원을 포함하여 61명의 미국인도 있었다. 캘리포니아 목장에서 격추소식을 보고 받은 레이건은 모든 여름 휴가계획을 취소하고 워싱턴으로 돌아와 국가안보회의를 소집했다. 분노를 삭이기 힘들었던 레이건은 즉각 소련에 대해 경제재재를 결정했다. 또한 소련에게 희생자들에 대한 보상을 요구하기로 결정했다. 레이건은 소련의 민간항공기 격추는 한국이나 미국에 대한 도발일 뿐만 아니라 자유세계와 도덕에 대한 도발이라고 규정해다. 소련의 격추행위에 대한 보복으로 소련 비행기의 미국 내 이착륙 제한조치도 취했다. 아울러 소련과 맺은 양국 간 협정의 실시를 모두 정지시켰다. 미국 내 강경파들은 레이건의 조치에 불만을 표하고 더 강경한 대응을 요구했다. 대한항공 격추사건은 미국과 소련 사이의 긴장을 최고조에 이르게 했다. 아울러 대한항공 격추사건은 레이건의 군비증강안에 반대하던 여론을 수그러들게 만들었다. 또한 의회와의 관계를 호전시켜 레이건의 국방력 강화를 도와준 결과가 되었다. 그리고 레이건은 대한항공 격추사건 이후 핵무기 개발을 포함한 군비증강은 꼭 필요하다는 생각을 굳혔다. 레이건의 강경정책에 회의적이던 유럽에서도 변화가 일어났다. 영국을 비롯한 나토국가들이 퍼싱 II와 토마하크 미사일을 유럽에 배치할 것을 재확인했다. 소련은 전략무기감축협상을 거부하고 나섰다. 소련 공산당 서기장 안드로포프는 미국의 유럽 미사일 배치에 강력하게 항의하는 서신을 보내왔다. 그런데 1984년 2월 안드로포프가 갑자기 사망했다. 그리하여 곧 브레즈네프의 측근이었던 체르넨코가 새 서기장이 되었다. 그 체르넨코 또한 1985년 3월 11일에 갑자기 사망하고 말았다. 레이건이 대통령이 된

후 세 번째 소련 공산당 서기장이 사망한 것이다. 레이건은 만난 적도 없는 소련 공산당 서기장의 장례식에 참석할 마음이 없어서 부통령 부시로 하여금 참석하도록 했다. 레이건은 체르넨코를 대신하여 미하일 고르바초프가 서기장이 되었다는 소식을 받았다. 전직 KGB 책임자였던 고르바초프에 대해 레이건도 잘 알지 못했고 그의 이력이 마음에 들지 않았다. 단지 그가 철저한 공산주의자일 것이라고 생각했다. 그러나 레이건보다 20살이나 어린 54세의 고르바초프는 소련이 미국보다 훨씬 뒤지고 있다는 사실을 잘 알고 있는 소련 공산당의 신세대 지도자였다. 그는 구태의연한 전직 소련의 정치 지도자들과는 전혀 달랐고 소련의 개혁을 원하고 있었다. 소련은 미국과의 군비경쟁으로 소련의 경제는 심각한 상황이었다. 개혁의 최대 걸림돌이 미국과의 군비경쟁이었고 그 경쟁에 소련은 모든 국력을 쏟아 부었다. 그럼에도 불구하고 소련의 국방력은 미국의 3분의 1 수준이었다. 이에 신세대 지도자 고르바초프는 한계를 절감하고 미국과의 무모한 군비경쟁보다는 국내의 경제개혁이 시급하다는 사실을 깨닫고 새로운 정치적 결단을 모색하고 있었다. 체르넨코 장례식에 참석한 부시 부통령은 고르바초프에게 워싱턴 방문을 요청하는 레이건의 친서를 전달했다. 2주일 후 고르바초프는 정상회담에 찬성한다는 답장을 보내왔다. 마침내 1985년 11월 16일 레이건은 고르바초프와 제네바에서 역사적인 정상회담을 시작했다. 레이건은 첫 정상회담에 대해 큰 기대를 하지 않았다. 고르바초프를 만나 무기감축에 대한 미국의 입장을 전달하고 싶을 뿐이었다. 그리고 차기 회담을 다시 합의하는 정도의 성과만을 내고 싶었다. 몇 달 전인 7월 13일 힘들게 직장암 수술을 한 레이건은 이제 겨우 체력을 회복한 상태였다. 미리 소련을 방문하여 고르바초프를 만난 슐츠 국무장관과 와인버거 국방장관의 조언을 참조하여 레이건은 소련의 지도자들과 장군들을 겁먹게 하고 있는 미사일 방어 프로그램인 '전략방위계획(SDI)'을 절대로 양보하지 않기로 마음을 굳혔다. 또한 레이건은 고르바초프를 만나면 '악의 제국'과 같은 도발적인 발언으로 상대방을 긴장시키는 말은 하지 않기로 결심했다. 제네바 호수의 풍경이 그림처럼 아름답게 보이는 저택을 얻어 레이건 부부는 정상회담 기간 동안 머무르기로 했다. 저택 주인은 카림 아가 칸이라는 중동의 왕자였다. 레이건은 공식적인 회의 장소 외에 회담 중 고르바초프를 초청하여 개인적으로 친밀하게 면담할 수 있는 장소인 작은 보트하우스를 더 마련했다. 제네바에 오기 전 레이건은 대처 영국 수상과 멀로니 캐나다 수상으로부터 고르바초프가 호감이 가는 사람이라는 평가를 들은 바 있었다. 레이건은 고르바초프를 만나 첫 악수를 나눌 때 적의를 느끼지 못하고 오히려 친밀감을 느꼈다. 두 지도자는 상견례로 약 15분 정도 만나는 것으로 계획되어 있었으나 쉽게 서먹한 분위기를 누그러뜨리면서 한 시간 이상 이야기를 나누었다. 이어 조금 친밀해진 두 사람은 실무진과 함께 회담장소로 합류했다. 회담에서는 고르바초프가 먼저 발언했다. 그는 "미국은 소련을 두려워할 이유가 없으며 미국이 오히려 문제"라고 지적하며 "미국의 무기업자들이 자신들의 이익을 위하여 전쟁을 부추기고 있다"고 주장했다. 실제 무기업자들의 부추김으로 전쟁이 일어날 수 있다는 것이 전쟁 발생 원인 7가지 중의 하나이기도 했다. 이것은 '정치외교학'이라는 학문에 정리되어 있는 내용이기도 하다. 고르바초프는 지성적이며 정치적 소신이 분명한 인물이라고 레이건은 조심스럽게 판단했다. 이에 대해 레이건은 즉각적으로 "소련은 얄타회담 이후 미국과의 약속을 지키지 않았다"는 점을 지적하며 "소련이야말로 미국의 공격을 걱정할 아무런 이유가 없다"고 강조했다. 오후 회의는 주로 실무진들 사이의 논쟁으로 이어졌다. 이 제네바 정상회담에서 미국 외교팀은 기본적인 협상의제로 무기감축, 제3국가에 대한 무력사용 억제, 인권증진, 관계증진으로 결정해 임하고 있었다. 지루한 실무협상에 들어가기 전에 레이건은 고르바초프에게 산책을 제안했다. 고르바초프는 즉시 자리를 박차고 일어나 레이건을 따라 밖으로 나왔다. 두 지도자의 무거운 어깨에 무서운 핵전쟁이냐 영원한 평화냐의 선택의 길이 놓여져 있었다. '위대한 소통자'로 등극한 미국의 지도자 레이건은 젊고 개혁적인 소련의 지도자 고르바초프와 잘 소통하여 그를 설득해야 할 역사적 사명감을 절감하고 있었다. 두 지도자는 미리 레이건이 마련한 호수 곁에 있는 보트하우스에 도착했다. 둘은 벽난로 불로 따뜻하게 데워진 거실로 들어섰다. 두 지도자는 벽난로 앞에 놓인 안락한 의자에 편안하게 마주 보고 앉았다. 거실에는 통역과 두 정상뿐이었다. 레이건은 서로 평화를 위해 노력하자고 제의했다. 이에 고르바초프도 고개를 끄덕이며 동의를 표했다. 계속하여 레이건은 미국은 소련을 공격할 어떠한 의도도 없으며 '전략방위계획(SDI)'은 어디까지나 방어용이라는 점을 강조했다. 결국 미국과 소련은 계속하여 군비경쟁을 할 것인지 아니면 서로 무기를 감축할 것인지 선택할 기로에 있다고 말했다. 무엇보다 레이건은 고르바초프에게 군비경쟁을 할 경우 소련이 절대로 미국을 이길 수 없다는 점을 인식시키고자 노력했다. 두 지도자는 한 시간 가량 보트하우스에서 허심탄회하게 서로 의견을 나누다가 자리에서 일어났다. 함께 회의장으로 돌아가면서 레이건은 소련의 지도자 고르바초프에게 조만간 워싱턴을 방문해 줄 것을 요청했다. 놀랍게도 고르바초프는 초청을 즉각 수락했다. 고르바초프 또한 레이건에게 모스크바로 답방해 줄 것을 요청했다. 일단 둘은 이러한 합의를 비밀에 부치기로 했다. 오후 회의가 끝날 때까지 아무도 몰랐다. 회의가 끝나고 레이건이 실무진들에게 다시 정상회담을 약속한 사실을 알리자 실무진들 사이에서 환호성이 일었다. 소기의 성과에 회담장 분위기는 기쁨과 설렘으로 가득했다. 협상 이튿날 소련측은 미국 대표들을 소련 대표가 묵고 있는 건물로 초청했다. 실무 회의가 진행되는 동안 레이건은 고르바초프를 작은 방에서 만나 다시 대화를 나누었다. 둘은 상대방을 설득하고자 서로 노력했다. 고르바초프와의 만남이 거듭되면서 레이건은 그가 지성적이며 달변가라는 사실을 파악했다. 또한 그가 남의 말을 잘 경청하는 신중한 인물이라는 사실을 알게 되었다. 둘은 서로 자신들의 주장을 팽팽하게 펼쳤지만 서로 악의적인 논쟁으로 흐르지는 않았다. 유독 고르바초프는 미국의 SDI에 대해서는 강경한 주장을 펼쳤다, 그는 SDI가 미국이 군사적 우위를 차지하기 위한 군비강화의 수단이라고 공격했다. 이에 레이건은 SDI는 순수한 방어용 무기임을 강조하며 기술이 개발되면 소련에게 기술과 시설을 공개할 용의가 있다고 하면서 고르바초프를 적극적으로 설득했다. 그러나 고르바초프는 이러한 레이건의 발언을 믿을 수 없다고 반박했다. 아직 레이건과 고르바초프는 서로 불신의 벽을 넘기지 못하고 있었다. 더 시간이 필요했다. 같은 날 저녁 미국측이 전날에 대한 답례로 소련 측을 초청하여 리셉션을 가졌다. 고르바초프는 낮에 있었던 치열한 논쟁을 마치 잊어버린 듯한 태도로 태연하게 레이건을 대했다. 이런 태도에 레이건은 고르바초프가 공격적이지만 악랄하지 않은 정적 하원의장 오닐과 비슷한 지도자라는 인상을 받았다. 오닐처럼 고르바초프는 회의 안건을 다룰 때에는 공격적인 주장을 맹렬하게 펼쳤지만 리셉션에서는 자신이나 소련에 대한 농담도 서슴없이 하면서 즐겁게 분위기를 이끌었다. 이때도 레이건은 틈을 내 고르바초프를 작은 방으로 불러 한 시간 이상 두 사람만의 대담 시간을 가졌다. 정상회담이 끝난 후 레이건과 고르바초프는 공동성명서를 발표했으나 내용은 빈약했다. 레이건은 SDI도 추진하고 동시에 50퍼센트의 핵무기 감축을 원했으나 전혀 성과는 없었다. 소련은 미국이 SDI를 중단하지 않으면 어떤 양보도 할 수 없다는 주장을 계속 폈던 것이다. 그러나 레이건은 시작이 반이라고 생각했다. 소통 가능한 소련 지도자와 만났다는 사실 하나만으로도 큰 성과였다고 생각하니 오히려 레이건은 기분이 좋아졌다. 1986년 10월 11일 레이건은 아이슬란드 레캬비크에서 고르바초프와 두 번째 정상회담을 가졌다. 첫 정상회담이 있은 지 11개월만 이었다. 고르바초프는 전략무기의 50퍼센트 감축안을 전격적으로 제안했다. 아울러 그는 새로운 핵무기에 대한 핵실험을 하지 말 것도 제안했다. 다만 핵실험을 실험실에서 하는 것은 예외로 하자고 제안했다. 소련의 목표는 미국의 SDI를 중단시키는 것이었다. 이러한 소련의 제안을 레이건은 거부했다. 레이건은 SDI가 없었다면 고르바초프가 정상회담에 응하지 않았을 것이라고 생각했다. SDI야말로 고르바초프를 회의장으로 나오게 만든 유일한 지렛대였다. 그렇지만 고르바초프에게는 목의 가시였다. SDI는 두 지도자가 서로 양보할 수 없는 사안이었다. 결국 두 지도자는 SDI에 대한 이견을 좁히지 못했다. 레이건은 회담 실패를 선언하고 자리를 떴다. 레캬비크 회담에서 가시적인 성과는 없었지만 두 지도자가 서로 신뢰할 수 있는 협상 상대라는 생각을 갖게 되었다는 점에서 냉전종식의 심리적 전환점이 마련된 회담이었다. 또한 소련에게 처음으로 미국 대표들이 인권문제를 제기한 회담이었다. 레이건과 고르바초프의 회담 자체가 공산주의 붕괴의 서막을 알리는 신호탄이었다. 1987년 6월 12일 레이건은 베를린 브란덴부르크 문 앞에서 연설하며 특히 고르바초프를 향해 베를린 장벽을 제거할 것을 촉구했다. 레이건은 "고르바초프 서기장, 만약 당신이 평화를 추구한다면, 만약 당신이 소련과 동유럽을 위한 번영을 추구한다면, 만약 당신이 해방을 추구한다면, 이 문으로 오시오! 고르바초프씨, 이 문을 여시오! 고르바초프씨, 이 장벽을 허물어 버리시오!"라고 용기 있게 외쳐댔다. 자유의 수호자인 미국의 대통령으로서 이는 대단히 도전적인 발언이었다. 이런 놀랄만한 요구는 당시 사람들에게는 공허한 희망으로 보였겠지만 레이건은 꼭 실현해야 할 정치적 목표라고 생각하고 있었다. 레이건 대통령은 임기를 2년 정도 남겨놓은 1987년에 '이란 콘트라 사건'과 대법원 판사 인준안 부결 그리고 낸시의 유방암 수술 등으로 많은 어려움을 겪게 되었다. '이란 콘트라 사건'은 백악관 안보 참모진들이 현행법을 어기고 이란에 인질로 잡힌 미국인들을 석방하기 위하여 납치범들의 요구대로 이스라엘을 통하여 미국 무기를 판매하고 남은 이익금으로 니카라과의 반미 산디니스타 정권을 축출하려는 반군세력을 지원한 사건을 말한다. 1982년 중간선거에서 승리한 민주당은 니카라과에 개입할 수 없도록 이른바 '볼랜드 수정법'을 제정했던 것이다. 또한 이란과의 모든 거래는 원천적으로 불법이었다. 그럼에도 불구하고 대통령 안보보좌관 포인텍스터가 백악관 안보참모인 그의 부하 노스 해병 중령에게 이란에 미국 무기를 판매해 미국 인질을 석방하고 남은 대금을 빼돌려 니카라과 반군에게 보내도록 지시했던 것이다. 레이건 취임 초에 이란은 대사관에 억류된 인질들을 모두 풀어주었다. 그런데 그 후에도 이란 정부의 통제가 되지 않는 여러 무장 단체들이 서로 다투면서 미국 인질들을 잡고 인질 석방의 대가로 미국 무기의 판매를 요구했다. 이에 노스 중령은 미국 인질들을 데려오기 위하여 궁여지책으로 이스라엘 정부의 협력을 얻어 이스라엘이 이란 내부의 온건한 무장단체에 무기를 판매하고 남은 이익금과 미국 인질들을 건네 받는 형식을 취했던 것이다. 만약 대통령 레이건이 이런 사실을 알고 있었거나 혹은 대통령이 지시한 것이라면 대통령 스스로가 국법을 어겨 탄핵의 대상이 될 수도 있는 운명이었다. 또한 대통령이 진실을 은폐하려고 시도할 경우 닉슨의 워터게이트 사건처럼 대통령 자리에서 물러나야할지도 모를 일이었다. 이러한 절체절명의 정치적 위기 속에서 레이건은 즉시 모든 내용을 공개하기로 결정했다. 진실에 대한 빠른 발표만이 문제를 최소화할 수 있는 방법이라고 생각한 것이다. 먼저 레이건은 TV를 통해 실제 무기거래가 있었음을 시인했다. 그러나 자신은 무슨 일이 어떻게 이루어지는 것을 잘 알지 못했다고 발표했다. 그러나 여론은 가라앉지 않았다. 이에 레이건은 정치적 결단을 내려 1986년 11월 25일 텍사스 출신 상원의원 존 타워를 위원장으로 하는 특별조사위원회를 구성했다.

그리고 자신도 특별조사위원회에 출석하겠다고 하면서 여러 의혹을 불식시키기 위하여 철저한 조사를 해줄 것을 당부했다. 레이건은 특별 조사위원회에 출석하여 자신은 이 사건과 관련하여 어떤 일도 잘 기억할 수 없다고 거듭 밝혔다. 1987년 2월 '타워 특별조사위원회'는 조사 결과를 발표했다. 사건의 주된 책임자는 안보보좌관 포인 텍스터, 노스 중령 그리고 국방장관 와인버거라고 밝혔다. 대통령은 전혀 몰랐던 것으로 결론지었다. 국무장관인 슐츠도 빠져있었다. 외교를 둘러싼 강경파와 온건파의 권력 다툼에서 행정부 내 강경파들이 주도하면서 온건파인 슐츠를 배제시켰던 것이다. 정책결정의 중심에서 밀려난 슐츠는 '이란 콘트라 사건'이 터지기 전에 이미 몇 번이나 사임 의사를 밝히기도 했었다. 사실 대통령이 강경파와 온건파의 권력다툼을 적극적으로 조율하지 못하고 방치한 것이 '이란 콘트라 사건'을 불러 온 화근이 된 셈이었다. 이 사건에 책임을 지고 안보보좌관 포인 텍스터는 사임했고 노스 중령은 파면되었다. 국방장관 와인버거 또한 사임했다.

그러나 '타워 특별조사위원회'의 조사결과 보고에 다수당인 민주당이 강력히 반발하여 1987년 5월 의회는 특별청문회를 시작했다. 언론에서는 청문회 상황을 실시간으로 방송했다. 미국 전체가 온통 '이란 콘트라 사건'으로 들끓었다. 민주당은 대통령이 관련되어 있는 지를 집요하게 물고 늘어졌다. 그러나 백악관 안보 보좌관 포인 텍스터는 이란 내 미국 인질 구출과 니카라과 내 콘트라 반군 지원 사실 자체를 대통령에게 보고하지 않고 자신의 선에서 처리했다고 끝까지 주장했다. 당시 CIA국장 윌리엄 케이시가 사건 해결의 열쇠를 쥐고 있었으나 청문회에 소환되어 증언을 하기 직전 뇌암이 악화되어 사망하고 말았다. 1987년 11월 청문회가 종결될 때까지 핵심 증인의 부재로 민주당은 대통령이 개입되었다는 사실을 밝혀내지 못했다. 이에 대통령 레이건은 법적인 책임을 지지 않게 되었으나 대통령에 대한 국민적 신뢰가 무너져 심각한 정치적 상처를 받게 되었다. 또한 1987년 10월 영원한 연인이며 정치동지인 낸시가 악성 유방암 판정을 받고 수술을 해야 했다. 영원한 정치동지인 낸시는 레이건의 정치적 이미지 관리에 무척 신경을 썼고 레이건의 측근 인사에도 적극적으로 개입했다. 비서실장 리건이 낸시와의 의견 충돌로 그 자리에서 물러나기도 했다. 레이건은 심각한 의사의 말을 듣고 그 자리에서 눈물을 흘리며 펑펑 울었다. 레이건은 감상적 성품의 소유자로 눈물이 많은 사람이었다. 게다가 그 즈음에 여러 정치적 위기가 닥쳐와 정치동지 낸시의 악성 유방암 판정 소식에 참았던 슬픔이 한꺼번에 터진 것이기도 했다. 다행히 유방 절제 수술은 잘 끝났고 레이건은 낸시가 실망하지 않도록 각별히 위로했다. 또한 설상가상으로 낸시가 유방암 수술을 받던 1987년 10월 레이건이 대법원 판사로 임명한 로버트 보크 판사가 헌법해석에 대해 보수주의 입장을 견지한다고 하여 야당인 민주당이 강력하게 반대하고 나선 것이다. 민주당이 반대하고 나선 주된 이유는 레이건이 보수판사를 임명해 대법원을 이념적으로 장악하려 한다는 것이었다. 당시 사회적 이슈로 부상한 낙태문제로 공화당과 민주당은 첨예하게 대립하고 있었다. 레이건과 그의 정치적 우군인 기독교 보수주의자들은 낙태를 생명을 죽이는 살인행위로 간주하며 낙태반대운동을 펼치며 미국의 도덕적 해이를 규탄하고 미국의 전통적 기독교 가치를 회복할 것을 주장했다. 이에 반하여 민주당과 낙태에 찬성하는 사람들은 낙태 여부를 결정하는 것은 여성의 자신의 몸에 대한 권리라고 하면서 낙태 찬성을 옹호했다. 그리하여 9명으로 구성된 판사들의 이념적 성향이 보수적으로 흐르지 않도록 민주당은 강력히 대처했던 것이다. 따라서 민주당은 다수당으로서 보트 판사 임명을 부결시켰고 중도 온건파인 앤소니 케네디 판사를 찬성 97표로 압도적으로 인준했다. 레이건이 임명한 보크 판사가 상원 본회에서 반대 58표 찬성 42표로 인준이 부결되고, 즉시 다시 임명한 대학교수 출신 더글러스 긴스버그가 대학교수 시절 학생들과 마리화나를 피운 일이 드러나 사퇴까지 하여 레이건은 정치적으로 깊은 상처를 입었다. 또한 1973년에 나온 판결로써 여성의 낙태를 인정한 '로 대 웨이드 판결'을 번복해 전통적 기독교 가치를 회복하려는 레이건의 계획도 실패하고 말았다. 레이건은 임기 1년 정도를 남겨놓고 몇 가지 정치적 실패가 겹치면서 실질적으로 레임덕 현상에 빠지고 말았다. 그런데 이런 정치적 곤경에서 레이건을 구해준 것은 소련의 고르바초프였다. 1987년 12월 8일 전격적으로 고르바초프가 워싱턴으로 날아온 것이다. 모든 여론과 국민적 관심이 갑자기 소련의 지도자 고르바초프에 쏠린 것이다. 길거리에서 많은 미국인들은 고르바초프를 향하여 따뜻하게 환대하며 손을 흔들었다. 이에 고무된 고르바초프는 갑자기 차를 세우고 연도에 서서 환영하고 있는 시민들에게 다가가 악수를 나누었다. 마치 민주국가의 지도자처럼 자유스러운 행동이었다. 실제로 고르바초프는 페레스트로이카(개혁정책)와 글라스노스트(개방정책)로 명명된 민주화 조치들을 추진하여 정치의 민주화, 언론보도의 공개, 문화예술의 자유화 등을 추진하고 1990년 노벨 평화상을 수상하며 공산국가 소련을 해체시켜 갔다. 레이건은 백악관에서 고르바초프를 영접했다. 두 지도자는 링컨이 사용하던 테이블에 앉아 '중거리핵전력폐기조약(INF Treaty)'에 서명했다. 즉 사정거리 300마일에서 3,400마일의 모든 핵 미사일을 없앤다는 내용이었다. 이렇게 맺은 조약 덕분에 레이건이 임기를 마치기 전까지 핵 미사일을 미국 측에서 1,700기 소련 측에서 800기를 폐기하게 되었다. 그리고 1988년 5월 레이건은 모스크바를 방문했다. 레이건이 모스크바 시내를 지나가자 많은 시민들이 열렬히 환영했다. 소련 시민들의 뜨거운 환대는 레이건의 마음을 뭉클하게 했다. 미국 대통령을 열광적으로 환영하는 평범한 소련 시민들을 보며 레이건은 전쟁을 만드는 것은 국민이 아니라 정부라고 깊이 생각하게 되었다. 레이건은 모스크바 국립대학을 방문하여 학생들을 상대로 미국의 국가적 이상을 밝히기도 하면서 연설을 했고 그 자리에서 청중들의 질의에 응답하는 시간도 가졌다. 그리고 레이건은 소련 당국으로부터 탄압받고 있던 반체제 인사들도 만났다. 소련은 과감하게 이런 파격적인 모임을 제공했다. 또한 수백 명의 인사들의 출국도 허락했다. 소련은 국가 전체가 개혁과 개방이라는 거대한 물결 속으로 휩쓸려가고 있었다. 레이건과 고르바초프의 정상외교가 성공할 수 있었던 중요한 이유는 레이건이 고르바초프의 마음을 이해하기 위하여 노력하였다는 점이다. 특히 소련 지도자의사고체계를 이해하고자 노력했고 소련 지도자의 마음을 바꿀 수 있는 행동과 주장이 무엇인지 연구했던 것이다. 레이건이 퇴임하기 직전인 1989년 1월 1일, 친한 친구처럼 발전한 두 지도자는 상대방과 미소 양국민의 안녕을 기원하는 신년 메시지를 거의 동시에 TV를 통하여 방송했다. "미국 국민을 대신하여 밝아오는 새해에 인사를 드리고자 합니다. 새해는 서기장님의 나라와 본인의 나라에 희망과 쇄신의 사회가 되길 원합니다.…… 서기장님을 위하여 기도하고 있습니다. 그리고 서기장님을 위하여 제 부인 낸시와 본인의 개인적인 안부 인사를 보냅니다.…… 모스크바를 방문해 우리는 서로 인권, 무기감축, 세계 지역문제 그리고 상호관계에 관한 핵심적인 문제들에 대하여 상호이해를 증진할 수 있었습니다. 비록 많은 것이 더 이루어져야 하지만, 우리는 이런 모든 분야에서 발전을 이끌어 내고 있습니다.…… 이것은 본인이 대통령으로서 서기장님께 보내는 마지막 메시지입니다. 그래서 이 말로 끝맺고 싶습니다: 저는 세계가 일 년 전보다 훨씬 안전해졌다고 믿습니다. 그리고 본인은 지금보다 일 년 후에는 더욱 안전해지길 기도하고 있습니다. 본인은 서기장님과 소련 사람들에게 새해 행운이 있기를 기원합니다. 감사합니다. 그리고 하나님의 은총이 서기장님의 일생에 함께 하길 기원합니다." 레이건은 퇴임을 앞두고 대통령의 자격으로 역사적 소임을 함께 한 소련의 지도자 고르바초프에게 마지막 메시지를 보냈던 것이다. 조금 후에 소련의 지도자 또한 TV를 통하여 레이건과 미국 국민들에게 신년 메시지를 보냈다. "친애하는 미국 국민 여러분, 새해 첫날 본인과 소련 국민은 미국 국민들과 모든 미국인 가족들에게 행운이 있기를 기원할 수 있어 대단히 기쁩니다.…… 지난 해는 큰 사건이 많았습니다. 우리 국민들과 국가 관계에 좋은 일들이 일어났습니다. 오늘 그 일들은 더욱 역동적이고 또 더욱 인간적입니다. 우리는 더욱 가까워졌고 우리는 서로를 더욱 잘 알게 되었습니다. 미국인들은 소련을 다시 발견하고 있으며 소련인들은 미국을 다시 알기 시작했습니다. 공포와 의심은 점차 신뢰와 상호간 친밀함으로 바뀌고 있습니다. 본인은 워싱턴에서, 최근에는 뉴욕에서 미국인들을 만나면서 이런 것을 직접 목격했습니다. 소련 대표단이 머무는 동안 보여주었던 따뜻함과 좋은 마음씨는 우리 관계에 매우 중요한 것이라고 생각합니다.…… 다시 한 번 본인은 위대한 여러분 나라의 시민들을 존경합니다. 여러분 모두의 평화와 건강 그리고 안녕을 기원합니다. 여러분의 삶에 더 많은 행복과 기쁨이 있기를 기원합니다. 여러분의 소원이 이루어지길 기원합니다. 우리가 함께 이룩한 업적들이 모든 소련과 미국의 가정과 그리고 온 세계를 평화와 발전과 건설을 향한 불굴의 의지로 채워주면서 더욱 밝게 빛나길 기원합니다. 신년을 축하합니다."

소련의 신세대 지도자로서 박사 학위까지 취득한 지성적인 개혁가 고르바초프는 안정되고 평화로운 세상을 염원하는 레이건의 위대한 꿈에 충분히 화답해주었다. 제2차 세계대전이 끝나기 무섭게 미소 양국은 냉전 관계로 치달으며 거의 반세기 동안 양국은 경쟁하듯이 핵무기를 대량생산하며 서로를 멸망시킬 것처럼 적대적이었다. 그런데 양국의 정상이 상대방 국민의 행복과 안녕을 기원하는 메시지를 교환한 것이다. 미소관계가 새로운 화해와 공존의 시대를 향하여 나아가기로 한 것이다. 마침내 냉전의 검은 구름이 걷히기 시작한 것이다. 1989년 1월 초 레이건은 소련 고등학생들과 소련계 미국인 학생들을 함께 백악관으로 초대했다. 레이건은 학생들에게 전쟁이나 억압을 시작하는 것은 국민이 아니라 정부라고 말했다. 전쟁은 국가 사이에서 일어나는 것이지 국민들 사이에서 일어나는 것이 아니라고 했다. 그리고 갑자기 1989년 11월 베를린 장벽이 무너진다. 레이건이 퇴임한 지 채 1년도 지나지 않은 시점이었다. 기나긴 냉전의 차가운 얼음이 녹은 것이다. 레이건이 1987년 6월 베를린 브란덴부르크 문 앞에서

"고르바초프씨, 이 장벽을 허무시오!"라고 외친 지 2년 후에 기적처럼 공산국가 동독이 무너진 것이다. 당시 레이건의 외침이 공허하게 들렸겠지만, 참으로 자유세계의 지도자 레이건의 통찰력은 놀랄만한 것이었다. 결국 레이건은 힘을 통한 외교를 용기 있게 지속적으로 추진하여 공산국가 소련을 붕괴시켰고 이로 인해 안정되고 평화로운 세상을 만들 수가 있었다.

04

아름다운 황혼과
영웅의 죽음

대통령 레이건은 퇴임을 앞두고 1989년 1월 11일 백악관에서 국민들에게 고별연설을 했다. 1월 20일 새로운 대통령 부시의 취임식이 있기 열흘 전이었다. 고별연설의 전통은 초대 대통령 워싱턴이 시작했다. 국가를 운영해 본 경험자로서 그 경험에서 얻은 지혜를 후임 대통령과 국민들에게 넘겨주고 가기 위함이었다. 레이건도 그러한 워싱턴의 고별연설의 전통을 따랐다. 레이건은 백악관 집무실 책상에 앉아 텔레비전 카메라를 뭉클한 심정으로 대했다. 레이건은 임기 중 모두 34번 텔레비전 카메라 앞에 섰다. 8년간 국정은 맡으면서 그는 많이 늙어 있었다. 남색 양복을 입고 흰 셔츠 위에 사각형 줄무늬의 고동색 넥타이를 한 멋진 노신사의 모습이었으나 벌써 78세의 나이였다. 그러나 여전히 인자하고 너그러운 아버지의 모습이었다. 레이건은 국민에 대한 감사로 고별연설을 시작했다. 그는 자신의 성공적인 업적으로 경제회복과 국민들의 자신감 회복을 꼽았다. 경제의 회복으로 임기 동안 1천 9백만 개의 일자리를 만들어 냈다고 강조했다. 또한 미국은 다시 강대해져 세계에서 존경받으며 자신감을 회복했다고 주장했다. 레이건은 경제와 외교에서 자신의 성공적인 업적을 나열했지만 국가채무를 제대로 줄이지 못한 잘못도 솔직히 인정했다. 그리고 임기 중에 해결하지 못한 문제는 부시 정부가 잘 해결할 것이라고 했다. 실제로 부시 정부는 레이건의 희망대로 남겨진 일들을 잘 수행했다. 특히 1989년 12월 2일, 새로운 대통령 부시와 고르바초프는 지중해의 말타섬에서 냉전 종식을 선언했고 2년이 지난 뒤 소비에트 사회주의 연방, 즉 소련은 해체되어 역사의 무대에서 사라졌다. 그 후 러시아 공화국을 중심으로 느슨한 형태의 연합체를 구성하지만, 이미 미국의 적수는 못되었다. 그리하여 미국은 자유의 수호자로서 적수가 없는 유일한 세계 초강대국이 되었다. 고별연설의 뒷부분에서 레이건은 미국이 한때 국제사회의 희망이었으며 존경의 대상이었던 점을 되살려 다시 일어나야 한다고 목소리를 높였다. 미국은 평범한 나라가 아니라 청교도들이 자유를 찾아와 건설한 나라이며, 청교도의 지도자 존 윈스럽이 말하였던 것처럼 미국은 항상 '언덕 위의 도시'로 남아 있어야 한다고 주장했다. '언덕 위의 도시'의 핵심 가치는 '자유'이며 이 '자유'를 미국의 가장 중요한 기본적 가치로 계속 지킬 것을 레이건은 당부했다. 레이건의 고별연설은 화려하지 않았고 '위대한 소통자' 란 말에 걸맞게 자신의 업적을 간결하고 쉽게 설명했다. 그는 화려한 이론이나 구호가 아니라 국민들에게 쉽고 익숙한 말과 표현을 빌려 소통하려고 노력했다. 그리고 자신의 정치철학이나 업적이 미국의 전통에 뿌리를 두고 있음을 강조했다. 또한 소박한 표현방식과 일관된 정치 소신은 레이건의 최대의 정치적 자산이었다. 특히 그는 미국의 전통적 가치 즉 보수적 가치를 일관되게 추진함으로써 국민의 신뢰를 얻었다. 그는 평생 일관되게 정부지출삭감, 세금인하, 규제완화, 긴축통화 등의 정책을 실천했다. 레이건이 고별연설에서 가장 큰 소리로 강조한 말도 결국 '정부가 팽창하면 자유는 축소된다.' 는 것이었다. 그가 성공한 대통령으로 국민적 영웅으로 미국인들에게 오래오래 기억되는 것은 소통의 기술보다도 일관된 그의 정치적 신념 때문이었다. 레이건은 그의 소중하고 일관된 정치소신 즉 정치철학을 용기를 가지고 행동으로 보여준 지도자였다. 레이건은 참으로 명예롭게 퇴임했다. 그는 부시가 취임하는 1월 20일 고향 캘리포니아로 귀향했다. 그에겐 은퇴 후 새로운 삶이 기다리고 있었다. 그는 조용히 집에만 머물러 있지 않았다. 다시 모든 일에 활동적으로 도전했다. 특히 여러 초청 강연을 거절하지 않았다. 국내와 외국의 여러 사회단체가 초청한 강연을 열정적으로 하고 다녔다. 자신의 기념도서관을 위한 성금 모금에도 자주 참석했다. 기념도서관이 완공된 다음 1992년 5월 퇴임한 전직 소련 서기장 고르바초프를 레이건은 자신의 기념도서관으로 초청했다. 81세 때인 1992년 공화당 전당대회에 참석했다. 부시 대통령이 재선에 도전하기 위한 재지명을 받는 자리였다. 레이건에게 특별 연설을 할 수 있는 기회가 주어졌다. 레이건은 "미국은 다른 나라보다 더 많이 물질적으로 소유한 것 때문에 자랑스러운 것이 아니라 다른 나라보다 특별한 정신적 유산을 소유하였다는 것 때문에 자랑스러운 것이다."라고 말하면서 특히 "자유의 이념이 자랑이 되는 미국이길 바란다."고 강조했다. 그는 미국의 특별한 정신적 유산 즉 '자유'를 용기 있게 확대하고 나선 가장 미국적인 대통령이었다. 미국의 전통적이고 위대한 가치인 '자유'의 수호자였던 것이다. 1992년 공화당 전당대회 연설이 레이건이 남긴 마지막 공식연설이었다. 세월을 이기는 장사가 없다고 이제 연로한 레이건도 인생 황혼기의 여정에 들어선 것이다. 1990년 모스크바에서 러시아 대통령 보리스 옐친이 찾아왔고 1991년 80회 생일파티행사를 가졌지만 그즈음 레이건은 기억과 인식 능력에 문제가 드러나기 시작했다. 치매(알츠하이머)가 찾아온 것이다. 레이건의 치매는 유전적인 것으로 레이건의 부모 모두 치매를 앓았었다. 치매를 앓고 있는 사실이 공개적으로 드러난 것은 1991년 11월 '레이건 기념도서관' 완공 기념식 만찬식장이었다. 레이건은 참석한 인사들을 소개하는 과정에서 전 영국 수상 마가렛 대처를 두 번씩 똑같은 말로 소개했다. 참석자들은 모두 놀랐다. 그러나 참석자들은 태연히 모른척하며 두 번 모두 똑같이 박수로 환영을 했다. 그리하여 어색한 분위기는 면할 수 있었다. 병이 깊어지자 레이건 자신이 치매에 걸린 사실을 밝히기로 했다. 대중의 사랑을 받는 유명인사가 자신의 치명적인 약점이기도 한 병을 솔직하게 알린다는 것은 쉬운 일이 아닌 것이다. 그러나 레이건은 용기 있고 정직하게 자신이 앓고 있는 질병인 알츠하이머를 국민들에게 알리기로 했다. 1994년 11월 5일 83세의 레이건은 자신이 직접 손으로 쓴 편지를 통하여 미국인들에게 자신의 질병인 알츠하이머를 알렸다.

　사랑하는 미국 국민 여러분!
　저는 최근 제가 알츠하이머병에 시달리는 수백 만 명의 미국인들 중 한 명이라는 사실을 통보받았습니다. 이 사실을 들었을 때 낸시와 저는 평범한 시민으로서 이 사실을 개인적인 일로 덮어두어야 하는 지 아니면 공개적으로 알려야 할 지 결정해야 했습니다. 과거에 낸시는 유방암을 앓은 적이 있고 저도 암수술을 여러 번 받은 적이 있습니다(직장암, 피부암 등을 앓았다). 우리는 이 사실을 공개함으로써 일반 대중에게 그 병에 대한 관심을 불러일으킬 수 있다는 것을 배웠습니다. 우리는 결과적으로 더욱 많은 사람들이 이 암에 관한 사전 진단을 받았다는 사실에 기뻐했습니다. 그들은 초기 단계에서 치료될 수 있었고 정상적이고 건강한 삶으로 되돌아갈 수 있었습니다. 그래서 우리는 여러분과 함께 이 사실을 나누는 것이 중요하다고 생각합니다. 우리의 마음을 열어서 우리는 이러한 상태에 대해 더 큰 경각심을 알려줄 수 있기를 희망합니다. 아마 이것은 이 질병에 걸린 개인들이나 가족들에 대해 더 큰 이해심을 불러일으킬 것입니다. 지금 이 순간 저는 아주 괜찮습니다. 저는 하나님이 저에게 준, 이 땅에서의 남은 삶을 제가 평소 하던 것을 하며 보낼 생각입니다. 저는 사랑하는 낸시와 저의 가족들과 삶의 여정을 지금까지 그래왔듯 함께 할 것입니다. 저는 멋진 야외생활을 즐길 것이며 제 친구들 및 지인들과 연락을 하며 지낼 계획입니다. 불행히도 이 알츠하이머병이 진행될수록 환자의 가족들은 자주 큰 짐을 짊어지게 됩니다. 저는 이러한 힘든 경험으로부터 낸시를 벗어나게 할 수 있는, 딱 한 가지의 방법이라도 있었으면 하고 바랍니다. 그 시간이 오면, 저는 여러분의 도움으로 낸시가 그것을 믿음과 용기로 받아들일 수 있을 것이라고 믿습니다. 끝으로 저는 여러분의 대통령으로 있을 수 있는 큰 영광을 준 우리 미국민들에게 감사하고 싶습니다. 언제일지 모르지만 하나님이 저를 부르시면 저는 미국을 향한 큰 사랑과 나라의 미래를 위한 영원한 희망을 지닌 채 떠날 것입니다. 저는 이제 제 삶의 석양으로 마지막 여정을 시작합니다. 미국에는 언제나 밝은 새벽이 앞에 있을 것이라는 것을 저는 확신합니다. 친구들이여, 고맙습니다. 신의 은총이 당신들과 함께 하기를.　　　　　　　　　　　　　　　　　　　－ 로널드 레이건

　　이런 편지를 통한 레이건의 치매 공개에 미국민들은 충격을 받았

다. 동시에 미국민들에게 치매에 대한 이해도를 높이고 많은 관심을 불러일으킨 계기가 되었다. 레이건은 이 편지를 통하여 알츠하이머병에 대한 도전정신과 미국과 미국 국민 그리고 낸시에 대한 뜨거운 사랑과 미국의 미래에 대한 희망을 표현하고 있다. 그 후 레이건과 낸시는 치매연구를 위한 치매연구소를 세웠다. 자신의 질병에 대한 치료법을 연구하게 함으로써 마지막으로 국민에게 봉사할 기회를 찾은 것이다. 여기서도 그의 지칠 줄 모르는 끊임없는 도전정신을 찾아볼 수 있다. 레이건의 영원한 참모 마이클 디버는 이미 레이건이 외부 사람들과 만남을 중지한 지 오래된 2000년 8월에 낸시를 만났다. 정말 오랜만에 디버를 만난 낸시는 대통령의 근황에 대한 질문에 매번 난색을 표하며 어렵사리 말을 했다. "아 정말, 그는 총도 맞았고, 암도 두 번이나 걸렸고 또 승마사고도 겪었는데…… 그게 그 병을 시작하게 했어요." 낸시는 1994년 남편이 알츠하이머라는 진단을 받고 난 후, 처음에는 남편의 병을 부정했지만 결국은 받아들였다. 낸시는 남편 레이건을 다른 사람에게 맡기지 않았다. 그녀는 남편 레이건에 대한 사랑으로 그가 죽을 때까지 스스로 무거운 짐을 떠안았다. 참으로 남편 레이건에 대한 낸시의 사랑은 헌신적이고 고결한 사랑이었다. 남편 레이건 또한 그의 영원한 연인이며 정치 동지인 낸시에게 다정다감하고 친절하며 모든 열정을 다 바쳤다. 레이건의 건강비결은 긍정적이고 낙천적인 성격과 운동에 있었다. 특히 그는 매사를 낙관적으로 생각하며 유머를 즐겼다. 저격을 당한 후 수술대 위에 누워서도 의료진들을 보고 "여러분들이 다 공화당원이길 바란다."는 유머로 수술실 분위기를 웃음바다로 만들었다. 또 수술을 마친 후 마취에서 깨어나 부인 낸시가 걱정스런 얼굴로 내려다보고 있는 것을 알고는 "여보, 내가 총알을 피해 엎드린다는 것을 잊었소."라며 걱정하는 낸시를 웃게 했다. 또한 고르바초프의 개혁과 개방정책으로 경제적 어려움과 혼란을 겪고 있는 소련에서 사람들이 식료품을 사기 위해 길고 긴 줄을 서는 장면이 자주 텔레비전을 통해 방영되고 있었다. 이에 레이건은 재미있는 이야기를 만들어냈다. "길고 긴 줄은 좀처럼 줄어들지 않았다. 모스크바의 한 시민이 화가 나 '이 모든 것이 고르바초프 탓이다. 나는 고르바초프를 죽이러 간다.'고 하면서 어디론가 사라졌다. 그런데 얼마 후 그 사람이 고개를 숙인 채 돌아왔다. 사람들이 고르바초프를 죽였는가라고 말하자 그 사람은 '그 줄은 여기보다 두 배가 길었네.' 라고 말했다." 이처럼 레이건은 힘들고 심각한 상황 속에서도 기발한 유머로 상황을 즐겁게 반전시켰다. 또한 레이건은 운동을 특히 좋아했다.

젊어서는 수영을 비롯하여 여러 가지 스포츠를 즐겼다. 고등학교 때는 학교의 미식 축구부 선수이기도 했다. 또한 고등학교와 대학교 때 여름방학이면 공원 수영장에서 구조대원으로 활약해 많은 사람을 구하기도 했다. 그 시절에 피부를 너무 태운 탓에 나중에 피부암에 걸리기도 할 정도였다. 나이 들면서 그는 목장을 좋아했다. 캘리포니아

영원한 연인이며 정치동지인 레이건을 떠나보내고 통곡하는 낸시.

산 속 험준한 곳에 위치한 100년이 넘는 목장을 구입해 열심히 가꾸었다. 레이건은 이 험준하고 조용한 목장을 무척 좋아하여 틈만 나면 이 목장에서 운동도 하고 휴식도 취하곤 했다. 장작패기나 울타리 세우는 일을 즐겨 하며 몸을 단련했고 특히 이 목장에서 말 타는 일을 세상 어떤 것보다 좋아했다. 치매에 걸려 활동이 불가능한 순간까지 말을 탔다. 대통령 임기 중에도 여러 번 이곳에 와 말을 타며 쉬었고, 대처를 비롯한 외국 원수들을 이곳을 초청하기도 했다. 인생 황혼기의 10년 동안을 치매와 싸우면서 그의 말년은 무척 외로웠지만 그의 곁에는 항상 영원히 사랑하는 동반자 낸시가 함께 있어 죽는 순간까지 축복을 받았다. 낸시와 함께 레이건의 임종을 지켜본 딸은 다음과 같이 슬픈 순간을 기록으로 남겼다. "……진단을 받은 후 10년이 지났다. 영혼이 죽어가는 죽음의 질병, 치매, 지난 수년 동안 수많은 슬픔의 파도가 나에게 엄습해 왔었다. 이틀 전 아버지의 눈이 감겼다. 호흡이 가끔 몇 초 동안 멈추기도 한다. 그러면 놀란 나도 숨을 멈추곤 한다. 내 아버지는 지금 돌아가시고 있다. 나는 한 번도 그러한 일을 생각하지 않은 것 같은 느낌이다. 그런 생각을 지난 10년 동안이나 하였으면서도 말이다…… 아버지가 돌아가셨다. 우리 5명이 거기 있었다. 어머니, 론, 나, 의사 그리고 작은 목소리로 아버지를 미소 짓게 하던 간호사, 우리는 안개 낀 아침부터 해가 반짝 뜬 낮이 될 때까지 아버지 곁을 지키고 있었다. 즉시 누구도 잊을 수 없는 기도가 있었다. 아버지는 숨소리가 멈추기 전에 잠깐 눈을 뜨더니 내 어머니를 똑바로 바라보았다. 그 눈은 맑고 푸르고, 사랑으로 가득 차 있었다. 그 눈은 그의 마지막 호흡과 함께 다시 감겼다. 만약 죽음이 아름답다면 내 아버지의 죽음이 그랬다. 그 분이 저에게 주고 가신 최고의 선물, 내 어머니가 눈물 속에 겨우 "당신을 사랑해요!"라며 이별을 고했다. 마지막 순간에 넘치는 아름다움으로 전한 아버지의 사랑에 대한 작별 인사였다. 병실에 감돌던 적막한 고요는 조용한 흐느낌으로 바뀌었다." 미국의 보수영웅 레이건은 2004년 6월 5일 사망했다. 그의 나이 93세였다. 레이건이 운명하자 시신은 국장을 치르기 위해 워싱턴으로 운구되었다. 공화당 출신 전직 대통령 레이건의 장례식은 미국 역사상 유례를 찾기 어려울 정도의 규모로 거행되었다. 영국과 캐나다를 비롯해 미국의 동맹국 지도자들이 대거 참석했다. 고르바초프 전 소련 서기장과 영국 왕세자 찰스도 참석했다. 고인에 대한 추모사는 레이건이 대통령일 때 부통령이었던 전직 대통령 아버지 부시가 맡았다. 그리고 현직 대통령 아들 부시도 직접 조사를 읽었다. 아버지 부시는 레이건에게서 용기와 친절함을 배웠다고 술회했다. 또한 유머감각이 뛰어났다는 점도 회상했다. 현직 대통령이던 아들 부시도 레이건 대통령이 미국을 다시 자랑스러운 국가로 만들어 주었다고 추모했다. 워싱턴에서 장례식을 마친 다음 레이건의 시신은 다시 캘리포니아로 운구되었다. 장지는 시미벨리에 있는 레이건 도서관에 마련되었다. 시미벨리는 로스앤젤레스에서 북

서쪽으로 약 40마일 정도 떨어진 곳이었다. 레이건의 자녀들 중 마이클과 론 그리고 패티가 아버지에 대한 추억을 술회했다. 안장을 위한 최후 기도가 이어졌다. 그의 관을 덮었던 미국 국기가 걷혀 낸시에게 전달되었다. 고인을 담은 관은 장중하게 서서히 땅 속으로 내려졌다. 40대 미국 대통령 레이건의 육신이 역사 속으로 들어가는 순간이었다. 그렇게 그 거인은 20세기 후반 미국의 번영을 장기간 가져오게 한 보수혁명을 부르짖고 조용히 역사 속으로 사라진 것이다. 그러나 그가 열정과 사명감으로 일관되게 추진했던 보수혁명은 지금 21세기에도 여전히 살아있다. 지금도 작은 정부와 감세 그리고 규제폐지는 미국 공화당의 흔들리지 않는 당론이다. 미국 역사상 레이건은 보수혁명의 전설로 남게 되었고 그리하여 위대한 '보수혁명가'로 미국민들에게 칭송을 받고 있다. 레이건은 어릴 때 가난하게 성장하면서도 꿈과 희망을 가져야 한다는 것을 그의 아버지로부터 물려받았고 신앙심이 깊은 기독교 신자인 어머니로부터 꿈을 가지고 노력하면 그 꿈을 이룰 수 있다는 낙관적이고 긍정적인 삶의 자세를 배웠다. 젊은 시절 레이건은 민주당 지도자인 루즈벨트 대통령의 강력한 리더십과 소통능력에 매료되었지만 그의 뉴딜정책에서 나타난 정부개입 혹은 국가통제로 자유보다 간섭과 통제를 더 중시한 정치적 신념 즉 정치철학에는 반대했다. 레이건은 국민적 합의에 의하여 미국적 생활방식으로 자리잡은 미국의 전통적 가치인 자유, 근면, 자조, 절약, 정직, 개인주의,

도덕적 생활 등의 핵심적 가치를 더 중시했다. 1952년 레이건은 민주당원이면서 공화당 대통령 후보 아이젠하워 유세를 지원하기도 했다. 그런데 1960년대 민주당의 케네디·존슨 정부가 '위대한 사회'의 시작과 함께 자유보다 정부의 간섭과 통제가 더욱 강화되어 진보주의적인 성격을 넘어 과격한 혁명성을 띠게 되었다. 특히 일종의 사회주의 이념이 개입되면서부터 기존의 전통적인 미국의 가치를 모두 개조하려고 시도하기 시작했다. 나아가 신좌파들은 프로테스탄트 윤리까지 파괴하여 성과 마약의 혁명을 외치고 전통적인 가치들에 강하게 도전했다. 이러한 진보적이고 과격한 사상은 복지제도의 확충이라는 미명 아래 '빈곤과의 전쟁'을 선포하고 중산계층으로부터 많은 것을 얻어내려고 했다. 이는 사회, 경제적으로 많은 문제를 야기했다. 계층 간 위화감의 조성, 거대 정부의 탄생, 세금의 증대, 정부간섭의 확대가 그것이었다. 민주당의 진보적인 거대 정부는 복지제도의 확충으로 빈곤문제를 해결하려고 하였으나 더욱 정부의 복지제도에 의존하는 사람들을 비약적으로 증가시킬 뿐이었다. 결과적으로 레이건은 개인과 기업의 창의력과 노력에 대한 정당한 보상이 인정되지 않는 상태에서 미국의 경제는 침체되지 않을 수가 없다고 생각한 것이다. 당시 민주당 혹은 진보주의가 최고의 인기가 있었지만 레이건은 이런 시대의 흐름에 용기 있게 맞서기로 하고 1962년 공화당에 입당했던 것이다. 미국의 전통적 가치를 부활시키는 보수주의의 길이 앞으로 미국이 가야할 길이라고 생각한 것이다. 그리하여 레이건은 일관되고 지속적인 보수주의 정책을 추진하며 정치적 목표와 비전을 향하여 나아갔다. 그의 정치적 목표는 풍요로운 경제부흥과 강력한 힘(국방력)을 통한 안정된 세계평화구축이었다. 그는 향후 10년여 동안 경제적 번영을 가져다주었다. 그리고 허황된 꿈을 실현하려 한다고 비판도 받았지만 공산국가 소련을 소멸시킨 것이다. 즉 레이건은 이 두 가지 목표를 성공적으로 달성한 것이다. 또한 이를 통해 그가 제시했던 것처럼 잃어버린 미국의 자존심과 영광을 되찾을 수 있으리라는 비전도 실현한 것이었다. 건국 이전부터 미국 지도자들은 다른 국가나 민족과는 달리 미국과 미국인에게는 하나님으로부터 특별한 임무와 사명을 부여받았다는 사실을 강조해왔다. 그리하여 미국과 미국인은 독립 이래 자유수호자로서 선의를 가지고 악한 세력에 맞서서 지속적이고 적극적인 팽창주의를 추구해 왔다. 1920년대가 경제적 번영과 팽창주의의 절정기였다. 레이건은 그 시대의 경제적 풍요와 영광을 되찾고 싶었다. 카터 시대 내내 계속된 경제 침체와 베트남의 치욕과 소련의 아프가니스탄 침공 및 이란 인질 사건으로 미국은 쇠락의 길을 걷고 있었다. 레이건은 "미국은 '신의 섭리'에 따라 세계평화와 자유수호의 책무를 부여받은 특별한 나라"라고 강조하면서 경제적 번영과 미국의 힘과 위신을 회복시켜 준 위대한 지도자였다. 낙관적인 신념의 소유자인 레이건은 정적들에게도 예의를 갖춰 친절하게 대했으며 특히 기자들에게도 각별히 예의를 갖추고 존경으로 대했다. 당시 정적인 민주당 소속의 하원의장 오닐과 민주당 지도자 에드워드 케네디 상원의원도 레이건의 예의와 친절함에 경의를 표했을 정도였다. 레이건은 풍부한 유머를 구사하면서도 예의와 친절함을 갖춘 품격 있는 지도자였다. 또한 그는 인간적으로 존경한 루즈벨트의 연설 스타일 등을 연구하여 그 비결을 방송과 정치연설 그리고 다른 사람과의 대화에 적극 응용하여 소통과 설득의 대가로서 '위대한 소통자'로 인정받게 되었다. 그는 참으로 소통과 설득의 리더십을 갖춘 지도자였다. 그리고 레이건은 미국이 미래에 대한 회의와 혼돈에 빠져있던 시기에 앞장서서 국민들에게 미국의 번영과 영광을 되찾아 주겠다고 약속하며 분명한 목표와 비전을 제시한 용기 있는 지도자였다. 또한 그는 일관되고 지속적인 보수정책으로 경제적인 번영을 실현할 수 있고 '악의 제국' 소련을 무너뜨릴 수 있다고 확신한 통찰력을 갖춘 지도자였다. 레이건은 남들이 은퇴할 나이에 '자유'를 억압하고 통제하는 공산국가를 제압하고 또한 경제적 부흥을 이룩하여 미국의 영광과 위신을 회복하기 위해 정치를 시작하겠다고 선언했었다. 그는 국민들에게 한 약속을 지키기 위해 임기 동안 2조 3,000억 달러에 달하는 국방예산을 준비하여 끊임없이 도전하면서 결국 공산국가 소련을 해체시켰던 것이다. 지도자로서 그의 추진력이 얼마나 대단했던 것인가를 보여주는 점이다. 진정 레이건은 소통과 설득의 대가로서 용기, 통찰력 및 추진력을 겸비한 위대한 지도자라 할 만하다. 자유 민주주의 역사가 200년이 된 미국에 비해 정치 후진국인 우리나라는 그 역사가 겨우 70년 밖에 되지 않았다. 우리나라의 정치가 선진국 정치로 도약하기 위해서는 먼저 위대한 지도자들의 리더십을 연구하고 배워야 할 것이다.

아직도 많은 미국인들은 레이건이 오늘날의 번영을 가져다주었다고 생각하고 있으며 베트남 전쟁 이후 쇠락의 길을 걸어온 미국에 힘과 위신 그리고 새로운 희망을 안겨준 진정한 영웅이라고 기억하고 있다. 〈끝〉

〈참고 문헌〉

(1) 「로널드 레이건」 김남균/도서출판 선인, 2011
(2) 「미국사 산책 11」 강준만, 인물과 사상사, 2010
(3) 「미국 대통령의 역사」 레너드 버나도 · 제니퍼 와이스/시대의 창, 2012
(4) 「이야기 미국사」 이구한/청아출판사, 2006
(5) 「미국 대통령을 말하다」 김준봉, 한국학술정보(주), 2013
(6) 「미 대통령 리더십과 미국시대의 창조」 조지프 나이, 도서출판 인간사랑, 2015
(7) 「대통령의 결단」 닉 래곤, 미래의 창, 2012
(8) 「주머니 속의 미국사」, 유종선/도서출판 가람기획, 2004
(9) 「상식과 교양으로 읽는 미국의 역사」 질비아 엥글레르트, (주)웅진씽크빅, 2006
(10) 「대통령의 오판」 토머스 J. 크라우프웰 · M.윌리엄 펠프스/도서출판 말 글 빛냄, 2010
(11) 「미국사 산책 12」 강준만/인물과 사상사, 2010
(12) 「로널드 레이건」 김형곤/(주)살림출판사, 2007
(13) 「데드핸드(레이건과 고르바초프, 그리고 인류 최후의 날 무기)」
     데이비드 E. 호프먼, 미지북스, 2015
(14) 「처음 읽는 미국사」 전국역사교사모임/(주)휴머니스트 출판그룹, 2010
(15) 「미국인의 사상과 문화」 윈턴U.솔버그/이화여자대학교 출판부, 1996
(16) 「미국사」 맥세계사편찬위원회/느낌이 있는 책, 2015
(17) 「하워드 진 살아있는 미국역사」 하워드 진 · 레베카 스테포프/추수밭, 2008
(18) 「미국 대통령, 그 어둠의 역사」 마이클 케리컨,/북앤월드, 2012
(19) 「미국청교도사상」 배한극/도서출판 혜안, 2010
(20) 「아무도 말하지 않은 미국 현대사 2」 올리버 스톤 · 피터 커즈닉/도서출판 들녘, 2015
(21) 「오늘의 미국을 만든 미국사」 김봉중/(주)위즈덤하우스, 2013
(22) 「미국학교에서 가르치는 미국역사」 조성일, 소이연, 2012
(23) 「미국의 권력과 세계질서」 크리스천 류스-스미트/도서출판 울력, 2008
(24) 「대통령의 위트」 밥 돌/도서출판 아테네, 2013
(25) 「최초의 세계제국, 미국」 피에르제르베/도서출판 부키, 2007
(26) 「미국 패권 연구」 백창재/도서출판 인간사랑, 2009
(27) 「미국의 이해」 충남대학교 북미주연구소/도서출판 혜안, 2001
(28) 「미국 대통령의 초상」 김형곤/도서출판 선인, 2003
(29) 「팍스 아메리카나 3.0」 함재봉 외/아산정책연구원, 2015
(30) 「이데올로기와 미국 외교」 마이클 H.헌트/산지니, 2007